Verborgene Wirklichkeiten

editorial

thema

umfrage

kolumne

essay

lexikon

unterhaltung

porträt

echo!

bücher

impressum

Warum wir Geheimnisse brauchen

Foto: Heinz Heiss

Ob das Öffentliche zum Privaten und das Private öffentlich zu machen seien, wie Ende der 1960er-Jahre noch vehement gefordert wurde, ist infolge des technischen Fortschritts längst keine Frage mehr. Die Grenzen zwischen Marktplatz und Intimität scheinen dank Internet und Smartphones vollkommen verschwunden. Fotos ausgelassener Partys werden in trunkener Echtzeit auf Facebook gepostet, die banalsten Lebensvollzüge in einer Peepshow des Alltäglichen per Twitter in die Weltöffentlichkeit „gezwitschert". Alles wird nach außen gekehrt, enthüllt, entblößt, entkleidet und exponiert. Nicht nur Geheimdienste, sondern auch Kaufhauskonzerne und mitunter gar der pubertierende Computerfreak von nebenan kennen und speichern legal wie illegal sämtliche Einzelheiten unserer Lebensgewohnheiten. Doch während die einen schon das Heraufziehen eines neuen Überwachungsstaats der Internetkonzerne befürchten, basteln andere mit Lust und Freude an ihrer öffentlichen Selbstentblößung oder entziehen sich der totalen Erfassung durch bewusste Maskeraden. Meist ist das eine kaum vom anderen zu unterscheiden. Selbstdarstellung ist in den seltensten Fällen ehrliche Darstellung des Selbst. Zumeist ist sie die Aufführung eines Dramas: das Wunschkonzert dessen, was man gerne wäre. Camouflage als Spiel sowie bewusste Selbstverhüllung aus Selbstschutz gehen dabei Hand in Hand mit der unbewussten Sehnsucht nach zwischenmenschlicher Nähe. Noch nie wurde deswegen so viel kommuniziert wie in unserem Kommunikationszeitalter genannten Jahrhundert und noch nie saß man sich in den Zügen der Deutschen Bahn so sprachlos gegenüber, starrte mehr auf die Rückseiten dauerkommunizierender Smartphones denn in offene Gesichter.

Unter dem Banner der aufklärerischen Vernunft galten geschlossene Gesellschaften, Geheimbünde und vor allem das Geheimnis selbst als der Gemeinschaft abträglich. Heute zerstört die Ekstase der Kommunikation mit ihrem vermeintlichen Zwang zu medialer Dauerpräsenz jegliche Intimität. Werden das Geheimnis und die Diskretion jedoch aufgekündigt, verlieren wir Thomas Jung zufolge den wichtigsten Teil unseres Selbst: die Unbestimmbarkeit und Unverfügbarkeit der Sphäre des inneren Daseins. Unsere Eigenweltlichkeit, die der sozialen Einebnung der Ununterscheidbarkeit entgegenwirkt, wird preisgegeben. Das Selbst, so schreibt Jung in seinem Beitrag, muss sein Geheimnis insoweit bewahren, dass der Reiz der Nichtpreisgabe jene Attraktion bewirkt, die uns die Beziehung zu anderen ermöglicht. Das Wissen darum, wann uns etwas angeht und wann nicht, wann wir wegschauen und weghören müssen, die Tugend der Diskretion, ist dort ethische Kategorie, wo sie als Grenzziehung seelisches Privateigentum gegen alle gesellschaftlichen Entbergungsmechanismen sichert und derart den Individuen hilft, als Selbst einzigartige und zugleich soziale Wesen zu sein, denn: Geheimnisvolles Verhalten ist anziehend und mithin gemeinschaftsstiftend.

Privatheit ist jedoch kein Wert an sich. Sandra Seubert erinnert daran, dass das Private immer auch repressive Seiten hat. Unter dem Titel *Offenbarung und Kontrolle. Die soziale Dynamik des Privaten* kommt sie zu dem Schluss, dass Menschen, ohne etwas voneinander zu wissen, ebenso wenig soziale Beziehungen eingehen können, wie ohne etwas voreinander zu verbergen. Was Individuen in sozialen Kontexten jeweils über sich mitteilen, hänge von der Art der Beziehung und sozialen Rollenerwartungen ab. In der Tat ist es etwas anderes, ob wir uns in einem Arzt/Patienten-, einem Arbeits- oder Freundschaftsverhältnis befinden; und vor allem: „Bei Freundschaftsbeziehungen ist nicht nur ein Teil der Person von Bedeutung, sondern die (wertgeschätzte) Person als Ganze."

Entsprechend bedarf die Balance zwischen Privatheit und Öffentlichkeit einer Neujustierung. Sind völlig transparente Beziehungen Byung-Chul Han zufolge doch Relationen, denen jede Anziehung, jede Lebendigkeit fehlt: „Ganz transparent ist nur das Tote." Der Zwang zur Transparenz verneine den Respekt vor der Andersheit des Anderen und nivelliere die Menschen zu nur mehr funktionellen Elementen eines Systems: Das Andere, das Fremde wird eliminiert. Eine Gesellschaft, die alles ausstelle, sei pornografisch, der Exzess der Ausstellung mache aus allem eine Ware, die ohne jedes Geheimnis dem unmittelbaren Verzehr ausgeliefert sei. Im Beitrag *Der Terror der Transparenz* kommt Han zu dem Schluss, dass die Forderung nach Transparenz immer dann laut wird, wenn es kein Vertrauen mehr gibt.

Doch der Missbrauch von Vertrauen ist keine Erfindung unserer Zeit: Der Grieche Ephialtes verriet in der Schlacht bei den Thermopylen sein Volk an die Perser, Judas Ischariot brachte durch einen Kuss den vermeintlichen Gottessohn ans Kreuz und der Cherusker Arminius bescherte mit seinem Verrat den Römern in der Varusschlacht eine vernichtende Niederlage. Das von Claus Schenk Graf von Stauffenberg mit geplante misslungene Attentat auf Adolf Hitler war ganz klar ein Hochverrat, konstatiert Jutta Heinz in ihrem Lexikonbeitrag; für die Nachgeborenen ist der Wehrmachtsoffizier jedoch ein Held. Aus Sicht der amerikanischen Geheimdienste ist auch der Whistleblower Edward Snowden zweifellos ein Hochverräter – für den Rest der Welt aber ein Heros der neueren Aufklärung. Die Reduktion auf nur eine Perspektive raubt den Dingen nicht nur ihr Geheimnis, sondern auch einen Teil ihrer Wirklichkeit!

Nicht von ungefähr fordert uns der Verpackungskünstler Christo mit seinen temporären Verhüllungen dazu auf, das alltäglich Scheinende immer wieder neu in den Blick zu nehmen. Auch das japanische Denken kommt dem Versuch gleich, das Sehen des Sichtbaren zu lehren. Entsprechend macht Ryosuke Ohashi in seinem Beitrag darauf aufmerksam, dass, so hoch der Berg und so weit der Blick auf die Berge in der Ferne auch sein mögen, der Betrachter auf dem Gipfel eines nicht sehen kann: die Spitze des Berges, auf dem er steht. Das Wesen des Berges entberge sich nur dem, der über die steinernen und steilen Bergpfade am Ende des mühsamen Aufstiegs den Gipfel tatsächlich erreicht habe, denn der „Berg“, der bestiegen werde, „ist der Berg eines jeden selbst“.

Die Dinge zur Aussprache ihres eigenen Seins zu bewegen, die Wahrnehmung dessen, was sich von sich her zeigt, ist auch ein zentrales Anliegen der Kunst. Die Überschüsse des Sichtbaren eröffnen der Erkenntnis einen Ausblick, ohne den Dingen und dem Leben ihr Geheimnis zu nehmen. Phänomene wie zum Beispiel Schönheit und Liebe sollen sich nicht abgreifen oder zum bloßen Spektakel verflachen, sondern ihre Kraft und Bezauberung behalten, so Antje Kapust unter dem Titel *Die Sichtbarmachung des Unsichtbaren. Zur Erkenntniskraft der Kunst bei Maurice Merleau-Ponty*.

Techniken des Umgangs mit dem Sichtbaren und dem Unsichtbaren sind für das gesellschaftliche Leben unerlässlich. Auch wenn Sigmund Freud als der Entlarvungspsychologe par excellence davon überzeugt war, dass Geheimnisse krank machen, mithin schonungsloses Aufdecken unerlässlich sei, versuchte er doch, bestimmte Aspekte seines persönlichen Lebens zu verbergen, wie Günter Gödde aufzeigt. Er weist darauf hin, dass Freud sich sehr wohl darüber bewusst gewesen sei, dass es zur feineren Menschlichkeit gehöre, Ehrfurcht vor der Maske zu haben und nicht an falscher Stelle Psychologie und Neugierde zu betreiben.

Die Sehnsucht, verborgene Wirklichkeiten zu entdecken und Geheimnisse zu lüften, gründet unter anderem im antiken Spannungsgefüge von Verborgenheit und Entbergung, das am Ende Unverborgenheit, altgriechisch *aletheia*, als Wahrheit und Sinn zum Vorschein bringen soll. Seit der Antike haben die Wissenschaften viele vormals als unlösbare Geheimnisse deklarierte Rätsel der Natur gelüftet. Gewitterblitze werden längst nicht mehr von Göttervater Zeus auf die Erde geschleudert und Erdbeben sind nicht mehr Folge von Arbeiten in den Tiefen der Schmiede des Feuergottes Vulcanus. Spätestens seit den Aufbrüchen der Französischen Revolution wird das Leben mit all seinen Widerfahrnissen nicht mehr länger als Erdulden eines unabänderlichen Geschicks wahrgenommen, sondern verstehen sich die Menschen als ihres Lebensglückes eigene Schmiede. Entsprechend staunen wir heute weniger über die Wunder der Natur denn über die der Technik. „Wo im Märchen das Drehen eines schwer errungenen Zauberrings dienende Geister bebend auf den Plan rief, genügt heute ein mehrmaliges Wischen über eine gläsern schimmernde Oberfläche, um die neuen Schuhe oder das neue Fernsehgerät ins Haus zu bringen“, schreibt Friedrich Dieckmann in seiner Kolumne und konstatiert: „Kein Mensch versteht noch, womit er hantiert; es müsste ihm geheimnisvoll erscheinen, wenn er nicht wüsste: es ist konstruiert, also kann kein Geheimnis darin wohnen.“ Auch wenn dessenthalben immer wieder von einer Entzauberung der Welt die Rede ist, will doch kaum einer ernstlich zurück in die dunklen Tiefen der durch mythische Wahrheiten geprägten Zeitalter.

Gleichwohl es die meisten Menschen im Alltag wenig kümmert, dass vorgeblich das menschliche Genom entschlüsselt und der Ursprung der Welt bis auf kleinste Sekundenbruchteile vor deren errechnetem Beginn enträtselt ist, treibt eine unerklärliche Sehnsucht nach der Erkundung verborgener Wirklichkeiten einzelne nach wie vor in die tiefsten Tiefen und die höchsten Höhen. Der Wunsch zu verstehen, die Fragen nach dem Warum, Woher, Wohin und Worumwillen, das Sehnen nach dem Unbekannten scheint Antrieb des menschlichen Lebens selbst. Doch weder die umfassende Berechenbarkeit der Welt noch die totale Transparenz sämtlicher Lebensvollzüge werden den Wesenskern unserer Welt aufscheinen lassen. Je mehr wir über das Funktionieren von Welt zu wissen glauben, desto mehr scheint das Objekt der Begierde sich zu entziehen. Der Künstler Mischa Kuball veranschaulichte dies, indem er in einem mit Papierschnitzeln gefüllten Raum eine Kamera an einen beweglichen Ventilator montierte. Sobald ein Objekt von der Kamera in den Blick genommen wird, bläst der Luftzug des unter der Kamera befestigten Ventilators dieses augenblicklich aus dem Blickwinkel.

Dem Absolutismus der Wirklichkeit entgeht man nicht durch die rasende Wut des Verstehenwollens, nicht durch den anhaltenden Versuch des Enthüllens und Entschleierns von Welt, so Uwe C. Steiner unter dem Titel *Die Wiederentdeckung der Nacktheit. Warum die Wahrheit nie ohne Schleier geht.* In der Tat können wir uns dem Geheimnis des Seins, mithin dem nackten Wesenskern des Menschen nur durch unausgesetzte, immer neue Einkleidung dessen nähern, was uns begegnet – dem Einkleiden von Wahrgenommenem und Gedachtem in die Bilder der Sprache, der bildenden Kunst und der Philosophie.

Dr. Siegfried Reusch, Chefredakteur

Uwe C. Steiner

Die Wiederentdeckung der Nacktheit

Warum die Wahrheit nie ohne Schleier geht

Was immer wir über Welt und Wirklichkeit wissen, bewegt sich im Horizont sprachlicher Bilder, ist aus Verhüllung und Enthüllung gewirkt. Wahrheit gibt es nicht ohne Inszenierung, nackt ist sie nur im Gewand der Worte. Statt die Wahrheit gänzlich besitzen zu wollen, geben wir uns heute anscheinend lieber ihren Verlockungen hin.

„Man wird die nackte Wahrheit ja wohl noch kleiden dürfen, und zwar in Worte!" Also sprach Heinz Erhardt. Seine Wendung bringt den Tenor der folgenden Überlegungen auf den Punkt. Und zwar auf einen, der mehr ist als nur eine Pointe. Für gewöhnlich stellen wir uns ja vor, dass die Wahrheit nackt ist, dass sie enthüllt, aller obskuranten, also verdunkelnden beziehungsweise verhüllenden Machenschaften entledigt werden muss. Ganz so einfach ist es allerdings nicht, das signalisiert Erhardts Bonmot in aller unaufdringlichen Deutlichkeit. Nackt gibt sich die Wahrheit allenfalls in Gewändern, so zum Beispiel in dem der Worte.

Offenbarung ist nicht ohne Verhüllung zu haben.

Wir bewegen uns damit im Bedeutungsumfeld einer trotz ihrer lasziven Anmutung sehr alten und ehrwürdigen Vorstellung. Der große Philosoph Hans Blumenberg hat dem Bild von der *nuda veritas* (lateinisch für „nackte Wahrheit") schon früh eine bedeutende Untersuchung gewidmet[1] und an ihr gleichsam einen Grundgedanken seines Denkens aufkeimen lassen: Was immer wir über Welt und Wirklichkeit denken oder sagen, bewegt sich notwendig und oft ohne, dass wir uns eigens darüber im Klaren wären, in einem Horizont sprachlicher Bilder und Vorstellungskomplexe. Blumenberg spricht hier von Hintergrundmetaphorik. Enthüllt werden kann eine Wahrheit nur, wenn sie zuvor bedeckt, drapiert, verschleiert gewesen ist. Um dann wiederum eingekleidet zu werden, ins Gewand der Worte.

Von dieser ebenso intimen wie irritierenden Beziehung zwischen Wahrheit und Wort hat insbesondere die Literatur seit je gehandelt. Wissen Schriftsteller doch, dass sich Wahrheit ohne Einkleidung nicht denken lässt. Es ist ihr Medium, das die Message macht, es sind ihre Worte, die das, wovon sie sprechen, begehrenswert erscheinen lassen. Aber hören wir, um das zu verstehen, auf Literatur, und zwar auf die Worte des Generals Stumm von Bordwehr in Robert Musils Roman *Mann ohne Eigenschaften*. Der weiß, „was es bedeutet, wenn eine Dame einen dichten Schleier trägt und nur ganz wenig von ihrem Gesicht zeigt; oder, was beinahe das gleiche ist, wenn sich eine Balltoilette beim Tanzen ein wenig vom Boden hebt und den Beinansatz zeigt: ... solche Andeutungen treffen einen nämlich viel stärker, ich möchte beinahe sagen: leidenschaftlicher, als wenn man die Dame bis zum Knie sieht oder sozusagen ohne Hindernisse ... Denn so möchte ich auch das beschreiben, worin eine *Analogie* oder ein *Vergleich* oder ein *Symbol* besteht: sie bereiten dem Denken Hindernisse und erregen es dadurch stärker, als es gewöhnlich der Fall ist."[2]

Anschaulicher als mit Musil kann man kaum ausdrücken, worum es diesen Überlegungen geht: Der General vergleicht eine textile Realie, den Schleier, mit sprachlichen Verfahren, mit Analogie, Vergleich oder Symbol. Eine Metapher, also ein sprachlicher Ausdruck in nicht wörtlicher, sondern übertragener Bedeutung, ist nun selbst gleichsam ein Schleier. Sie gibt das, wovon sie spricht, nicht in seiner vollen Präsenz zu erkennen, sondern in einer eigentümlichen Brechung durch das Medium einer sprachlich vollzogenen Analogie. Auf der Ebene sprachlicher Bedeutungen

Abbildung: Zeichnung aus **das (to Inger Christensen)** Silvia Bächli, 33 teilig, 2008, Sammlung Kunstmuseum Sankt Gallen. www.silviabaechli.ch

entspricht sie damit dem optischen Reiz eines Schleiers. Der nämlich gibt das zu sehen, was er verhüllt, und das, was er verhüllt, lässt er durchscheinen. Vergleichbar schweben Metaphern zwischen Licht und Dunkelheit: Der Schleier ist deshalb immer auch die Metapher für die Metaphern gewesen. Der Schleier also begegnet als Realie, als textiler Gegenstand, und er begegnet als sprachliche Größe, mithin als Gebilde in der Mitte zwischen Welt und Wort. Und mehr noch, er steht, das erhellt aus der zitierten Passage, für den tiefen Zusammenhang zwischen Eros und Erkennen. Das griechische Wort für den Schleier, *hymen*, bezeichnet auch die Jungfernhaut. *Nupta* (lateinisch für Braut) kommt von *nubere*: „verhüllen". Darum trägt die Braut noch heute einen Schleier, der in vielen bezeugten Hochzeitsritualen symbolisch zerrissen wurde.

Musils Stumm von Bordwehr situiert den Schleier nicht nur in einer medialen Situation par excellence. Er weist zudem deutlich darauf hin, dass Nacktheit an sich nicht so verführerisch und Wahrheit an sich nicht so begehrenswert wäre, verhülfe ihnen nicht ihre Drapierung durch halbdurchsichtiges Tuch oder durch entbergend verhüllende Worte zu ihren Reizen. Es gibt sie nicht ohne Inszenierung, sie existiert nur in einem Medium, an dem die Fiktion ihren beträchtlichen Anteil beanspruchen darf. Der General, könnte man sagen, spricht hier als Nietzscheaner. Es war nämlich Friedrich Nietzsche, der den Abgesang auf die Geschichte der nackten Wahrheit hatte anstimmen wollen, als er befand, wir Heutigen glaubten ja gar „nicht mehr daran, dass Wahrheit noch Wahrheit bleibt, wenn man ihr die *Schleier* abzieht."[3] In der verführerischen Halbdurchsichtigkeit von Schleiern offenbart sich, dass Offenbarung – griechisch *apokalypse*, wörtlich soviel wie „Entschleierung" – nie ohne Verhüllung zu haben ist. Die Wahrheit, glaubte Nietzsche folgern zu dürfen, sei eine Fiktion, von der wir vergessen hätten, dass wir sie fingiert haben.

Darin scheint eine lange Geschichte zu enden, die Geschichte nämlich vom Schleier als Metapher von Welt und Wahrheit. In ihr konnte man noch glauben, dass sich die Worte auf eine Welt öffneten, die ihnen analog gewirkt und gewebt wäre. In ihr weicht am Ende die Welt- und Wahrheitsmetapher des Schleiers der Textmetapher des Gewebes.

Der Weltenschleier

Der französische Philosoph und Kulturtheoretiker Roland Barthes führt uns auf die Spur des Weltenschleiers. Barthes will noch im Gewebe der Texte die astrologischen Signaturen des Himmelsschleiers wiederfinden: „Der Text ist in seiner Masse dem Sternenhimmel vergleichbar, flach und tief zugleich, glatt, ohne Randkonturen, ohne Merkpunkte. So wie der Seher mit der Spitze seines Stabs darin ein fiktives Rechteck herausnimmt ... , um darin nach bestimmten Prinzipien den Flug der Vögel zu erkunden, zeichnet der Kommentator dem Text entlang Lektürebereiche auf, um darin die Wanderwege der Bedeutungen, die sanf-

Abbildung:
Zeichnung aus
das (to Inger Christensen)
Silvia Bächli,
33 teilig, 2008,
Sammlung
Kunstmuseum
Sankt Gallen.
www.silviabaechli.ch

ten Berührungen der Codes, das Vorbeigehen der Zitate zu beobachten."[4]

Barthes rührt hier sehr bewusst an älteste Traditionen der Schleier-Metaphorik – nämlich an ihre astrologische Bedeutungsschicht. Der Himmel als Schleier oder auch, in alttestamentarischer Lesart, als Mantel Gottes bildet zwar die unüberschreitbare Grenze zwischen der physischen und der meta-physischen Welt (siehe Erläuterung), er gibt das Verborgene aber in Gestalt der Sterne zu erkennen, die sich zu lesbaren Figuren konstellieren. An deren Stelle treten bei Barthes die Codes und die Bedeutungen.

Die entlegensten, nicht durch Überlieferungszusammenhänge verknüpften Kulturen haben Einheit und Differenz zwischen Welt und Himmel „mit ... verblüffender Konsequenz und Regelmäßigkeit" im Schleier symbolisiert. Alles deutet also auf ein kulturübergreifendes Symbol. Man kann daher, wenn man „die verschiedensten Mythenkreise" überblickt, beim „Symbol des Weltschleiers ... eine innere Notwendigkeit, ja einen Zwang zur Sache annehmen", heißt es bei Franz Vonessen.[5] Am Anfang der Welt war das Weben, spinnen die Schicksalsgöttinnen, die Moiren, Parzen oder Nornen, die Schicksalsfäden, welche die Welt zusammenhalten. Gegenwärtig haben wir die Superstring-Theorie: Kosmologen stellen sich den Raum des nach-einsteinschen Universums in Gestalt immenser Membranen vor, als Tücher, die von gewaltigen kosmischen „Fäden" durchwoben, strukturiert und verzerrt werden.

Das kommt einer späten Metamorphose des Himmels- und Weltenschleiers gleich, für den vor allem die Mythologie der ägyptischen Göttin Isis zeugt. Zwar habe noch niemand ihren Schleier gelüftet, verkündete laut Plutarch die Inschrift des Isis-Tempels zu Saïs.

Gleichwohl oder gerade deswegen steht die nachmalige Schutzpatronin der Naturerkenntnis mindestens von der Renaissance bis zur romantischen Naturphilosophie mitnichten für Verbergung oder trügerischen Schein. Erst im 19. Jahrhundert wird der Isis-Schleier, der nie die Bedeutung des Illusorischen besaß, prominent etwa durch Arthur Schopenhauer, vermischt mit dem der östlichen Tradition entstammenden Schleier der Maya, der die irreale Faktur der Erscheinungswelt versinnbildlicht hatte.[6] Isis, wie man dem XI. Buch der Metamorphosen des Apuleius entnehmen kann, hüllt sich vielmehr in einen „in dunklem Glanz strahlend(en)" Mantel, auf dem „Sterne (funkelten), und in ihrer Mitte hauchte der Vollmond flammendes Feuer." An seinem Saum jedoch „war in ununterbrochener Folge ein Gewinde aus Blumen aller Art und Früchten aller Art angebracht."[7] Stern und Blume, Geist und Kleid, wie es bei Brentano heißen wird: Das Gewand der Isis symbolisiert die Korrespondenz zwischen Erde und Gestirnen, zwischen vegetativer und kosmischer Sphäre.

Wahrheit gibt es nicht ohne Inszenierung, nackt ist sie nur im Gewand der Worte.

Der Dichtung Schleier aus der Hand der Wahrheit

Seither hat und macht die Metapher des Schleiers Geschichte. Halten wir kurz inne an einer bedeutenden Station auf dem Weg der Entwicklung der Wahrheit zur Fabel. Im Jahr 1784 lässt sich Johann Wolfgang von Goethe von einem Titelkupfer zu Fabeln Lafontaines zu einem aufschlussreichen Gedicht inspirieren. Auf ihm sehen wir die nackte Wahrheit, der die Allegorie der Poesie mit ihrem Gewand die Scham verdeckt. Erstere wirft einen Schleier in die Luft, auf dem neben der Sonne diverse Fabelmotive, Chiffren und Hieroglyphen zu sehen sind. Natürlich steht auch dieser Schleier in der Tradition des Isis-Schleiers. Die längst anachronistischen astralen Signaturen begegnen als Figuren im transparenten Gewebe der Fabeln. Wenigstens dort scheinen sie die Welt noch zusammenzuhalten. Goethes Gedicht *Zueignung*, programmatisch von ihm selbst mehreren seiner Werkausgaben vorangestellt, schildert denn auch die Initiation eines lyrischen Ichs in das offenbare Geheimnis – ein Lieblingswort Goethes –, dass Wahrheit und Dichtung, Welt und Fiktion im Zeichen des Schleiers immer schon zusammengekommen sind.[8] Die Allegorie der Wahrheit rafft nämlich zum Höhepunkt des Gedichts Nebelstreifen zusammen, welche die Atmosphäre bislang getrübt hatten, verwandelt sie gewissermaßen in ein sublimes Gewebe und überreicht diesen Flor dem lyrischen Ich mit den berühmten Worten: „Aus Morgenduft gewebt und Sonnenklarheit, / Der Dichtung Schleier aus der Hand der Wahrheit." Das Gedicht nimmt also die aufgeklärte Opposition zwischen lichter Wahrheit und trüber Verhüllung auseinander. So bezeugt es exemplarisch einen Kern des Goethe-Projekts überhaupt. Goethe geht es um die atmosphärische Umcodierung des metaphysischen Wahrheitsbegriffs. „Im Nebel ließ sich eine Klarheit sehen", lautet einer der Schlüsselverse des Gedichts (Vers 18). Die sublime Substanz des Poetischen ist vom Stoff der Welt nicht kategorial geschieden. Fiktionen weben verhüllend enthüllend im Wirklichen selbst.

Goethes Farbenlehre etwa, die er selbst für sein bedeutendstes Werk hielt, versucht am Leitfaden der Metaphorik des Trüben die Entstehung der Farben, ja der Körperwelt überhaupt im Webzusammenhang des Wirklichen einsichtig zu machen. Man suche nichts hinter den Phänomenen, weil die Phänomene selbst die Lehre sind, so lautet ein vielzitiertes Goethe-Wort.

Auf dem *„reinen* Begriff vom *Trüben* (beruht) die ganze Farbenlehre", sagt Goethe mit einer Formulierung, bei der ihm gewiss nicht entgangen ist, dass sie eigentlich widerstreitende Eigenschaften vereint. „Oxymoron" nennt die Rhetorik solche Ausdrücke, die Gegensätzliches zu einem Ausdruck legieren. (I/17 339) Nicht minder als Goethes Dichtung folgt daher die *Farbenlehre* der Maxime: „Du aber halte dich mit Liebe / An das Durchscheinende, das Trübe." (I/2 382) Die erscheinende Wirklichkeit ist aus Enthüllung *und* Verhüllung gewirkt.

Textschleier

Im zwanzigsten Jahrhundert scheint eine solche Einheit von Fiktivem und Wirklichem unter ganz anderem Vorzeichen zu stehen. Inwiefern, das mag eine – fiktionale! – Episode aus der jüngeren Vergangenheit illustrieren. Wir schreiben das Ende der 1970er-Jahre und befinden uns tief in der englischen Provinz. Die Universität Rummidge richtet die Jahrestagung der Hochschullehrer für Englische Sprache und Literatur aus, auf der es anlässlich von David Lodges Campus-Roman *Small World* zum Eklat kommt. Morris Zapp, ein smarter Literaturprofessor aus Amerika, konfrontiert sein Auditorium mit den seinerzeit neuesten Lehren des Poststrukturalismus (siehe Erläuterung). Auch Zapp war damals aus dem Traum von der erschöpfenden Ausdeutbarkeit eines literarischen Textes erwacht. Anstatt zu resignieren, zelebriert er lust- und geistvoll seinen Leitgedanken: die unendliche Bewegung der Bedeutung, die von Zeichen zu Zeichen, oder, wie man damals sagte, von Signifikant zu Signifikant gleite, in der jede Decodierung nur eine Recodierung, jede Enthüllung also eine neue Verhüllung bedeute und darum

Strukturalismus/Poststrukturalismus
bestimmende Denkschule in den französischen Geistes- und Humanwissenschaften des 20. Jahrhunderts. Die Vertreter unterschiedlicher Disziplinen eint die Vorstellung, dass der reelle Gehalt von Zeichen nicht in der Repräsentation äußerer Sachverhalte gründet, sondern sich aus der Beziehung der Zeichen zueinander ergibt. Diese bilden eine Struktur (die Sprache), die der Erfassung von Wirklichkeit vorausliegt und diese überhaupt erst begründet.

nie in völliger Transparenz zur Ruhe kommen könne. Man könne daher die Entschleierung der Wahrheit im Textgeschehen vergleichen mit einem Striptease: „Die klassische Tradition des Striptease ... gibt uns eine brauchbare Metapher für die Tätigkeit des Lesens an die Hand. Die Tänzerin lockt das Publikum – wie der Text seine Leser – mit der Aussicht auf eine letzte Enthüllung, die unausgesetzt verschoben wird. Schleier auf Schleier, Kleidungsstück auf Kleidungsstück fällt, aber das Erregende ist das Hinausschieben der Entblößung, nicht die Entblößung selbst ... Der Versuch, in den Kern eines Textes zu blicken, ein für alle Mal seine Bedeutung in Besitz zu nehmen, ist eitel (*vain*) ... Der Text entschleiert sich vor uns, aber er läßt sich nie in Besitz nehmen, und statt danach zu streben, ihn zu besitzen, sollten wir uns der Freude an seiner Lockung hingeben."[9]

Das konsternierte Auditorium straft den Referenten mit Unverständnis und eisigem Schweigen. Eine einzige Wortmeldung unterbricht endlich die peinliche Stille. Sie wirft Zapp nicht nur vor, das Verstehen zu leugnen. Noch schwerer wiegt eine andere Invektive: Er, Zapp, würde die Lektüre zum „erhabenen Mysterium" verklären, in das „nur eine kleine Elite" eingeweiht sei. Obwohl die These vom unendlichen Aufschub der Bedeutung eigentlich die radikale Antithese zum Geheimnisglauben darstellt, zum Versprechen der finalen Entschleierung, wie sie die Mysterien ihren Adepten verheißen, ist der Literaturtheoretiker gleichwohl nicht gänzlich schuldlos. Es ist seine so anschauliche wie drastische Leitmetapher, die den notorischen Vorwurf des Obskurantismus provoziert hatte und mit deren Hilfe Zapp die platonische Verschränkung von Eros und Erkenntnis durchaus frivol aktualisiert, die Metapher des Schleiers. Die Empörung der selbsternannten Aufklärer geht jedoch fehl. Morris Zapp statuiert kein *velum obscurum* beziehungsweise *obscurans*, das heißt keinen dunklen oder verdunkelnden Schleier. Er selbst ist bei aller Lust am rhetorischen Ornament ein Aufklärer, der den Schleier des Schleiers lüftet.

Mit dem Lüften des Schleiers tritt zwar die nackte Tatsache zutage. Damit einher geht aber auch die Enttäuschung, dass die Tatsache der Nacktheit mit dem halbdurchsichtigen Kleid zugleich das Faszinosum abgestreift hat. Der Schleier, den Zapp lüftet, ist das *velum velans revelatum*, das heißt der als Schleier sich offenbarende Schleier. Die Suggestion einer geheimnisvollen Verborgenheit war nur der Effekt gestaffelter, sich überlagernder Hüllen, an sich gar nicht mysteriöser, sondern profaner Oberflächen. Was der Striptease als finale Nacktheit offenbart, ist gar keine – vielmehr, so Roland Barthes, der Erfolg seines „Mystifikationsverfahrens".[10] Kein *strip* also ohne *tease* (keine Enthüllung ohne Reiz). Auch Barthes richtet daher den Blick auf opake Zeichen, fort vom Verhüllten hin auf die Oberfläche der Hülle, auch Barthes bedient sich der einschlägigen Metaphorik: „Text heißt Gewebe; aber während man dieses Gewebe bisher immer als ein Produkt, einen fertigen Schleier, aufgefaßt hat, hinter dem sich, mehr oder weniger verborgen, der Sinn (die Wahr-

Abbildung: **Huldigung an Novalis (a).** Rune Mields, 2009; Acrylfarbe und Tusche auf Bütten, 76x56 cm heit) aufhält, betonen wir jetzt bei dem Gewebe die ... Vorstellung, daß der Text durch ein ständiges Flechten entsteht und sich selbst bearbeitet."[11]

Man könnte also die Geschichte des Schleiers als eine Verlust- oder Ernüchterungsgeschichte lesen. In ihr verliert sich die Allianz zwischen Transzendenz und Transparenz. Der verlockend durchsichtige Vordergrund und der eigentliche Hintergrund, die Kulisse diesseits und der Prospekt jenseits – sie scheinen sich zur ernüchternden Fassade ohne ein Dahinter zusammenzuziehen. Texte erscheinen als Draperie um ein leeres Zentrum. Jetzt droht sich die Geschichte der Metaphysik als *tease* ohne *strip* darzustellen. Vom Schleier um die Wahrheit scheint nurmehr die Wahrheit des Schleiers übrig geblieben. Wahrheit, so lehrte schon Nietzsche, ist eine Fiktion, deren Fingiertheit wir vergessen haben. Wahrheit wird gleichsam erdichtet.

Zurück zum Schleier

Einer lange Zeit modischen Überzeugung zufolge nahm die (post)strukturalistische Literaturtheorie den Hypertext vorweg, jenes Gewebe also, in dem wir wie im Internet von Link zu Link verwiesen werden, ohne dass wir je bei einer letzten Offenbarung ankämen. Inwiefern das plausibel ist, mag dahingestellt bleiben. Es scheint immerhin, als ob die Metapher vom Text als Gewebe in den digitalen Netzen materiale Gestalt annähme. Indessen machen wir heute in den Netzwelten eine merkwürdige Erfahrung: In dem Maße, in dem wir uns in die technischen Gewebe hineinbegeben, surfen, mailen oder twittern, verhüllt sich uns das Ganze. Verdichten sich im Zeichen des Welt-Weiten-GeWebes die Netze so sehr, dass sie neue Verhüllungsverhältnisse hervorbringen? Verstrickt uns das Zeitalter der totalen Transparenz[12] in immer neue Schleier?

Das zumindest konstatiert ein Autor wie Botho Strauß schon seit den 1980er-Jahren immer wieder. Die Schleier der Medialität und der Kommunikation verdichten sich zum reißfesten Textil. Dergestalt, dass das Netz zum Fetisch einer enthüllungsfixierten Moderne avanciert, einer Moderne, die, indem sie die Schleier verwirft, Verhüllung verhüllt. Dagegen interveniert Strauß gleichsam paradox: „Um jeden Preis muß man wieder entfernen, erhöhen, verschleiern", fordert er. Denn nur so sei eine „Wiederentdeckung der Nacktheit" möglich.[13]

Wie viel Bedeutsamkeit an einem Stück Stoff hängen kann, führen zudem die Debatten um die religiös motivierte Verhüllung vor Augen. Der Schleier der muslimischen Frauen, ein blickdichter und nicht mehr transparenter Schleier, begegnet immer wieder als Symbol der Unterdrückung und des Fundamentalismus. Vom Konflikt, Kampf oder Clash der Kulturen war seit dem 11. September viel die häufig stereotype Rede gewesen. Stehen sich aber tatsächlich zwei Kulturen gegenüber? Oder ficht hier nicht vielmehr *eine* in sich zerstrittene globale Kultur ihren Konflikt aus? Am 28. Januar 2002 berichtet *Spiegel online*, wie sich an der Jurafakultät der Universität von Damaskus Professoren über die plötzliche Frömmigkeit einiger Studentinnen verwunderten: Kurz vor den Prüfungen erschienen sie erstmals mit Gesichtsschleiern. Des Rätsels Lösung war recht profaner, weil medientechnischer und weniger religiöser Natur: Die Kandidatinnen trugen unter dem Schleier kleine Kopfhörer. Deren Kabel führten zu unter der Kleidung verborgenen Mobiltelefonen.

Metaphysik
lateinisch *metaphysica*, zu altgriechisch *tà metà tà physikà*, wörtlich: das, was hinter der Natur steht. Zweig der Philosophie, der sich mit der „hinter" der Erfahrungswelt vermuteten, übersinnlichen (transzendenten) Wirklichkeit beschäftigt (An-sich-Sein der Dinge, Urgrund des Seins, Weltgesetze, Dasein Gottes, Unsterblichkeit der Seele, Willensfreiheit).

Uwe C. Steiner ist Professor für Neuere deutsche Literaturwissenschaft und Medientheorie an der FernUniversität in Hagen.

Anmerkungen:

1. Blumenberg, Hans: Paradigmen zu einer Metaphorologie (1960). Suhrkamp, Frankfurt am Main 1998, Seite 62–77
2. Musil, Robert: Der Mann ohne Eigenschaften. Reinbek 1987, Band II, Seite 1295
3. Nietzsche, Friedrich: Kritische Studienausgabe. Herausgegeben von G. Colli und M. Montinari. München 1988, Band 6, Seite 438
4. Barthes, Roland: S/Z. Frankfurt am Main 1987, Seite 18
5. Vonessen, Franz: Der Mythos vom Weltschleier. In: Antaios IV/1, Mai 1962, Seite 13
6. Vergleiche Holbein, Ulrich: Isis entschleiert. Heidelberg 2000, Seite 322
7. Apuleius: Metamorphosen. XI. Buch. Vergleiche Hadot, Pierre: Le voile d'Isis. Gallimard, Paris 2008
8. Goethe, Johann Wolfgang: Sämtliche Werke, Briefe, Tagebücher und Gespräche. Frankfurt am Main 1987ff., Band 1, Seite 9ff. Das im Text beschriebene Titelkupfer ist nach der Seite 1264 reproduziert. Goethe-Zitate werden im Folgenden nach dieser Ausgabe mit Angabe von Band- und Seitenzahl direkt im Text belegt.
9. Lodge, David: Small World. An Academic Romance. Deutsche Übersetzung von Renate Orth-Guttmann: Kleine Welt. Eine akademische Romanze. Zürich 1996, Seite 39f.
10. Barthes, Roland: Strip-tease. In: Barthes, Roland: Mythen des Alltags (1957). Frankfurt am Main 1986, Seite 68
11. Barthes, Roland: Die Lust am Text. Frankfurt am Main 1974, Seite 94
12. Vergleiche Han, Byung-Chul: Transparenzgesellschaft. Berlin 2012
13. Strauß, Botho: Die Fehler des Kopisten. München/Wien 1997, Seite 73, 122

Zur Vertiefung empfohlen:

- Steiner, Uwe C.: Verhüllungsgeschichten. Die Dichtung des Schleiers. München 2006

Christian Thies

Geheimnisse, die jeder kennen sollte

Platons Ideenlehre

Abbildung: **(Ab-)Bild der Wirklichkeit** (Epen, Niederlande) Werner Seltier, Fotografie, 2014

Unsere Lebenswirklichkeit steht nicht erst seit den virtuellen Realitäten des Medienzeitalters im Verdacht, nur Blendung, nur Schein zu sein. Schon Platon zufolge ist alles, was wir wahrnehmen, sind die „realen" Dinge, mit denen wir alltäglich umgehen, nur Abbilder einer übergeordneten idealen Welt der Ideen. Aber sind diese Ideen Teil einer verborgenen Wirklichkeit, ein allen Menschen unerreichbares Geheimnis oder handelt es sich dabei nicht vielmehr, den Arbeiten des Verpackungskünstlers Christo gleich, um eine Aufforderung, das Bekannte, Alltägliche der Welt immer wieder neu in den Blick zu nehmen?

Das Höhlengleichnis ist einer der bekanntesten philosophischen Texte überhaupt. Sokrates erzählt es in Platons Hauptwerk *Politeia*[1] (514 a–517 a), früher oft unzulänglich mit *Der Staat* übersetzt; besser sollte es heißen: *Von der richtigen Ordnung*. In einer unterirdischen Höhle sitzen gefesselte Menschen, die nur nach vorne auf eine Wand schauen können. Hinter ihnen ist eine Mauer, über die Gegenstände hinwegragen, die von anderen Personen hin- und herbewegt werden. Die Szenerie wird von einem Feuer beleuchtet, sodass Schatten der Gegenstände an der Wand erscheinen. Da sie nichts anderes kennen, halten die Gefangenen diese konfusen und undeutlichen Abbilder für die Wirklichkeit. Bindet man einen der Gefesselten los und führt ihn aus der Höhle, wird er sich anfangs wehren, da er, wie alle in der Höhle, niemals etwas anderes gesehen hat als Schatten und sich bis dahin in Unkenntnis der Außenwelt ganz wohl gefühlt hatte. Zunächst blendet ihn das Feuer, noch mehr aber das Tageslicht, in das er gelangt, sobald er die Höhle verlässt. Deshalb richtet er seinen Blick zuerst auf die Schatten der Dinge, dann auf Spiegelbilder im Wasser und schließlich auf den Nachthimmel. Zuletzt aber werde er, erzählt Sokrates, es sich nicht nehmen lassen, die Dinge bei Tage zu betrachten, die Fülle und Schönheit der Welt selbst, die sich der strahlenden Sonne am Himmel verdankt. Jetzt wird er erkennen, wie unglücklich er eigentlich in der Höhle war. Um oben, um im Licht des Tages bleiben zu können, würde er alles auf sich nehmen. Wenn er aber, um die anderen über ihr Schicksal zu belehren, in die Höhle zurückkehrt, würde man ihm dort nicht glauben, sondern ihn vielmehr auslachen oder sogar töten.

Drei Interpretationen

Wie ist das Gleichnis zu deuten? Platons geniale Konstruktion erlaubt drei gleichwertige Interpretationen.

Die erste verweist auf einen Prozess der Aufklärung, Aufklärung nicht in einem epochenspezifischen, sondern einem idealtypischen Sinne. In der Unterwelt ist es dunkel, es gibt bestenfalls verschiedene Graustufen. Draußen hingegen, in der sonnendurchfluteten Oberwelt, ist es hell und bunt. Alles wird klar, wenn man die Dinge bei Licht betrachtet. Dem entspricht die erkenntnistheoretische Interpretation des Höhlengleichnisses, die sehr gut durch das Liniengleichnis gestützt wird, das Sokrates direkt vorher erzählt. Im Liniengleichnis ordnet Platon die verschiedenen Erkenntnisweisen des Menschen anhand einer senkrechten Linie. Nimmt man beide Gleichnisse zusammen, lassen sich vier aufsteigende Stufen der Erkenntnis unterscheiden: Auf der ersten Stufe erfasst man bloß die wechselnden Schatten; hier sind nur Vermutungen (altgriechisch *eikasia*) möglich. Wenn wir das Höhlengleichnis auf die heutige Welt übertragen, wären dies etwa die Bilder, die wir auf den Bildschirmen unserer TV-Geräte und Computer sehen. Wer hat sich nicht schon durch diese täuschen oder irritieren lassen? Viele neuere Filme, erinnert sei nur an die *Truman Show* und *Matrix*, spielen mit dem Gedanken, dass wir alle in einer solchen Höhle gefangen seien, in der die Realität durch mediale Projektionen simuliert wird. Auf der zweiten Stufe, der eines bloßen Meinens (altgriechisch *pistis*), erkennt man die Gegenstände, die sich hinter der Mauer befinden. Dieser Bereich wird im Liniengleichnis dem des Sichtbaren zugeordnet; in mo-

Wer sich für bemitleidenswert hält,
irrt sich nie.

Die meisten Hoffnungen
werden lebendig begraben.

Das Gerede vom Mysterium der Frau
ist fast so albern wie der Glaube,
dass sie keines nötig hätte.

Die Angst vor der Zukunft
heilt die Angst vor der Gegenwart.

Man stirbt nicht am Alter,
man lebte nicht durch die Jugend.

Jürgen Große

Ding an sich
Immanuel Kant zufolge existieren die Dinge in unserer Wahrnehmung nur so, wie sie „für uns", nicht wie sie „an sich" sind. Wie die Dinge „an sich", das heißt unabhängig vom wahrnehmenden Subjekt sind, darüber lässt sich nach Kant nichts wissen.

derner Terminologie könnte man von Erfahrungswissen sprechen. Die Welt außerhalb der Höhle ist hingegen die Sphäre des Denkbaren. Den auf der dritten Stufe erfassten Erscheinungen der Dinge, etwa dem Spiegelbild eines Baums im Wasser, entspricht im Liniengleichnis das theoretische Wissen der mathematisch gestützten Naturwissenschaften. Erst auf der obersten, der vierten Stufe werden die Dinge selbst erkannt. Der Sonne, die ein solches Wissen überhaupt erst ermöglicht, gleichen die philosophischen Prinzipien, die allen Wissenschaften zugrunde liegen. Die entscheidende Differenz, die Platons Denken zugrunde liegt, ist also die von Sein und Schein, die allerdings nicht (wie bei dem Vorsokratiker Parmenides) in einem absoluten Gegensatz stehen. Es gibt vielmehr Zwischenstufen, über die wir vom Schein zum Sein gelangen können.

Die zweite Deutung betont die Emanzipation, die mit dem Aufstieg verbunden ist. In der Höhle liegt man in Ketten; dann wird man befreit, kann sich bewegen und sogar entscheiden, freiwillig wieder in die Höhle zurückzukehren. Dem entspricht die ethische Interpretation des Höhlengleichnisses. Die vollständige Befreiung ist identisch mit der Einsicht in den höchsten und absoluten Wert, das Gute, das hier durch die Sonne symbolisiert wird. Wer das Gute in einem übertragenen Sinne „geschaut" hat, wird es sich selbst nicht mehr erlauben, Menschen wie Tiere zu behandeln und auch diesen ein besseres Leben gönnen; er wird einen Maßstab gewonnen haben, durch den man gerechtere von ungerechteren Sozialordnungen unterscheiden kann.

Drittens ließe sich betonen, dass der entscheidende Akt eine Art Bekehrung ist, die alles außer Kraft setzt, was man bisher glaubte. Zwar ist es der Körper, der sich im Gleichnis um 180 Grad dreht, aber es ist klar, dass eigentlich die Seele einer solchen Umwendung bedarf und zum Absoluten aufsteigen sollte. Der bisher ungläubige Mensch wird erlöst und zum „Seher". Dem entspricht die religiöse Interpretation des Höhlengleichnisses, in der die Sonne das mächtige und verehrungswürdige Göttliche symbolisiert. Es war wohl Gregor von Nyssa, der im vierten Jahrhundert eine erste christliche Aneignung des Höhlengleichnisses vornahm. Die religiöse Deutung kann auch gut in den Bildern des Aufstiegs und des Abstiegs beschrieben werden, die in vielen mystischen Strömungen vorherrschen und denen die beiden altgriechischen Begriffe der Liebe entsprechen: Der *eros* zieht uns aus der Höhle hinaus nach oben; die *agape* lässt uns wieder zu den Mitmenschen nach unten hinabsteigen. Ähnliches lehrt beispielsweise der Mahayana-Buddhismus: Wer durch Askese, Konzentration und geistige Versenkung zum Nirwana, ins Nichts, gelange, bleibe nicht dort, sondern kehre aus Mitleid mit den leidensfähigen Wesen zurück, um diese zu erlösen.

Zwei Gegenentwürfe

Die gesamte europäische Philosophie, so Alfred North Whitehead mit nur geringer Übertreibung, sei bloß eine „Reihe von Fußnoten zu Platon". Aber es gibt auch viele kritische Fußnoten, bis hin zur haltlosen Polemik. Hier seien nur zwei Gegenentwürfe genannt, die sich direkt auf das Höhlengleichnis beziehen lassen.

Der erste stammt von Aristoteles. Der Schüler Platons kannte dessen Akademie sehr gut und vertrat doch andere Auffassungen. Er hat sogar selbst ein Höhlengleichnis geschrieben, das leider nur aus zweiter Hand, durch Cicero[2], überliefert ist. Offensichtlich hat es auch nur eine Funktion, nämlich die eines Gottesbeweises. Zwei zentrale Einwände gegen Platon lassen sich aus der Gegenkonstruktion des Aristoteles ableiten. Zum einen sind die Höhlen weitaus gemütlicher skizziert, mit Haushaltsgegenständen und Kunstwerken; vor allem aber sind deren Bewohner nicht gefes-

ontologischer Gottesbeweis
Auf Anselm von Canterbury (1033–1109) zurückgehender Gottesbeweis. Vereinfacht: Wenn Gott dem Begriff nach als das Höchste und Vollkommenste gedacht wird, dann muss er notwendig auch außerhalb des Verstands existieren, weil er sonst nicht vollkommen wäre.

Naturalismus
Philosophische Position, wonach verlässliche Erkenntnisse über die Welt nur auf naturwissenschaftlichem Wege zu gewinnen sind.

selt. Zum anderen gehen diese gemeinsam nach oben. Der Mensch ist nicht nur, wie schon bei Platon, das sprach- und denkbegabte Lebewesen (altgriechisch *zoon logon echon*), sondern auch ein soziales Wesen oder – wie Aristoteles mit einer zeitspezifischen Zuspitzung sagt – ein *zoon politikon* (altgriechisch für „politisches Lebewesen"). Nachdem man sich oben davon überzeugt hat, dass alles von einer göttlichen Macht gut eingerichtet wurde, begeben sich alle wieder zurück in die Höhle, deren grundsätzliche Veränderung gar nicht nötig sei. Deshalb ist die aristotelische Konstruktion nicht von zwei neueren Polemiken gegen Platon betroffen: Friedrich Nietzsches Vorwurf der Lebensfeindlichkeit und Karl Poppers Vorwurf des Totalitarismus. Im Gegensatz zu Platons Höhlengleichnis folgt bei Aristoteles weder die totale Distanzierung von unseren Gewohnheiten und Lüsten noch besteht die Gefahr, dass ein Philosophenkönig wie Wladimir I. Lenin oder Adolf Hitler die Macht an sich reißen könnte.

Der zweite große Gegenentwurf stammt von Immanuel Kant. Der Duktus seines Denkens ist ein ganz anderer; ein Höhlengleichnis gibt es bei ihm nicht. Aber es lässt sich eines aus seiner philosophischen Konzeption extrapolieren. Bei ihm würde es keine Höhle geben, sondern ein verzweigtes Höhlensystem. Eine große Kammer wäre die unseres Wissens von der Welt, eine andere die unserer Moral. Aus diesen beiden Räumen gäbe es unterschiedliche Wege nach oben, wobei die aus der ersten Kammer nicht so hoch führen würden wie die aus der zweiten. Als endliche Wesen mit begrenzten geistigen Fähigkeiten vermögen wir nur bis zu den Erscheinungen durchzudringen, nicht bis zur platonischen Sonne, die im Denken Kants dem „Ding an sich" entspricht (siehe Erläuterung). Anders steht es um die Höhle unseres moralischen Wissens, aus der wir alle, wenn wir wollen, bis zum Absoluten gelangen können, bis zur Idee des Guten, bei Kant zum Kategorischen Imperativ (siehe Erläuterung). Kant entkoppelt also die oben entwickelten Interpretationen des Höhlengleichnisses. Interessant ist, dass es bei Kant noch weitere Höhlenkammern gäbe, die als Verbindung zwischen den beiden großen Sälen dienen würden, etwa das Schöne und das Erhabene, die teleologische Naturbetrachtung und die Geschichte. Faszinierend wäre aber vor allem die Lage der Höhle der Religion: In diese gelänge man nämlich nur, wenn man schon den Aufstieg zum Guten geschafft hätte; dann aber, folgt man Kants Denksystem, würde sie unser moralisches Handeln erleichtern.

Kategorischer Imperativ
Unbedingt gültiges Pflichtgebot. Kategorischer Imperativ nach Kant: „Handle nur nach derjenigen Maxime, durch die du zugleich wollen kannst, daß sie ein allgemeines Gesetz werde." (Kant, Immanuel: Grundlegung zur Metaphysik der Sitten. BA 52)

Sind die Ideen ein Geheimnis?

Die im gegebenen Kontext entscheidende Frage lautet: Sind Platons Ideen ein Geheimnis? Tatsächlich wurden seine Gedanken oft so gedeutet. Die meisten, die in Schule und Hochschule mit der Ideenlehre konfrontiert werden, verstehen diese nicht, lehnen sie entweder unbedacht ab oder halten sie für eine Art Spökenkiekerei. Platon hätte dies nicht gewundert, lässt er seinen Sokrates doch sagen, dass über ihn Wogen des Gelächters hinweggehen werden (zum Beispiel 472 a). Bekanntlich wurde der historische Sokrates 399 v. Chr. sogar zum Tode verurteilt; sein Schicksal ist dasjenige dessen, der in die Höhle zurückkehrt. Wiederum andere, die Esoteriker, die eine Geheimwissenschaft höherer Welten verfechten, sehen in Platon einen ihrer ersten Vertreter. Es ehrt diesen, dass sich nicht nur Philosophen und Mathematiker, Naturforscher und Politikwissenschaftler, sondern eben auch Anhänger von Mysterien und Spekulationen auf ihn berufen – aber es ist trotzdem falsch, denn die Ideen sind kein Geheimnis. Um dies zu verstehen, müssen wir zunächst klären, was ein Geheimnis ist. Es gibt derer zwei Arten: absolute und relative; man kann auch sagen: objektive und soziale Geheimnisse.

Es gibt einen Weg vom Schein zum Sein.

Ein „objektives Geheimnis" ist eines, das sich überhaupt nicht lüften lässt; keiner weiß es. Im religiös-kultischen Kontext nennt man solche Geheimnisse Mysterien; so ist in jedem katholischen Gottesdienst die Rede vom „Geheimnis des Glaubens". Denn es gibt Grenzen unserer Erkenntnisfähigkeit, die wir nicht übersteigen können. Kant dachte dabei an die sogenannten großen Fragen: Existiert Gott? Gibt es so etwas wie eine Unsterblichkeit der Seele? Heute sehen wir auch in einigen wissenschaftlichen Fragen solche Geheimnisse: Was passierte beim Urknall? Wie konnte sich aus affenähnlichen Wesen der Mensch entwickeln? Platons Ideen sind jedoch gerade das, was man wissen kann und wissen sollte; sie liegen sogar allem Wahrnehmen und Wissen immer schon zugrunde.

Drei exemplarische Ideen seien hier vorgestellt. Die erste ist die Idee des Kreises. Jeder Kreis, den wir auf eine Wandtafel zeichnen, ist unvollkommen.[3] Dennoch kann, wie Platon im Dialog *Menon* zeigt, prinzipiell jeder Mensch schon in der Schule mathematische Konstruktionen exakt durchführen. Denn diese beziehen sich niemals auf den schiefen Kreis, den der Lehrer auf die Tafel gemalt hat, sondern auf dessen Idee, den perfekten, sozusagen idealen Kreis. Würden die entsprechenden Berechnungen nicht stimmen, würde kein Computer funktionieren und kein Flugzeug käme ans Ziel. Selbst hartgesottene Naturalisten des 20. Jahrhunderts (siehe Erläuterung) wie Willard Van Orman Quine bezweifeln nicht, dass ideale Vorstellungen, wie zum Beispiel die mathematischen Gebilde, für die Wissenschaft unverzichtbar sind. Problematisch ist für sie bestenfalls, dass bei Platon die mathematischen Universalstrukturen eine eigene Sphäre des Seienden bilden, die den realen Dingen der Welt zugrunde liegt (*ante res*; lateinisch für „vor den Sachen"). Aber handelt es sich, wie Aristoteles meint, nicht eher um Eigenschaften der Dinge selbst (*in rebus*; lateinisch für „in den Sachen")?

Das zweite Beispiel ist die Idee der Wahrheit. In der sinnlich erfassbaren Welt gibt es die Wahrheit als solche nicht, sondern nur die Dinge und Prozesse, über die wir wahre Aussagen machen wollen. Zudem täuschen und irren wir uns oft, manchmal werden wir sogar angelogen. Wenn wir nicht immer schon die Idee der Wahrheit voraussetzen würden, sie als Kriterium benützten und als Ziel vor unserem geistigen Auge hätten, würde man das Falsche nicht als solches identifizieren können. Mit Kant könnte man sagen: Wahrheit ist die transzendentale Bedingung der Möglichkeit allen Wissens, das heißt die Voraussetzung dafür, dass es überhaupt so etwas wie Wissen gibt, wir etwas über etwas wissen können. Problematisch ist jedoch Platons Überhöhung einer solchen Idee, das heißt seine Tendenz, dieser eine eigenständige Existenz zuzuschreiben. Der seit dem Mittelalter umstrittene sogenannte ontologische Gottesbeweis (siehe Erläuterung) illustriert den Versuch der Absicherung der realen Existenz einer idealen Vorstellung am Beispiel der Idee eines absolut vollkommenen Wesens.

Die dritte Idee ist die des Guten. Bei der Erörterung des Sonnengleichnisses deutet Sokrates an, dass das Gute die höchste aller Ideen sei (509 b). Auch viele andere Ideen wie die des Gerechten und des Schönen sind Ideale, also normative (wertsetzende) Maßstäbe, an denen wir uns orientieren sollten. Wenn wir nicht über die Idee des Guten verfügen würden, wäre es gar nicht möglich, schlechte von guten Handlungen zu unterscheiden, gerechte von ungerechten politischen Ordnungen, so Sokrates. Eine solche Idee ist auch der Gedanke, dass jeder Mensch einen absoluten inneren Wert habe, über den keiner verfügen dürfe. Problematisch ist aus heutiger Sicht Platons moralischer Realismus, also seine Auffassung, dass das Gute kein Menschenwerk sei, sondern außerhalb unseres Bewusstseins und außerhalb unserer sozialen Praktiken in einer idealen Sphäre existiere.

Soziale Geheimnisse und die Notwendigkeit langer Bildungsprozesse

Soziale Geheimnisse sind solche, die eine Gruppe einer anderen vorenthält. In diesem Sinne sprechen wir vom Bankgeheimnis, Beichtgeheimnis und Briefgeheimnis, auch von Geheimniskrämerei und Geheimgängen. Gegenbegriffe wären Öffentlichkeit und Transparenz. Das Höhlengleichnis macht deutlich, dass die Ideen gerade kein Geheimnis bleiben sollen; der Befreite will und soll den anderen ja von seinen Erlebnissen berichten.

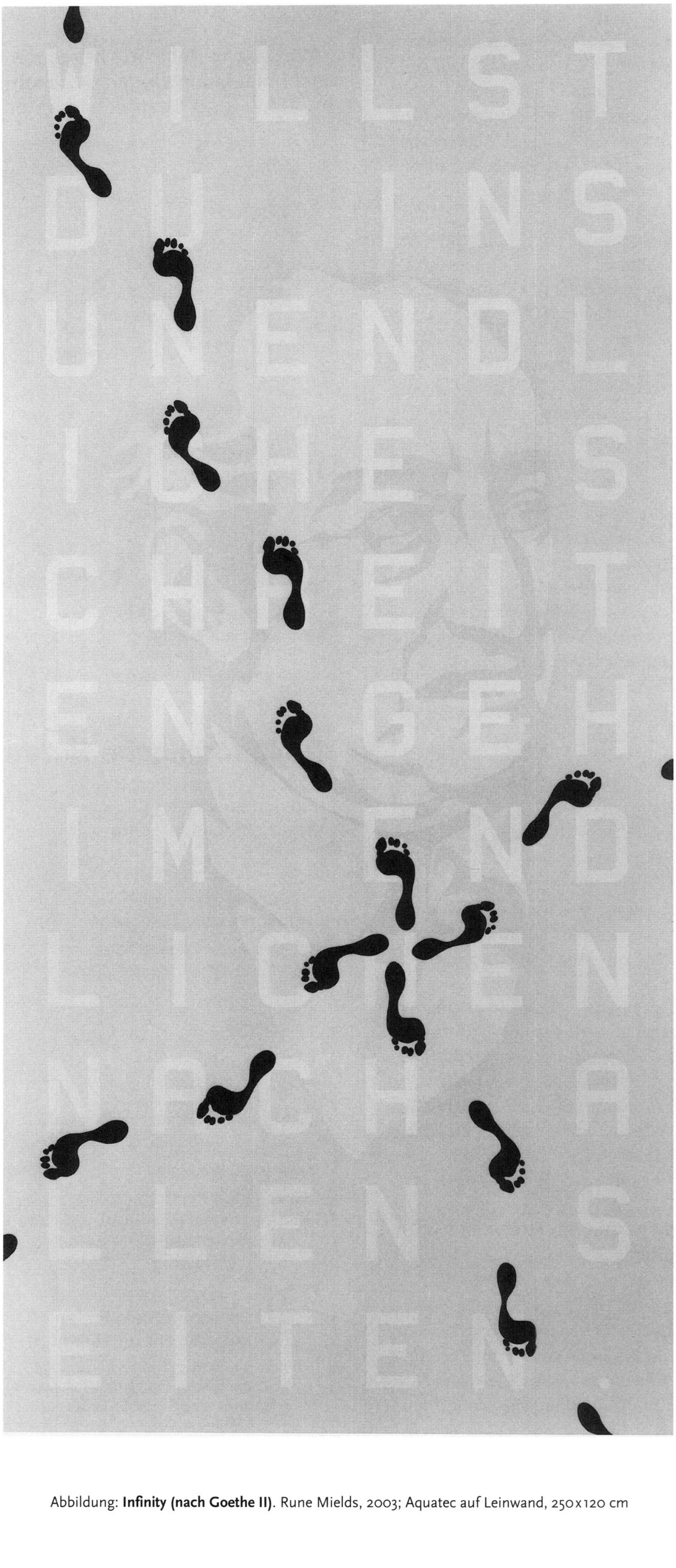

Abbildung: **Infinity (nach Goethe II)**. Rune Mields, 2003; Aquatec auf Leinwand, 250x120 cm

Sonnengleichnis

Im Sonnengleichnis vergleicht Platon die Funktion der Idee des Guten als Bedingung für Erkenntnis und Wahrheit mit der Sonne als Voraussetzung des Sehens. So wie, um etwas sehen zu können, nicht nur Augen und ein zu betrachtender Gegenstand erforderlich sind, sondern unabdingbar auch Licht vonnöten ist, vermittelt die Idee des Guten Erkenntnis und Wahrheit. Vergleichbar der Sonne, die „dem Sichtbaren nicht nur das Vermögen gesehen zu werden, sondern auch das Werden und Wachstum und Nahrung“ verleiht, „unerachtet sie selbst nicht das Werden ist“, hat auch das Erkennen das Sein und das Wesen von der Idee des Guten, „da doch das Gute selbst nicht das Sein ist, sondern noch über das Sein an Würde und Kraft hinausragt“. (Platon: Politeia. 506 b–509 b)

Allerdings ist noch Folgendes zu bedenken: Offensichtlich scheute sich Platon, alle seine Karten auf den Tisch zu legen. Die frühen Dialoge scheinen oft aporetisch zu enden, das heißt ohne eine klare Lösung des diskutierten Problems. In den mittleren Dialogen stehen an den entscheidenden Stellen Gleichnisse oder die Reden mythischer Personen (wie der Diotima im *Symposion*). In den späten Dialogen ist manchmal nicht klar, ob eine Passage ernst oder ironisch gemeint ist. Hinzu kommen zwei berühmte Textstellen: Die erste ist die Kritik an der Einführung der Schrift im *Phaidros* (274 a ff.), die zweite der wohl authentische sogenannte siebente Brief, in dem Platon schreibt, dass er zu den wesentlichen philosophischen Fragen keine Schrift verfasst habe und dies auch nicht tun werde (341 c). Diese und andere Indizien stützen die These, dass es eine „ungeschriebene Lehre“ Platons gebe, die dieser in seiner Akademie nur im kleinen Kreis vortrug. Dabei soll es um Zahlen sowie um die Einheit des Einen und des Vielen gegangen sein. Das ist aber keine Geheimniskrämerei, sondern die tiefe reflexive Einsicht Platons, dass das, was er philosophisch zu sagen hat, auf einer Fülle von Voraussetzungen beruht und nicht von jedem verstanden werden kann.

Platons Ideen sind keine Geheimnisse, sie wurden nicht bewusst verborgen.

Die wichtigste Voraussetzung, um die Ideen zu verstehen, ist ein langer und wohlgeordneter Bildungsprozess. Von *paideia* (altgriechisch für Bildung) ist gleich im ersten Satz des Höhlengleichnisses die Rede. Die *Politeia* ist auch ein Klassiker der Pädagogik, schon deren drittes Buch ist ganz Erziehungsfragen gewidmet: Die Wächter des Staats sollen eine umfangreiche sportliche und ästhetische Ausbildung erhalten. Nach dem Höhlengleichnis handelt das ganze siebte Buch davon, was die Philosophenkönige lernen müssen. Diese haben nämlich keinen leichten Weg vor sich. Folgende Wissenschaften müssen sie Platon zufolge beherrschen: Arithmetik, Geometrie, Stereometrie, Astronomie und Harmonielehre (das heißt mathematisch betriebene Musikwissenschaft). Da die Stereometrie als mathematische Raumwissenschaft der Geometrie zugerechnet werden kann, haben wir hier die Fächer des sogenannten Quadriviums des klassischen Bildungskanons, man könnte auch sagen: die vier Hauptfächer einer mathematisch-naturwissenschaftlichen Fakultät. Platon ist also keineswegs, wie es aus heutiger Sicht manchen scheinen mag, ein Freund der Geisteswissenschaften und Künste (der *humanities*); diese werden in der *Politeia* von Sokrates sogar scharf kritisiert. Es war vielmehr einer der zeitgenössischen Gegenspieler Platons, Isokrates, auf den das Trivium von Grammatik, Logik und Rhetorik zurückgeht, sodass sich zusammen (4+3=7) der klassische Kanon der sieben *artes liberales* (lateinisch für „freie Künste“) ergibt. Platon selbst ordnet seinen Wissenschaften die Dialektik über, die hier nur ein anderes Wort für Philosophie ist. Wichtig ist in diesem Zusammenhang noch Platons These, dass wir die Idee des Guten erst erfassen können, wenn wir fünfzig Jahre alt sind (540 a).

Platon behauptet also: Wir alle streben nach dem Wahren und dem Guten; insofern sind diese Ideen immer schon vorausgesetzt. Meistens aber machen wir es uns mit Aussagen über das Wahre und das Gute zu leicht. Denn es ist ein beschwerlicher und langer Weg zu diesen Ideen; die frohe Botschaft lautet jedoch, dass wir es schaffen können, dass es sich dabei nicht um ein unauflösbares Geheimnis handelt, sondern vielmehr um eine Lebensaufgabe.

Christian Thies ist Professor für Philosophie an der Philosophischen Fakultät der Universität Passau.

Anmerkungen:

1. Alle Verweise auf Platons Werke folgen der für alle Ausgaben verbindlichen klassischen Stephanus-Paginierung.
2. Vergleiche Blum, Wilhelm: Höhlengleichnisse. Thema mit Variationen. Aisthesis-Verlag, Bielefeld 2004, Seite 30 f., 56 ff.
3. Weizsäcker, Carl Friedrich von: Ein Blick auf Platon. Ideenlehre, Logik und Physik. Reclam, Stuttgart 1981, Seite 123

Zur Vertiefung empfohlen:

– Blumenberg, Hans: Höhlenausgänge. Suhrkamp, Frankfurt am Main 1989
– Erler, Michael: Platon. C. H. Beck (Reihe „Denker“), München 2006
– Höffe, Otfried (Hrsg.): Platon, Politeia. Akademie-Verlag (Reihe „Klassiker auslegen“), Berlin 1997
– Platon: Sämtliche Werke. 4 Bände. Herausgegeben von U. Wolf. Rowohlt, Reinbek 1994

Antje Kapust

Die Sichtbarmachung des Unsichtbaren

Zur Erkenntniskraft der Kunst bei Maurice Merleau-Ponty

Wenn unscheinbar anmutende Zeilen, wenn Bilder und Theaterstücke so gefangen nehmen können, wie „etwas Feuer fängt", muss eine enorme geheimnisvolle Kraft am Werk sein. Was der französische Philosoph Maurice Merleau-Ponty als Metapher seinem Kollegen Jean-Paul Sartre entlehnt, ist Künstlern Leitfaden und „Programm".[1] Bill Viola, einer der bedeutendsten Künstler der Gegenwart, bekennt, dass seine Kunst die „Welt des Verborgenen" offenbare.[2] Das verwundert keineswegs, begegnen uns doch gerade in der Kunst alle Spielarten des Geheimnisses. Man rufe sich nur glänzende Beispiele wie Shakespeares *Romeo und Julia*, Bernhard Schlinks *Vorleser* oder Heinrich von Kleists *Michael Kohlhaas* in Erinnerung.

Der ursprüngliche Ort des Geheimnisses liegt jenseits eines bloßen Aussagesatzes. Die Sehnsucht danach, Geheimnisse zu lüften, gründet im antiken Spannungsgefüge von Verborgenheit und Entbergung, das am Ende Unverborgenheit als Wahrheit und Sinn zum Vorschein bringt.

Geheimnisse können es „hammerhart" in sich haben. Das erfährt auch die Hauptfigur im Roman *Die Pilgerjahre des farblosen Herrn Tazaki* des japanischen Autors Haruki Murakami. Denn als der „farblose Herr Tazaki" nach 36 glanzlosen Lebensjahren unverhofft auf eine Frau trifft, die ihm zum ersten Mal die Tür zu den geheimnisvollen Schönheiten des Lebens öffnet, konfrontiert diese ihn ebenso unvermittelt mit einer knallharten Aufgabe: „Als wir miteinander geschlafen haben, hatte ich das Gefühl, du warst irgendwo anders. Nicht an dem Ort, an dem wir uns zusammen befanden. Du warst sehr zärtlich, es war wunderschön, und dennoch..." Der Mann erwidert: „Das verstehe ich nicht ... Ich habe die ganze Zeit nur an dich gedacht. Ich kann mich nicht erinnern, in Gedanken irgendwo anders gewesen zu sein. Ehrlich gesagt konnte ich zu dem Zeitpunkt an gar nichts anderes denken als an dich." „Das mag sein. Wenn du es sagst, glaube ich es dir. Aber in deinem Kopf war noch irgendetwas anderes. Ich habe gespürt, dass etwas uns trennt. Vielleicht kann nur eine Frau das verstehen. Wie dem auch sei, ich möchte, dass du weißt, dass ich eine solche Beziehung nicht weiterführen kann. Auch wenn ich dich sehr gern habe ... Wenn es mit uns beiden etwas Ernstes werden soll, möchte ich nicht, dass dieses *Etwas* zwischen uns steht. Dieses *Etwas*, von dem ich nicht weiß, was es ist. Verstehst du, was ich meine?"[3]

Diese Frau, die er zu lieben beginnt und die er nicht verlieren möchte, schickt ihn auf eine Reise in seine eigene Vergangenheit. Kein leichtes Unterfangen, denn auf dieser Reise soll er nicht nur dasjenige Geheimnis erkunden, das zum Umbruch seines Lebens führte, sondern auch herausfinden, was das innere, tiefer gelagerte Geheimnis seiner Existenz ist, das ihm bisher ein gelingendes oder glückliches Leben verstellt hatte.

Merleau-Ponty greift die Differenz zwischen einzelnem Seienden und einem grundlegenden Sein auf. Welche Dimensionen verbergen sich in der Tiefe des Seins? Welche Beziehungen in diesem „unterirdischen Strom" wirken in einer Weise, dass sogar Kunstwerken die Kraft eignet, „uns über Jahrhunderte hinweg zu berühren", wie Bill Viola beinahe mit Merleau-Pontys Worten zu denken gibt? Von welchem ontologischen „Fleisch", das heißt von welchem Teil der Wirklichkeit, lebt dieses Geheimnis, das den Künstler immer wieder antreibt, in das Unsichtbare hinabzusteigen, um einen treffenden Ausdruck ans Licht zu heben und auf die Leinwand oder ins Buch zu bannen?

der blaue reiter

Abbildungen:
Walk and Talk
Mischa Kuball,
Installation
(Simulation), 2009.
www.mischakuball.com

Die Überschüsse des Sichtbaren und der Mehrwert des Sehens

Merleau-Ponty ist der Denker des Sichtbaren und des Unsichtbaren. Er gilt nicht nur als Philosoph, der sich besonders intensiv und nachhaltig mit Fragen der Kunst auseinandergesetzt hat; die Philosophie erscheint bei ihm vielmehr selbst wie eine „Malerei, die ohne Farben, in Schwarz und Weiß malt wie in einem Kupferstich und so die Fremdheit der Welt zum Ausdruck bringt."[4]

Merleau-Ponty steht für eine Philosophie der Wahrnehmung und der Leiblichkeit, die über Kunstreflexion und Ästhetik sogar bis in die gegenwärtigen Texte von Siri Hustvedt hineinreicht.[5] Eine Schlüsselrolle fällt dabei den „Mehrwerten" des Sehens zu. Die Philosophiegeschichte wird elegant umakzentuiert. Wo Platon im Höhlengleichnis das Sichtbare zugunsten der Unsichtbarkeit der Idee opfert, rehabilitiert Merleau-Ponty die Überschüsse des Sichtbaren.[6] Pierre-Auguste Renoir malt seine berühmten *Wäscherinnen am Bach* in unablässiger Umgestaltung einer leibhaftigen Szenerie und selbst ein noch so moderner Konzeptkünstler muss die Idee seines Werks einem leibhaftig sinnlichen „Gliederbau" aufpfropfen. Wo René Descartes das Sehen in ein „Denken des Sehens" auflöst, zeigt Merleau-Ponty in seinem berühmten Aufsatz *Das Auge und der Geist*, wie das Sehen unseren ersten Zugang zur Welt eröffnet und nur einer Leiblichkeit, einem Zusammenspiel von Körper und Geist zugänglich ist. Die Kaskade der verborgenen Erinnerungen in Marcel Prousts berühmtem Roman *Auf der Suche nach der verlorenen Zeit* verdankt sich der sinnlichen Verführung durch den verzaubernden Duft des Bergamotte-Aromas, in dessen Tee die Hauptfigur die Madeleine tunkt. Wo Thomas Hobbes das Sehen in einer Mechanik und Geometrie eines von Begierden getriebenen Körpers verschwinden lässt, verwandelt Merleau-Ponty diese verborgenen Kräfte in eine Zwischenleiblichkeit, in der die Stellung des Menschen vom Fuße seiner verborgenen Antriebe bis in die höchsten Ideen hinein neu kartiert wird. Wo Immanuel Kant die These aufstellt, dass sich die Dinge nach unserer Erkenntnis richten, zeigt Merleau-Ponty, wie uns die Dinge nicht in der Frontalität eines bloßen Objekts angehen und in der Reduktion auf eine Perspektive ihr geheimnisvolles Innenleben verlieren. Um ein Exempel jenes geheimen „Mehrwerts" einer „Sehkunst" freizulegen, zitiert Merleau-Ponty in einem Radiovortrag den französischen Dichter Francis Ponge mit einer glänzenden Passage über „Wasser": „Es ist weiß und glänzend, formlos und frisch, passiv und auf ein einziges Laster versessen: die Schwerkraft. Über außergewöhnliche Mittel verfügt es, um diesem Laster zu frönen: Umfließen, Durchdringen, Aushöhlen, Durchsickern. Auch in ihm selbst wirkt dieses Laster: unablässig sackt es zusammen, entwindet sich augenblicks jedweder Form, strebt nur nach Erniedrigung, legt sich flach auf den Boden, fast ein Kadaver, wie die Mönche bestimmter Orden ... Man könnte fast sagen, das Wasser sei wahnsinnig, aufgrund dieses hysterischen Drangs, nur seiner Schwerkraft zu gehorchen, von dem es besessen ist wie von einer Zwangsvorstellung ... Flüssig heißt, ... was alle Haltung verliert, wegen dieser Zwangsvorstellung ... Unruhe des Wassers: empfindlich für den geringsten Neigungswechsel. Hüpft die Treppe mit beiden Beinen zugleich hinunter. Verspielt, kindisch vor Gehorsam, kommt gleich, wenn man es ruft, und ändert dabei das Gefälle auf dieser Seite hier."[7]

Die Erkenntniskraft der Kunst

Der Weg zu einem Sehen im Sinne Merleau-Pontys führt über die Verwandlung der Polymorphie (Vielgestaltigkeit) des Seins. In Jean-Paul Sartres Drama *Geschlossene Gesellschaft* (1944) verheimlichen die drei Protagonisten erbittert ihre eigentlichen Motive und karikieren damit den Liebhaber, der seine Liebschaft vertuschen möchte und sich dabei selbst betrügt. Eine „Sichtbarmachung des Unsichtbaren" wäre aus dem Blick des Dritten naheliegend, vor allem dann, wenn moralische Gründe vorlägen oder Verletzungen Betroffener abzuwenden wären. Um die Spannung zwischen einem Verheimlichen und einem Enthüllen als Problem in Szene zu setzen und auf einer Metaebene die Fragen nach Kontrolle oder Vertrauen und Zuverlässigkeit im Öffentlichen wie im Privaten aufzuwerfen, hat der Düsseldorfer Licht- und Konzeptkünstler Mischa Kuball 2009 mit der Installation *Walk and Talk* in der belgischen Stadt Mechelen kreisende Lichtspots in einer schmalen Altstadtgasse installiert, die als Klapgat (Klatschgasse) auch als geheimer Ort für flüchtige Liebesabenteuer bekannt war (siehe Abbildungen). Merleau-Ponty würde diese Installation als elementare Form einer Transformation des Unsichtbaren beschreiben. Die Sicht-

Das Geheimnis birgt Aspekte des Verborgenen, aber nicht jedes Verborgene ist ein Geheimnis.

Schlafzimmer und Gerichtssäle sind Orte,
an denen man über die Wahrheit
nicht lachen kann.

Je tiefer wir gekränkt sind, desto heftiger
wünschen wir, enttäuscht zu scheinen.

Zur Klage reicht es bei den meisten,
zum Urteil bei den wenigsten.

Befriedigungen sind erneuerbar,
Wünsche nicht.

Jürgen Große

barmachung des Unsichtbaren ist in vielen Vollzügen unerlässlich, denn schließlich wollen wir bei der Besteigung des Mount Everest auch nicht in eine Gletscherspalte stürzen. Dieses Grundmodell der Aufdeckung von Verdecktem und Verborgenem (zum Beispiel der Beleuchtung beziehungsweise Hinwendung zu einer rückseitigen Hauswand) entspricht dem phänomenologischen Verfahren, durch Abwandlungen und Variationen eine Annäherung an verborgene Abschattungen eines Phänomens zu erreichen. Die Phänomenologie gilt als Methode einer Seh-Kunst, die über sepzifische Techniken sowohl leiblich wie auch noetisch (durch geistige Einsicht) arbeitet. Als Logos (Vernunft) ist sie ein Ansatz, der die Phänomene, auf die wir immer schon bezogen sind, als Gegebenheiten ins Visier nimmt, unabhängig davon, ob es sich um so anschaulich gegebene Dinge wie den Regenbogen am Himmel, die Seerosen auf dem Gemälde von Claude Monet handelt, um ideelle wie die Idee eines Kreises in der Geometrie oder auch den Entwurf eines Gesetzestextes. Die Pointe dieser Methode liegt darin, die Dinge „zur Aussprache ihres eigenen Seins" zu bringen, was wiederum spezifische Techniken erfordert, zum Beispiel die Enthaltung von Vormeinungen, Einklammerung (das Zurücknehmen der je persönlichen Sichtweisen), Übersetzung der Wahrnehmung in andere Register und so weiter.

Höhlengleichnis
In *Der Staat* entwirft Platon das Höhlengleichnis zur Veranschaulichung des Verhältnisses der von ihm postulierten übergeordneten „Ideen" der Dinge zu deren Abbildern, den „realen" Gegenständen: In einer Höhle sind Menschen so gefesselt, dass sie nur Schatten auf einer Höhlenwand sehen können. Wird einer dieser Menschen aus der Höhle herausgeführt, werden ihm die „normalen" dreidimensionalen Gegenstände außerhalb der Höhle ebenso als übergeordnetes Phänomen erscheinen wie normal aufgewachsenen Menschen die Ideen.

Die geheime Kraft der Kunst

Ausgewichtung und Umstrukturierung des Sichtbaren und des Unsichtbaren können auch zugunsten der Wahrung eines geheimen Kerns ausfallen. Das Geheimnis birgt zwar Aspekte des Verborgenen, aber nicht jedes Verborgene ist auch ein Geheimnis. Eine versteckt schlummernde Krebszelle wäre verborgen und sollte aufgespürt werden, gilt aber keineswegs als Geheimnis. Ein demenzkranker Patient ist für uns sichtbar, aber gerade in seiner Demenz unerreichbar und damit in eine Unsichtbarkeit entschwunden. Er erscheint uns fast als Fremder, der in einem geheimen Universum lebt.[8] Die Kunst kann in vielen Belangen sinnvolle Beiträge liefern, indem sie unseren Sinn verfeinert, unsere Sinne schärft, unser Denken vertieft und unsere Vermögen zur Selbst- und Fremdinterpretation bereichert. Solches erreicht sie auch über eine Steigerung, wenn die Ebene konkreter Faktizität überboten wird, wie ein weiteres Beispiel veranschaulicht.

Lichtinstallationen wie *Seven virtues* (1999), *space – speech – speed* (1998) oder auch *Tod, Taboo, Trance* (2007) von Mischa Kuball spielen über den direkten sinnlichen Eindruck hinaus mit einem inneren Geheimnis (entsprechende Videos befinden sich auf der Plattform YouTube im Internet). Sie erzeugen die Suggestion, vom konkreten Boden des „Nullpunkts der Orientierung" in Sphären katapultiert zu werden, die an ein Unendliches rühren. Man scheint einer ewigen Idee nahezukommen und wird von unsichtbaren Gesetzmäßigkeiten wie dem Zauber besonderer Anmutungen (Schönheit, Erstaunen, Eingedenken usw.) gefesselt. Das besondere Rätsel solcher Werke besteht in einer bemerkenswerten Ambivalenz. Einerseits wird ein Ausblick (Fenster-Metapher) der Erkenntnis eröffnet (ein Blick auf letzte Grenzfragen wie die nach dem Tod wird möglich), andererseits soll ein Geheimnis unversehrt bleiben. Phänomene wie Liebe sollen sich nicht abgreifen oder zum bloßen Spektakel verflachen, sondern ihre Kraft und Bezauberung in Form eines Geheimnisses erhalten können. Wäre Liebe ein Geheimnis, das man wie ein Geschenk auspacken kann, wäre deren Reiz schnell verpufft, würde sie nurmehr zu den abgegriffenen Bedeutungen, den sogenannten Spielbedeutungen zählen. Davon zu unterscheiden ist das Rätsel, wie gerade dasjenige, das man schon in- und auswendig kennt und tausendmal gesehen hat, trotzdem seinen Reiz erhalten kann. Schafft die Kunst diesen Spagat, hat sie ein Anliegen der Phänomenologie eingelöst. Es handelt sich um die Hoffnung, die Dinge gleich einem Wunder immer wieder neu „wie am ersten Tag" berühren zu können, ohne dass sie in eine leere, verfallene, abgenutzte und bekannte Spielbedeutung absinken. In dieser geheimnisvollen Kraft besiegelt sie ihre Transzendenz (hier: Offenlegung einer sinnlich nicht zu erfassenden, jenseits der materiellen

Dinge befindlichen „Welt“). Das (technische) Verfahren des (geistigen) Sehens wäre dasselbe beziehungsweise ähnlich.

Damit rührt die Phänomenologie an die Geheimnisse des Seins. Wenn der dänische Philosoph Søren Kierkegaard in *Furcht und Zittern* schildert, welche Pein Abraham unter Gottes Forderung aussteht, seinen Sohn Isaak opfern zu müssen, so deshalb, weil sich uns dieses Verlangen Gottes als dessen geheimer Plan entzieht. Die Kunst ringt auch mit solchen Geheimnissen. Es ist ebenso mysteriös wie wundersam, wenn Bill Viola einen im Wasserstrudel einsinkenden Mann filmt und dieser durch eine Umkehrung im Video als aufsteigender Engel erscheint (*Five Angels for the Millenium*). Das Rätselhafte offener Fragen wäre mit einer solchen medialen Form nicht gelöst. Es wird aber eine Anschauungsform angeboten, in der Menschen sich selbst reflektieren und befragen können. Die letzten Gesetze der Naturwissenschaft sind uns in Kopernikus' Worten so verborgen und geheim wie die Chiffren des Seins, von denen Augustinus und Karl Jaspers sagen, dass wir sie nur indirekt über Spuren erahnen können. Im Gesang einer anmutigen Melodie des Vogelgesangs können wir eine Ahnung von der Herrlichkeit der Schöpfung erhalten oder ein Gefühl für Ehrfurcht empfinden. Das Erhabene kann uns in Bann nehmen, doch können wir sein „Funktionsgeheimnis“ restlos aufklären? Alltägliche Fragen wie „Wie spät ist es?“ vermögen wir ohne Umschweife zu beantworten, doch die letzten Fragen wie „Was ist die Zeit?“, „Was ist Freiheit?“, „Was ist der Sinn von Sein?“, „Was kommt nach dem Tod?“ versetzen uns zunächst in pure Sprachlosigkeit. Wir rühren an essenzielle und existenzielle Geheimnisse, die wir nicht in der Hand haben und die sich wie ein Unverfügbares entziehen. Die Künste jedoch ringen unablässig um den Ausdruck solcher Fragen.

Unverfügbares, Numinoses (hier: jenseitig, göttlich Anmutendes), Aura usw. wären somit nur weitere Begriffe für die Tiefen jener Geheimnisse, an die wir mit der Frage nach dem Unsichtbaren stoßen; vordringen können wir in diese Tiefen aber nur, wenn wir die Leerstellen dieser Begriffe aufspüren. Dafür brauchen wir „Seh-Künste“. Das von Joseph Beuys in die Ecke gesetzte Fett ist offensichtlich für jemanden, der nicht zu sehen vermag, in „seinem Geheimnis“ so nichtssagend, dass es postwendend entfernt wird. Für den „Leser“, der sich an die archäologische Arbeit der Entzifferung macht, ist es jedoch atemberaubend, die schier unvorstellbare Palette der Variationen von Abschattungen und Deutungsmöglichkeiten aufzuklappen.[9]

Praktische Umwendungen einer Seh-Kunst

Für Merleau-Ponty ist Kunst weder Selbstzweck noch Instrument für andere Zwecke (zum Beispiel bloße Sensibilisierung, Schärfung von Aufmerksamkeit usw.). Schon 1947 betont er die Notwendigkeit, die Thematik des Sichtbaren und des Unsichtbaren in alle Bezüge hinein umzuwenden. Letztendlich spreche Platon nämlich nur vom Selben und vom Anderen (und eben nicht „vom anderen Menschen“, schon gar nicht vom „Humanismus des anderen Menschen“), Descartes ende bei Gott (und eben nicht bei den drängenden Sachanliegen) und Kant begnüge sich mit dem Gewissen, ohne klären zu können, was uns in den Tiefen unserer Welt, Selbst- und Fremdbezüge umtreibt, wie wir uns verpflichtet fühlen und unsere Verpflichtungen ernst nehmen (zum Beispiel die Bewältigung von Fukushima).

In den verschiedensten Kontexten und Spielarten von Geheimnis werden Ansprüche einer „Kunst des Sehens“ relevant. Geheimnisse können uns bis auf die Knochen alles abverlangen, wie das Beispiel des berühmten Holocaust-Forschers Saul Friedländer veranschaulicht. Dieser war als Kleinkind von seinen Eltern einem befreundeten Ehepaar übergeben worden, das den Jungen an Kindes statt aufzog, ohne dass Friedländer davon eine Kenntnis hatte. Seine eigentlichen Eltern wurden im Konzentrationslager ermordet. Als Friedländer im Zuge seiner katholischen Erziehung die Priesterweihe anstrebte, offenbarten ihm die Ersatzeltern seine wirkliche Identität. Die Enthüllung dieses Geheimnisses bewirkte einen radikalen Bruch in seinem Leben: „Ich verwahre tief in meinem Inneren gewisse unzusammenhängende, nicht miteinander zu vereinbarende Existenzfragmente ... wie jene

Granatsplitter, die manchmal im Körper derer stecken, die große Schlachten überlebt haben ... Ich brauchte sehr lange, um den Weg zurück in meine Vergangenheit zu finden. Ich selbst hatte keine Erinnerung an die betreffenden Ereignisse, doch als ich über sie zu sprechen versuchte oder anfing, sie zu beschreiben, fühlte ich sofort eine seltsame Lähmung.“[10] In der Auseinandersetzung mit diesem Geheimnis avancierte er zu einem der wichtigsten Forscher der Shoa.

Auch der französische Vertreter der Lebensphilosophie, Michel Henry, hat eindrucksvoll belegen können, wie die Suche nach verborgenen Gründen den Kern seiner Existenz verwandelt und sein Denken bestimmt hat. Seine Erfahrungen im französischen Widerstand während des Zweiten Weltkriegs führten ihn zu seiner Philosophie des Lebens. In der Verborgenheit der Verstecke spürte er eine ständig drohende Todesangst im Nacken. Die Furcht vor einem Aufgegriffenwerden brachte ihn um den Schlaf. Die ewigen Entbehrungen und der harte Überlebenskampf bei Kälte, Nässe und Hunger in den Verstecken der Wälder zehrten an ihm. Seine Zukunft war ihm verborgen, er selbst zur Geheimhaltung gezwungen. Es ist nicht verwunderlich, dass ihn diese leiblichen Erfahrungen zum radikalen Umsturz des cartesianischen Systems führten: Wenn es eine „Wahrheit“ gäbe (die bei Descartes dem „cogito, ergo sum“ entspricht), so wäre es bei Michel Henry trotz abgrundtiefer Angst und aller Not die Erfahrung eines einzig zählenden „Glücks“, des Glücks zu leben.[11]

Die Reduktion auf nur eine Perspektive raubt den Dingen ihr Geheimnis.

Wie unermesslich hilfreich „Techniken“ eines Umgangs des Sichtbaren und des Unsichtbaren sein könnten, dokumentiert abschließend der folgende tragische Vorfall. Nach dem verheerenden Tsunami, der 2004 in Asien mindestens 231 000 Menschen das Leben kostete, wurde eine australische Frau auf dem Heimatflughafen von Journalisten bedrängt. Rechts und links standen ihre etwa fünf und acht Jahre alten Söhne, wobei besonders der ältere Junge von heftigen Weinkrämpfen geschüttelt wurde. Der Grund war zunächst verborgen. Die Mutter stand offensichtlich unter Schock. In diesem Zustand der Unzurechnungsfähigkeit berichtete sie den Reportern, wie sie von einer Flutwelle unter Wasser gedrückt worden sei, aber verzweifelt versuchte, ihre Söhne festzuhalten und zu retten. Die gewaltige Krafteinwirkung habe sie jedoch gezwungen, ein Kind loszulassen, um wenigstens das andere Kind retten zu können. In ihrer Not habe sie sich entschieden, den älteren Jungen aufzugeben, der jedoch wundersamerweise überlebte. Bei dieser Begebenheit handelt es sich um eine klassische Konfliktstruktur, die auch in der Literatur und im Film gerne aufgegriffen wird. Die Tragik dieses Dilemmas und mithin der Grund für das Weinen des Jungen bestand jedoch in jener Dimension, die der Frau im spontanen Reden verborgen blieb oder ihr unter Schock nicht bewusst war: dass nämlich der Junge Zeuge ihrer Schilderung wurde und derart erfahren musste, dass und wie er „geopfert“ wurde. Für ein Kind in diesem Alter ist bereits eine derartige Katastrophe kaum zu verarbeiten. Durch das geoffenbarte Wissen wurde der Druck noch enorm erhöht. Ein solches Ereignis ist kaum zu integrieren und zu verarbeiten. Fraglich wäre, wie sinnvoll eine Möglichkeit oder die Einübung in eine solche Verarbeitung wäre, die der französische Philosoph Gabriel Marcel im Umfeld von Merleau-Ponty in anderen Kontexten zu bedenken gibt. Wäre in manchen Fällen das Verschweigen eines Geheimnisses ratsamer, zum Beispiel wenn der Arzt damit einem Patienten helfen könnte? In Anbetracht der sensiblen Seelen von Kindern ist dieser Gedanke nicht abwegig. Erinnern wir uns nur an den italienischen Film *Das Leben ist schön* von Roberto Benigni, in dem ein Vater, der mit seinem Sohn in ein Konzentrationslager verbracht wurde, diesem lange erfolgreich vorspielt, dass sie sich in einer Art Abenteuerferienlager befänden. Für das Kind im KZ und für den Jungen, der den Tsunami überlebte, wäre die Nichtbelastung mit dem geoffenbarten Geheimnis sicherlich vorteilhafter, selbst wenn sie sich unwissentlich an der Verdeckung des Geheimnisses als nicht offenbarter Leerstelle gestoßen hätten, so wie auch Kinder nationalsozialistischer Täter ständig an solche unausgesprochenen Leerstellen als Grenze stoßen. Ob diese Option praktisch einforderbar wäre oder realiter hätte bewerkstelligt werden können, steht als „Nicht-Wissen“ auf einem anderen Blatt. Die Relevanz der Kunst, differenzierte, sehr sensible oder hochgradig ausgefeilte Vermögen des Sehens und des Umgangs mit Sichtbarem und Unsichtbarem zu erwerben, belegt es allemal.

Antje Kapust ist Professorin für Praktische Philosophie an der Ruhr-Universität Bochum und Professorin für Philosophie der Kunst und Theorie des Bildes an der Ruhrakademie.

Anmerkungen:

1. Merleau-Ponty, Maurice: Die Prosa der Welt. Fink, München 1984, Seite 35
2. Viola, Bill: Das Bild in mir – Videokunst stellt die Welt des Verborgenen dar. In: Maar, Christa; Burda, Hubert (Hrsg.): Iconic Turn. Die neue Macht der Bilder. DuMont, Köln 2004, Seite 277
3. Murakami, Haruki: Die Pilgerjahre des farblosen Herrn Tazaki. DuMont, Köln 2014, Seite 94
4. Waldenfels, Bernhard: Sinne und Künste im Wechselspiel. Modi ästhetischer Erfahrung. Suhrkamp, Berlin 2010, Seite 133
5. Hustvedt, Siri: Leben, Denken, Schauen. Rowohlt, Reinbek 2014
6. Vergleiche Beitin, Andreas u. a. (Hrsg.): Mischa Kuball. Platons Spiegel und die Aktualität des Höhlengleichnisses. Walther König, Köln 2012
7. Merleau-Ponty, Maurice: Causerien 1948. Salon, Köln 2006; Phänomenologie der Wahrnehmung. De Gruyter, Berlin 1966; Das Sichtbare und das Unsichtbare. Fink, München 1986
8. Gröschner, Rudolf; Kapust, Antje; Lembcke, Oliver W. (Hrsg.): Wörterbuch der Würde. Fink, München 2013, Seite 167 ff., 261 ff.
9. Kapust, Antje; Waldenfels, Bernhard (Hrsg.): Kunst, Bild, Wahrnehmung, Blick. Merleau-Ponty zum Hundertsten. Fink, München 2010, Seite 84 ff.
10. Zitiert nach Bruno Bettelheim: Themen meines Lebens. DVA, Stuttgart 1990, Seite 236
11. Vergleiche Julia Scheidegger: Michel Henry. In: Information Philosophie, 1/2013. Meiner, Hamburg 2013

Abbildung: **Fenster zum Leben (Eule).** Rune Mields, 2009; Graphit und Tusche auf Bütten, 76x56 cm

Ryosuke Ohashi

Die Höhe liegt im Unten

Auf dem Gipfel zeigt sich die Spitze des Berges nicht

Kalligrafie, die Kunst des schönen Schreibens, ist mehr als eine ästhetische Beschäftigung mit der Schrift. Der „Weg der Schrift", wie sich das japanische Wort für Kalligrafie *shodô* übersetzen lässt, ist sichtbarer Ausdruck des Denkens. Beim Kalligrafieren findet das Gedachte seinen Weg unmittelbar vom Kopf über die Hand und den Tuschepinsel auf das Papier. Im Schriftbild der Kalligrafie kann sich so zeigen, was im gesprochenen Wort auch dem aufmerksamsten Zuhörer verborgen bleibt.

Die Kunst der Kalligrafie wird als meditative Praxis zur Steigerung der Konzentration in zenbuddhistischen Klöstern traditionell gepflegt. Dabei werden zumeist Lehr- beziehungsweise Sinnsätze, sogenannte Kôans, mit einem Tuschepinsel oder einer Bambusfeder mit schwarzer Tusche in einem Zug auf Reispapier geschrieben (nachträgliche Ergänzungen oder Verbesserungen sind nicht gestattet).

Auf dem Gipfel des Berges

Die ersten drei sino-japanischen Schriftzeichen der auf der rechten Seite abgebildeten Kalligrafie des Zenmeisters Daitsû Myôshin, Vorsteher des Tempels Myôshin (Kôno Daitsû), bedeuten: „Berg" (峰), „Spitze" (頂) und „stehen" (立). Entsprechend könnte eine Übersetzung der ersten Hälfte des Satzes lauten: „Auf der Bergspitze stehen". Damit ist aber nicht gesagt, wer auf dem Gipfel steht. Diesbezüglich wäre es zulässig, die Worte „ich" oder „man" zu ergänzen, sodass sich für die ersten drei Zeichen folgende Übersetzung ergäbe: „Wenn man auf der Bergspitze steht". Allerdings wäre es nicht weniger korrekt, die drei Zeichen wie folgt zu übersetzen: „Die Bergspitze steht". In diesem Fall ist keine Ergänzung eines Subjekts erforderlich. Tatsächlich gibt es Beispiele für ein solches „Stehen" einer Bergspitze. Wer in den Japanischen Alpen die Berge Yari-ga-take (Spieß-Berg) oder Turugi-dake (Schwert-Berg) besteigen will, merkt, dass die allerletzte Strecke des Aufstiegs im herkömmlichen Sinne erst kurz vor der eigentlichen Bergspitze beginnt: Auf einem Grat reckt sich eine zweihundert Meter hohe Felsenwand empor.

Für eine korrekte Übersetzung der Kalligrafie von Meister Daitsû Myôshin ist es hilfreich, auf einen im Zen oft zitierten Satz hinzuweisen: 独坐大雄峰. Die ersten zwei Schriftzeichen bedeuten: „allein" (独) und „sitzen" (坐), die letzten drei „groß" (大), „herrlich" (雄), „Berg" (峰). Wiederum ist aus der Zeichenfolge nicht ersichtlich, „wer" allein sitzt. Deshalb ergeben sich zwei unterschiedliche Lesarten. Die Übersetzung „Allein sitzend ist der große und herrliche Berg" wäre ebenso korrekt wie „Sitzt man allein (in der tiefen Versammlung), so ist der Sitzende selber ein großer und herrlicher Berg."

Die Spitze entbirgt sich nicht

Wie lassen sich die letzten drei Zeichen der abgebildeten Kalligrafie übersetzen? Einzeln gelesen bedeuten sie „nicht" (不), „entbergen" (露) und „Spitze" (頂). Entsprechend könnte man die zweite Hälfte des Satzes wie folgt lesen: „Die Spitze entbirgt sich nicht."

Jeder Bergsteiger, nicht nur die Bezwinger des Spieß- oder des Schwert-Bergs, macht im Angesicht eines Gipfels immer wieder eine ähnliche Erfahrung: Aus der Ferne zeigt die Spitze eines Berges nicht ihr wahres Antlitz, der Gipfel zeigt sich nicht ohne Weiteres, entbirgt sich nicht unmittelbar. Er zeigt sich nur dann, wenn man den Berg besteigt, erst wenn man über die steinernen und steilen Bergpfade am Ende des mühsamen Aufstiegs die Spitze tatsächlich erreicht hat, auf ihr steht, um sich zufrieden in alle Himmelsrichtungen umzuschauen. Im vollumfänglichen Sinne des Wortes erschließt sich das „Sich-nicht-Entbergen" erst bei einem überaus unzugänglichen, schwer zu bezwingenden hohen Berg in einem großen Gebirge. Erst am Ende eines schwer begehbaren Bergpfads kann es offenbar werden. Für einen jedem leicht zugänglichen gewöhnlichen Berg wäre auch der Ausdruck „Bergspitze" oder „Gipfel" nicht angemessen.

Ist der Berg hoch und das Wetter gut, wird der Bergsteiger dessen gewahr, was in einem Kôan aus der Sammlung *Bi-Yän-Lu* (*Niederschrift von der smaragdenen Felswand*) beschrieben wird: Berge auf Bergen in unendlicher Weite, in blauen Schichten aufeinander (遠山無限碧層々). Aber so hoch der Berg und so weit der Blick auf die Berge in der Ferne auch sein mögen, kann der Bergsteiger eines nicht sehen: die Spitze des Berges, auf der er selbst steht. Hat der Bergsteiger den höchsten Punkt des Berges erklommen, steht er auf

Die japanische Schrift entwickelte sich in den ersten nachchristlichen Jahrhunderten als Adaption und Anpassung der chinesischen Schriftzeichen an die Eigenheiten der mehrsilbigen japanischen Sprache. Wie im klassischen Chinesisch wird im Japanischen von oben nach unten geschrieben. Im Fortgang des Textes werden die Spalten dann von links nach rechts aneinandergereiht.

dessen Spitze, bleibt ihm der Gipfel, das Ziel, das seinen Weg den ganzen Aufstieg lang bestimmte, doch verborgen – der Berg entbirgt sich auch nicht dem, der auf ihm steht!

In der Kalligrafie des Meisters Daitsû Myôshin geht es jedoch weniger um die Aussicht von einem Berggipfel als vielmehr um die Seinsweise dessen, der in jedem Schritt des Aufstiegs in der Übung mit dem Übungsberg vereinigt. Der „Berg“, der bestiegen wird, ist der Berg eines jeden selbst, und die Spitze ist die eines jeden selbst. Wenn er, dort angelangt, die Luft des weiten Himmels ein- und ausatmet, ist dieses Atmen das Atmen des Berges. Der Berg atmet durch den Bergsteiger ein und aus. Um ihn herum ist nichts. Auch der Bergsteiger wird zum Nichts. Sein „Ich“ verschwindet. Zwar gibt es auch Bergsteiger die ihr „Ich“ mit Stolz bejubeln und laut rufen: „Ich, ich habe jetzt die Spitze erobert!“ Doch ist dem derart Jubelnden nicht bewusst, dass nicht er die Bergspitze erobert hat, sondern dass vielmehr deren Anblick ihn angezogen, getragen, geleitet hat und ihn solchermaßen erst Bergsteiger hat sein lassen. Auch in diesem Fall gilt: Die Bergspitze entbirgt sich nicht.

Unzugänglichkeit ist jedoch nur ein Aspekt dessen, was sich nicht entbirgt. Kommt es doch oft vor, dass das, was am nächsten liegt, ebenso unzugänglich ist. In einem tiefen See zum Beispiel scheint das an sich durchsichtige reine Wasser in einer Tiefe von wenigen Metern blau-grau. Bei einem See oder Meer in der Nähe „entbirgt“ sich der Boden also nicht, geschweige denn bei einem Ozean. Dasselbe gilt auch für den blauen Himmel. Wie der Ausdruck „Himmelsgewölbe“ impliziert, erscheint der Himmel von unendlicher Weite, als scheinbar grenzenloses Gewölbe. Auch der klare und wolkenlose Himmel verbirgt sich selbst. Der Himmel „entbirgt den Himmel nicht“.

„Die Natur liebt es, sich zu verbergen“, heißt es in einem Fragment von Heraklit. Nennt man das, was noch nicht durch technische Eingriffe bearbeitet wurde und sich deshalb so zeigen kann, wie es selbst ist, Natur, scheint der Satz von Heraklit unverständlich, ja sogar widersinnig. Denn ohne in die natürlichen Abläufe eingreifende Technik sollte Natur ihre eigene Gestalt, ihr Wesen doch zeigen können. Warum also sollte die Natur, die im Satz von Heraklit eindeutig das Satzsubjekt ist, es lieben, sich zu verbergen? Man wird versucht sein, den Satz Heraklits unter Bezugnahme auf eine neuzeitliche Philosophie wie zum Beispiel die kantische zu interpretieren, und zu dem Schluss gelangen, dass zwar die Natur als „Erscheinung“ erkennbar, aber die Natur als „Ding an sich“ unerkennbar sei. Nicht die sichtbare Natur also, so ließe sich das Paradox auflösen, liebt es sich zu verbergen, sondern die „Natur an sich“ verbirgt sich. Allerdings hätte Heraklit im fünften vorchristlichen Jahrhundert sicherlich nicht die neuzeitliche Position eines „Erkenntnissubjekts“ vertreten. Eher dürfte in seinem Satz die altgriechische Erfahrung der *physis* (Natur) enthalten sein. Das altgriechische Wort *physis* leitet sich vom Verb *phyô* (wachsen, aufgehen) ab und verweist auf die Seinsphänomene des „Entbergens“ und „Verbergens“.

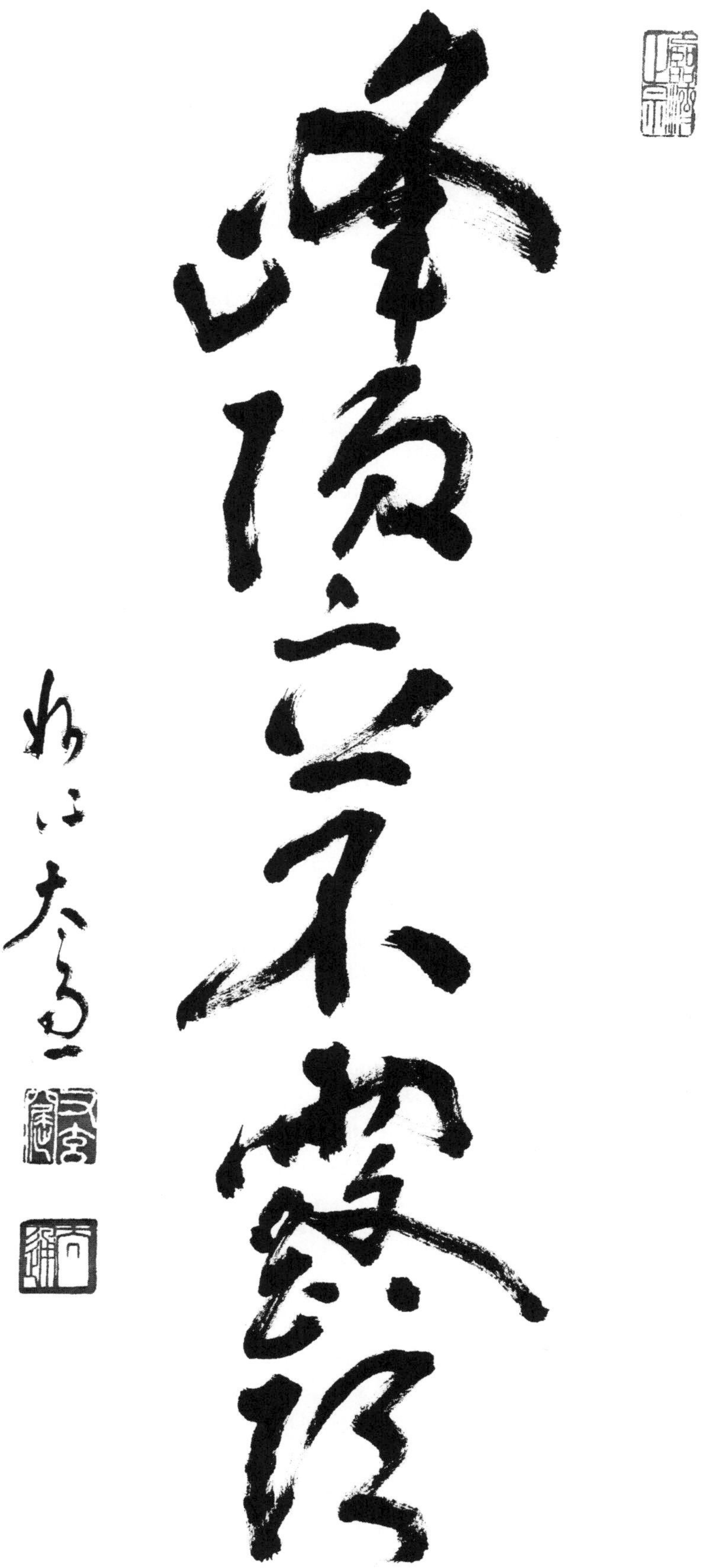

Abbildung:
峰頂立不露頂 (Auf der Bergspitze stehen; die Spitze entbirgt sich nicht.) Kalligrafie des Zenmeisters Daitsû Myôshin, Vorsteher des Tempels Myôshin (Kôno Taitsû). Entnommen aus: Kalligrafien der Vorsteher der Zen-Tempel verschiedener Schulen. Kalender 2014. Mit freundlicher Genehmigung des Senshin Kôgei Verlag, Kyôto.

Eingeschränkt veranschaulichen lässt sich dies im Rahmen eines westeuropäisch geprägten Denkens mittels der Metapher eines im Boden verborgenen winzigen Samens, der durch Keimen und Wachsen im Verlauf der Jahrzehnte den in ihm „verborgenen" riesigen Baum „entbirgt". Eingeschränkt deshalb, weil das japanische Denken im Gegensatz zum aristotelisch geprägten europäischen Denken nicht teleologisch ist, das heißt kein *telos* (altgriechisch für „Ziel") kennt, auf das hin sich etwas „zeigt, entbirgt, entwickelt". In diesem Sinne verdeckt auch der sonst unendlich weite Himmel durch seine Unendlichkeit notwendig sich selbst.

Die Natur liebt es, sich zu verbergen.

Heraklit

Innerhalb der Geschichte der Philosophie nimmt die Frage des „Entbergens" eine wichtige Stellung ein. Nachdem Platon die „Idee des Guten" als das „Jenseits der *ousia*" (altgriechisch für „Sein", „Wesen", wörtlich „Seiendheit") bestimmt hatte, bildete sich die Linie der Mystik und der negativen Theologie. In deren Rahmen wurde Gott als *deus absconditus* (lateinisch, wörtlich: abwesender Gott) aufgefasst, als Gott, der „sich nicht entbirgt". Das Denken des Entbergens und des Sichtbar-Machens, verbunden mit dem Streben nach dem Sich-Präsentieren, prägte nicht nur das europäische Denken, sondern auch dessen Religion. Das Christentum hat im Vergleich mit den anderen Weltreligionen ein besonders starkes Bewusstsein der „Mission". So heißt es zum Beispiel im Matthäus-Evangelium: „Eine Stadt, die auf einem Berg liegt, kann nicht verborgen bleiben. Man zündet auch nicht ein Licht an und stülpt ein Gefäß darüber, sondern man stellt es auf den Leuchter; dann leuchtet es allen im Haus. So soll euer Licht vor den Menschen leuchten, damit sie eure guten Werke sehen und euren Vater im Himmel preisen." (Matthäus 5, 14/15)

Vor allem in der mittelalterlichen christlichen „Metaphysik des Lichts" ist das Licht ein Attribut Gottes (siehe Erläuterung). Durch das (göttliche) Licht werden die Dinge beleuchtet, entborgen und sichtbar gemacht. Wer mit dem Glauben an Gott lebt, hat nach christlichem Selbstverständnis durch die Gnade Gottes teil an diesem Licht, mittels dessen er gute Werke vollbringen und diese den Menschen zeigen und mitteilen kann, damit sie sich zum Glauben wenden. Entsprechend gilt der zitierte Satz des Matthäus-Evangeliums als Aufforderung zur Mission. Allerdings findet sich auch im Zenbuddhismus, der sich aufgrund des Lehrsatzes „Wer geht, wird nicht verfolgt; wer kommt wird nicht abgelehnt" kaum um die Mission kümmert, folgendes Kôan des Zen-Meisters Chôsa (?–868): „Die ganze Welt in zehn Richtungen ist nichts anderes als mein Licht; die ganze Welt in zehn Richtungen findet sich in meinem Licht."

Chôsas Satz scheint dem aus dem Matthäus-Evangelium zunächst sehr ähnlich. Bei einer genauen Überprüfung ergibt sich jedoch ein beträchtlicher Unterschied. Das „mein Licht" von Chôsa ist nicht das Licht „eurer guten Werke", nicht das Licht, das erlischt, wenn böse Werke getan werden. Es ist vielmehr das Licht der ganzen Welt selbst „in zehn Richtungen", in dem sowohl das Gute wie auch das Böse enthalten sind. Die ganze Welt selbst ist das Licht, das als „mein Licht" leuchtet. Dieses „mein" kommt jedoch nicht vom sogenannten kleinen „Ich", sondern vom „Selbst", das erst dann erscheint, wenn sowohl das „Ich" wie auch „Ihr" oder „Sie" verschwinden. „Verschwinden" heißt hier nicht, dass diese sich auflösen wie der Nebel: Sie verschwinden als im Bewusstsein gesetztes Bild. Der Ursprung des Bewusstseins entbirgt sich nicht dem Bewusstsein. Indem der Mensch sich vom Joch des Bewusstseins befreit, beginnt er als das Licht der freien und lebendigen Aktivität zu leuchten. So erscheint der Ursprung des Bewusstseins, das Selbst, in der Gestalt Chôsas als dessen Aktivität. Da die ganze Welt das „mein Licht" Chôsas ist, sind auch die Bäume im Garten, die Fische im Teich, die Vögel im Himmel und so weiter dieses leuchtende Licht. Damit ist nichts Mysteriöses gemeint. Wenn der Baum Baum, der Fisch Fisch und der Vogel Vogel werden, leuchten sie jeweils als von nichts anderem ersetzbare einzigartige Wesen. Dann ist sogar das Wort „Licht" entbehrlich.

Metaphysik
lateinisch *metaphysica*, zu altgriechisch *tà metà tà physikà*, wörtlich: das, was hinter/nach der Natur steht. Ursprünglich der Titel des Buchs von Aristoteles, das er nach dem über die Physik verfasste. Heute: philosophische Lehre von den ersten Prinzipien und Ursachen der Dinge.

Aphorismenschneise • Aphorismenschn

Sich das eigene Leben
nicht anders vorstellen zu können,
als es ist,
bedeutet, sich den eigenen Tod
nicht vorstellen zu können.

Was ist Hingabe anderes als Gleichmut dagegen,
wer einen hinnimmt?

Der Intelligente hat nur einen Wunsch:
die Intelligente zu finden,
bei der er guten Gewissens den Verstand
verlieren darf.

Einen Dummkopf sollte man nur
jemanden nennen, der keinen Anlass braucht,
um eine Dummheit zu begehen.

Jürgen Große

Entsprechend impliziert das „Sich Nicht-Entbergen der Spitze“ nicht nur die Sichtbarkeit oder Unsichtbarkeit der Bergspitze. Bringt man die Worte der abgebildeten Kalligrafie von Meister Daitsû Myôshin in Zusammenhang mit zwei bekannten Sätzen aus dem für den Zenbuddhismus grundlegenden Werk *Shôbôgenzô* des Meister Dôgen wird dies deutlich. Am Anfang des Kapitels „Sein-Zeit (Zu-einer-Zeit)“ heißt es dort: „Zu einer Zeit: Auf der hohen hohen Bergspitze stehen. Zu einer Zeit: Auf dem tiefen tiefen Meeresgrund gehen.“ Da die erste Hälfte der abgebildeten Kalligrafie von Meister Daitsû Myôshin im ersten Satz aus dem Zitat des *Shôbôgenzô* fast wörtlich enthalten ist („auf der Bergspitze stehen“), ist es vorstellbar, dass Meister Daitsû beim Kalligrafieren an diesen Satz dachte. Fügt man dem zweiten Satz aus dem Zitat des *Shôbôgenzô* den zweiten Teil des Kôans der Kalligrafie hinzu, ergibt sich sinngemäß: „Zu einer Zeit (Sein-Zeit) auf dem tiefen, tiefen Meeresgrund gehen. Der Meeresgrund entbirgt sich nicht.“

Für unseren Zusammenhang ist es wichtig zu wissen, dass Dôgen den Ausdruck „Zu einer Zeit“ (有時) auch als Substantiv „Sein-Zeit“ (有時) liest. Das ist grammatikalisch gewaltsam, aber als Beschreibung der Sache treffend. Die „Zeit“, zu der man auf der hohen und steilen Bergspitze steht, und das „Sein“ dessen, der dort steht, wird solchermaßen als ein und dieselbe „Sein-Zeit“ verstanden: Dies ist die Bergspitze, die sich nicht entbirgt, weil kaum einer sie erreicht. Sie ist aber auch im wörtlichen Sinne verborgen, da, wie wir gesehen haben, der Bergsteiger, der sie erklommen hat und nunmehr auf ihr steht, sie nicht (mehr) sehen kann.

Die Übung der großen „Compassion“

Das „Nicht-Entbergen“ hat eine sehr weitreichende Bedeutung: Es ist der Anfang und der Prozess des großen Bereichs namens Compassion (von englisch *compassion* für „Mitgefühl“, „Mitleid“).

Der Meeresgrund ist im Zenbuddhismus die Welt des „Dunkels“ (*avidyâ*) und der endlosen Metamorphose (*samsâra*), in der die Lebewesen mit den sogenannten vier Leiden (Geburt, Altern, Erkrankung, Sterben) leben und leben müssen. Da diese Leiden abgründig und bodenlos sind, ist der Grund nicht sichtbar. Entsprechend ist vom „tiefen, tiefen Meeresgrund“ die Rede – sein Grund entbirgt sich nicht. Das „Gehen auf dem tiefen tiefen Meeresgrund“ ist, um es mit dem buddhistischen Terminus zu sagen, die „Übung der Großen Compassion“. Das Nicht-Entbergen der unzugänglichen Bergspitze ist der Anfang einer solchen „Compassion“ des „Mit-Gehens“ auf dem Meeresgrund. Der genannte Anfang ist nicht das, was beim nächsten Schritt hinter sich gelassen wird. Er wirkt vielmehr auch im Unterwegssein ständig fort.

Entspricht Compassion, „die Anteilnahme“, dem Weg, der sich nur für denjenigen öffnet, der die „hohe, hohe Bergspitze“ erreicht hat? Wenn dem so ist, wäre Compassion der Weg der „Heiligen“ beziehungsweise der großen Zen-Meister, von denen es nur sehr sehr wenige gibt. Entsprechend muss vielmehr das „Mitgehen“ auf dem „tiefen, tiefen Meeresgrund“ das sein, was jeder, der am Fuß des Berges lebt, wissend oder unwissend mehr oder weniger immer tut. Auch im tiefen und dunklen Meeresgrund, wo wir mit Sünden und Qualen stöhnend leben, muss es einen Weg geben, der sich direkt mit dem hellen Berggipfel, der sich nicht entbirgt, verbindet. Auf diesem Weg gilt: Höhe muss im Unten geborgen sein.

Ryosuke Ohashi, Direktor des IJDK (Institut für Japanisch-Deutsche Kulturforschung), war Professor für Philosophie unter anderem an der Technischen Universität Kyoto und der Universität Osaka sowie an der buddhistischen Ryukoku-Universität. Zurzeit ist er Gastprofessor an der Universität Tübingen.

Thomas Jung

Geheimnis und Diskretion

In der Geschichte des Wissens ist das Geheimnis etwas Ausgegrenztes, ein Schattengewächs der abendländischen Geistesgeschichte. Gewissermaßen an der Peripherie der philosophischen Suche nach den „anfänglichen Ursachen“ alles Seienden – nach Aristoteles die erste Warum-Frage[1] überhaupt – war das Geheimnis etwas, das dem „Apeiron“[2], dem Unbestimmten, zugeschlagen wurde. Diese Unbestimmtheit kennzeichnet nicht nur das Wesen des Geheimnisses, sie verhalf ihm auch zu einer eigenständigen, freilich wechselhaften Geschichte im Schatten eines „Willen zum Wissen“ (Michel Foucault).

In der Antike war das Geheimnis ein Mysterium, in das man zwar eingeweiht werden konnte, das jedoch niemals profanisiert werden durfte. Es war ein notwendiger Schutzmechanismus, um den Erscheinungsweisen der antiken Götter rituell und eben nicht kognitiv gewahr werden zu können. Das Geheimnis, das Nichtwahrnehmbare wurde deshalb durch den blinden Seher verkörpert, der nicht von dem trügerischen Augenschein des Tatsächlichen geblendet werden konnte und so in die mystischen Geheimnisse eingeweiht war.

Für das Christentum war das Geheimnis an die Fleischwerdung[3] des unbegreiflichen Gottes gebunden. Den mittelalterlichen Kirchenvätern war es vorbehalten, die Trinität (Einheit Gottes als Vater, Sohn und Heiliger Geist) des Geheimnisses zu interpretieren, das heißt für die weltlichen Belange so zu übersetzen, dass sie für Handlungs- und Glaubensakte verbindlich wurde. Das Mysterium Gottes blieb zwar gewahrt, erhielt jedoch bereits durch die Interpretationsautorität der Kirchenväter eine innerweltliche Wendung.

Erst mit der Abdankung des christlichen Mystizismus hat das Geheimnis seinen metaphysisch-okkulten, auf Einweihung und Offenbarung zielenden Gehalt verloren. Es hat sich von der Kanzel in die Vielfalt von weltlichen Formen der Geheimhaltungsorganisationen und deren Geheimhaltungspraktiken aufgelöst. Geheimbünde, diskrete Gesellschaften, Geheimorden, geheime Bruderschaften, Logen und letztlich Sekten haben mit unterschiedlicher Reichweite und strategisch-ideeller Ausrichtung die einstige Transzendenzerfahrung (siehe Erläuterung) nicht nur ersetzt, sondern mehr oder weniger profanisiert. Auf den Punkt gebracht: Alle diese intransparenten Gruppierungen eint nicht mehr das Mysterium, nicht mehr das Rätselhafte eines Urgrunds allen Seins, sondern „Mode-Thorheiten“, wie es Freiherr von Knigge formulierte, die allein durch das Wirken von Geheimnisbünden die Welt bessern wollen. Diese können utopisch, esoterisch, fundamentalistisch, machtpolitisch oder einfach nur idealistisch sein. Was in ihnen zur Geheimhaltung drängt, ist ein Gemisch aus theologischen Versatzstücken und weltlichen Zukunftsphantasmen. In ihnen ist weniger Geheimnis (im Sinne des Mysteriums) bewahrt, denn vielmehr doktrinäre Geheimbündelei.

„Wer allein ist, ist auch im Geheimnis.“
Gottfried Benn

Solchermaßen ist das Geheimnis, dieses uralte Phänomen des kollektiven Überschusses an Vorstellungskraft, das zwischen Angst und Faszinosum oszilliert, niemals begrifflich gefasst worden. Denn es ist ein Trugschluss, das Geheimnis begrifflich einfach mit dem Nichtwissen oder Noch-nicht-Gewussten in eins zu setzen.

Jedes Nicht-Wissen lässt sich ins Wissen überführen. Es kann erkundet, ergründet, befragt und durch Erforschung in fixierbares Wissen aufgehoben werden. Nicht-Wissen kann zwar aus einer Geheimhaltung resultieren, also der bewussten Verbergung von Wissen, aber Geheimhaltung ist mit dem Geheimnis nicht identisch. Nicht-Wissen oder Geheimhaltung ähneln vielmehr dem Rätsel, dessen „Lösung“ keiner Verletzung gleichkommt. Ein Geheimnis hingegen kann verletzt werden. Geheimnisaufdeckung ist immer mit einer Scham verbunden, die aus der Verletzung des Geheimnisses herrührt. Das Geheimnis ist von einer Ethik der Unverletzbarkeit geschützt, die dem Nicht-Wissen nicht zukommt. Geheimnislosigkeit und Schamlosigkeit fallen somit zusammen; auch und gerade in sozialen, in intersubjektiven Lebenszusammenhängen.

Entsprechend lassen sich folgende Arten des Geheimnisses unterscheiden: Welträtsel, die jenseits der Grenzen des Wissbaren liegen, religiöse Mysterien,

Loredana Nemes
beyond – 2008–2010
Unterwegs im nächtlichen Berlin nähert sich die Fotografin den Männerwelten in türkischen, orientalischen oder arabischen Lokalen in Kreuzberg, Neukölln und Wedding, zu denen ihr der Zutritt als Frau und kulturell nicht Zugehörige verwehrt bleibt. Während die Fotografin draußen bleiben muss, posieren die Ausgewählten hinter den für diese Institutionen charakteristischen Sichtschutzvorrichtungen aus Milchglas, Klebefolien und Vorhängen. Das Ergebnis dieses Dialogs sind Bilder, die uns Grenzen aufzeigen – kulturelle und visuelle.

staatspolitische Geheimnisse und Geheimnisse des Intimen, des absolut Persönlichen.[4]

Ursprünglich war die Bedeutung „geheim" identisch mit dem Vertrauten, demjenigen, was allein dem „Haus" zugehörig galt. Diese Verbindung hat sich in der Weise erhalten, dass das „Vertraute" und das

„Häusliche" bis heute noch als Insignien des „Privaten", des Intimen gelten. Zugleich aber hat das Geheimnis in der Auszeichnung des Öffentlichen gegenüber dem Privaten seit der Aufklärung eine negative Bedeutung. Danach ist das Heimliche zugleich das

Dunkle, das Unheimliche, weil es der öffentlichen Kritik nicht zugänglich und so umstandslos mit illegitimer Macht, das heißt mit der Gefahr intriganter Handlungen assoziiert wird. Unter dem Banner der aufklärerischen Vernunft gilt das Geheimnis, auch vermittels seiner wortgeschichtlichen Herkunft (von lateinisch *secretus* für abgesondert, getrennt), im Grunde als gemeinschaftsschädlich, weil segregierend (sozial trennend) wirksam. Damit wäre das Geheimnis aber, weil es ganz im Bedeutungsfeld des Verheimlichens, des Geheimhaltens und des strategischen Verschweigens aufgeht, etwas, das einer sozialen Funktion abträglich ist. Die Tatsache, dass die geheime Kommunikation ein bewährtes Mittel ist, um sozialen Einschluss (der eingeweihten Geheimnisträger) zugleich mit ausdrücklichem Ausschluss (der Uneingeweihten) zu erreichen, spricht dafür.[5]

Georg Simmel und das Geheimnis

Durch Georg Simmels Bestimmung des Geheimnisses als konstitutives Element für alle Beziehungsformen der Gesellschaft ist dem Geheimnis endgültig seine transzendente Überhöhung genommen worden. Simmel hat – mit Blick auf die mystisch-religiöse Herkunft des Geheimnisses – dieses gleichsam geerdet, sprich dem sozialwissenschaftlichen Vokabular eingepasst. Wie und mit welcher Begründung er das Geheimnis als sozial wirksame Kategorie ausgewiesen hat, ist bis heute nicht überboten worden.

Neben einer Nobilitierung des Geheimnisses als „eine der größten geistigen Errungenschaften der Menschheit", also einer spezifisch geistigen Vermögensqualität des Humanen, sieht er im Geheimnis dasjenige Mittel, um neben der „offenbaren" eine „zweite Welt" zu erzeugen. Das Geheimnis ist nicht etwa ein Entzug aus der offenbaren Wirklichkeit, sondern vielmehr die Eröffnung einer Wirklichkeit, die ein Anderes, ein Abweichendes oder ein Unbenennbares darstellt, das gleichwohl Wirklichkeitscharakter beansprucht. Diese Zweiweltenbestimmung des Geheimnisses geht bei Simmel über eine krude Soziologisierung desselben hinaus.

Zunächst jedoch bietet Simmel, und hier bleibt er primär soziologisch beziehungsweise sozial-psychologisch[6] instrumentiert, eine zweifache Definition des Geheimnisses auf. Er unterscheidet das Geheimnis im Sinne einer Verhaltenstechnik von dessen elementarer Funktion als Konstitutionselement sozialer Beziehungen. Ersteres ermöglicht „das durch positive oder negative Mittel getragene Verbergen von Wirklichkeiten". Zu den negativen Mitteln gehören beispielsweise die Lüge, die Täuschung oder das kommunikative Ausgrenzen, während die positiven Mittel diejenigen des Schweigens, der Diskretion sind. Die negativen Mittel zählen für ihn zu den Verhaltenstechniken des Verbergens des Bösen, des Unmoralischen, des Unsittlichen; mithin Lebenswirklichkeiten, die sozial dysfunktional sind. Die positiven Mittel dienen der Bewahrung von Intimitätssphären oder persönlichen Integritätsansprüchen von Personen, die durch Entbergung verletzt oder gar zerstört werden können. Das Geheimnis als Verhaltenstechnik ist jedoch, und diese begriffliche Unschärfe hat Simmel nicht beseitigt, mehr eine Geheimhaltung als ein Geheimnis. Entsprechend sieht er im „Verrat" den „logischen Gegensatz" zum Geheimnis.

Abbildung:
Bayram, Wedding
Loredana Nemes,
Fotografie, 2010.
www.loredananemes.de

Abbildung:
Fatih, Kreuzberg
Loredana Nemes,
Fotografie, 2009.
www.loredananemes.de

Abbildung:
Ünal, Neukölln
Loredana Nemes,
Fotografie, 2009.
www.loredananemes.de

Im Sinne der Geheimhaltung ist das Geheimnis eine Technik der Zweckgebundenheit, des strategischen oder taktischen Verhaltens im Sozialverkehr der Menschen. Dazu zählen insbesondere die Bereiche der politischen Geheimpraktiken, der Spionage, der Kriegsführung, aber auch alle marktstrategischen Techniken der Konsumsteuerung. Das Geheimnis als Geheimhaltung ist somit ganz und gar bestimmt von einer Zweck-Mittel-Rationalität, die ihre Funktionalität für die soziale Wirklichkeit hat. Diese Funktionalität wird gemeinhin „Realitätsprinzip" genannt.

Doch gewinnt das Geheimnis bei Simmel noch eine andere, *über* die Verhaltenstechnik hinausgehende Bedeutung, wenn man die entsprechenden Ausführungen im Werkzusammenhang liest. Da Simmel das Geheimnis grundsätzlich als „eine soziologische Form, die völlig neutral auch über den ethischen Bedeutungen ihrer Inhalte steht", auffasst, bezieht er es auf sein Theorem des „Wechselwirkungsprinzips".

Wechselwirkung ist das soziale Prinzip schlechthin; es konstituiert nicht nur die elementare Struktur zwischen dem Ich und den anderen, es ist auch das Medium jeder Form von Vergesellschaftung, das heißt der Sozialität zwischen den Menschen. Dass dieses Prinzip nicht mit dem kommunikativen Sozialgeschehen identisch ist, geht schon daraus hervor, dass Simmel selbst die flüchtigen Momente des gegenseitigen Blickkontakts oder die peripheren Elemente wechselseitiger Sinnlichkeitsempfindungen zählt. Sie sind bereits elementare Wechselwirkungen, die in rudimentärer Weise Sozialität begründen.

Welchen Platz, welchen systematischen Ort nimmt nun das Geheimnis innerhalb dieser basalen Entstehung von Sozialität ein? Auch hier unterscheidet Simmel in zweierlei Hinsicht: einmal ein quantitatives Maß des Geheimnisses insoweit, als sich Beziehungsformen danach ausdifferenzieren lassen, „ob und wieviel Geheimnis in ihnen ist"; also wie viel in ihnen preisgegeben oder verborgen wird. Danach kann die soziologische Form des Geheimnisses nach dem Quantum von Exklusion (Ausschluss) und Inklusion (Einschluss) bestimmt werden. Über dieses quantitative Maß hinaus besitzt das Geheimnis aber, und dies ist wohl sein Strukturmerkmal, für soziale Beziehungen ein qualitatives Moment. Nicht mehr ein „Wieviel" des Geheimen gilt, sondern allein das Spezifikum des Geheimnisses, seine Eigenschaft, soziale Beziehungen in Gang zu setzen, zu strukturieren und als Koexistenzen zu entwickeln. Diese Bedeutung des Geheimnisses geht – wie Simmel hervorhebt – über dessen bloße „Verwendung ... als einer Technik" hinaus, weil es als ein subtiles gegenseitiges Anreizgeschehen zwischen *Ego* und *Alter Ego* wirkt. Diesbezüglich heißt es: Es „sind die Reize und Werte, die es über seine Bedeutung als Mittel hinaus besitzt, die eigentümliche Attraktion des formal geheimnisvollen Verhaltens". Das Konstatieren wechselseitiger Reize der Anziehung wirft die weitergehende Frage auf, wodurch diese eigentlich ausgelöst werden; mithin die Frage, was den Reiz zur

Beziehungsaufnahme und damit zu einer ersten, elementaren Sozialität werden lässt. Simmel hat dafür die These aufgeboten, dass für jede Person eine „generelle Rätselhaftigkeit" zu unterstellen ist. Diese „Rätselhaftigkeit" besteht darin – so kann man Simmels Be-

Abbildung:
Kemal, Neukölln
Loredana Nemes,
Fotografie, 2009.
www.loredananemes.de

griff hier interpretieren –, dass die Menschen als Subjekte füreinander prinzipiell Unbekannte sind, dass sie generell eine personale Nichterschließbarkeit beziehungsweise Fremdheit füreinander haben. In der Attraktion des Gegenübers verbinden sich zwei sozial wirksame Reizfunktionen: ein Nichtwissen vom Ande-

Transzendenz
transzendent, von lateinisch *transcendere* für hinübergehen: außerhalb der Erfahrungswelt liegend; nicht in sinnlicher Erfahrung begründet, jenseitig, göttlich. In der Transzendenz wird Seiendes, Wirkliches „überschritten".

ren, mithin seine Geheimnisträgerschaft und ein wechselseitiges Angezogen-Sein durch ebendiese Geheimnisträgerschaft. Konkreter formuliert: Der Andere als Anderer stellt für mich ein reizvolles Geheimnis dar, das mich unablässig auffordert, mit diesem Anderen in eine soziale Beziehung zu treten, um seine Unbestimmtheit aufzulösen. Von daher ist die reine Gegenseitigkeit von Fremdheit, die bar jeder Inhaltlichkeit ist, letztlich das Geheimnis des Anderen als Anderem und nicht die Projektion meiner selbst auf andere. Aus diesem Grunde beruht die soziale Beziehungsaufnahme auch nicht auf einer bewussten Zielgerichtetheit im Sinne eines noch mehr oder minder unbestimmten Neugierverhaltens, denn das Geheimnis des Anderen ist eine Wirkung, die auf mich zukommt, keine beabsichtigte. Diese Wirkung des Geheimnisses des Anderen kann jedoch nur in Szene gesetzt werden, wenn es personale Unterschiedlichkeiten, wenn es individuelle Differenzen zwischen mir und dem Anderen als Anderem gibt. Simmel sieht dies als den eigentlichen Wechselwirkungszusammenhang des Geheimnisses: „... und in Form des individuellen Unterschiedes wird sogleich jene generelle Rätselhaftigkeit wirksam"[7]. Das Geheimnis – so lässt sich nun folgern – wird zwar von Simmel als eine soziologische Form aufgefasst, aber in der hier ausgewiesenen Textinterpretation fungiert es als ein menschliche Sozialität begründendes Medium.

Dass das Geheimnis bei Simmel eine solche Implikation enthält, lässt sich unter anderem auch an der Differenz der Begriffe „geheim" und „Geheimnis" festmachen. Danach ist das Geheime, also die geheim zu haltenden Inhalte, historisch höchst variabel, das heißt wandelbar. Das Geheimnis selbst ist für Simmel jedoch ohne Historizität, weil reines Formprinzip.

Letztlich kann noch zugespitzt werden, was in der Interpretation zu Simmel entfaltet wurde. Nicht nur die formale Struktur der Wechselseitigkeit beziehungsweise Gegenseitigkeit bestimmt das Geheimnis allein. Was es qualitativ kennzeichnet, ist das Paradox von Selbstpreisgabe und Nichtpreisgabe, vor das jedes Selbst im sozialen Kontext gestellt ist. Das Selbst muss sein Geheimnis insoweit bewahren, dass der Reiz der Nichtpreisgabe jene Attraktion bewirkt, die ihm die Beziehung zu anderen ermöglicht. Zugleich muss diese Nichtpreisgabe in ein rechtes Verhältnis zur Selbstpreisgabe kommen, um nicht der sozialen Einebnung, der Ununterscheidbarkeit anheimzufallen. Bezogen auf das eingangs formulierte Zwei-Welten-Theorem, das Simmel dem Geheimnisthema wie eine Präambel voranstellt, kann gefolgert werden: Es gibt die offenbare Wirklichkeit, die Welt des sozialen Verkehrs zwischen den Menschen, in der die Techniken der Geheimhaltung wie auch der Geheimnisaufdeckung das alltägliche Gesellschaftsspiel betreiben. Daneben gibt es jedoch die jemeinige, die geheime beziehungsweise diskrete Wirklichkeit des Selbst, die ein Geheimnis *für sich* enthält, das – trotz der Attraktionswirkung für andere – eine nicht aufgebbare Eigenweltlichkeit besitzt.

Das Geheimnis des Anderen ist dessen Rätselhaftigkeit.

Geheimnis und Diskretion

Diskretion ist eine ethische Haltung, die Simmel als „Respekt vor dem Geheimnis des anderen, vor seinem direkten Willen, uns dies oder jenes zu verbergen"[8] gekennzeichnet hat. Sie beruht nach Simmel auf einem untrüglichen „Rechtsgefühl in Bezug auf die Sphäre der nicht mittelbaren Lebensinhalte". Dieses Rechtsgefühl steht unter dem Vorzeichen des „sozialen Interesses der Einschränkung", die „der Zweck des (sozialen) Verkehrs mit sich bringt". Alle sozialen Beziehungsformen können gesellschaftlich nur funktionieren, wenn ein (wissendes) „Bekanntsein" gegeben ist. Das heißt, „daß jeder vom anderen etwas mehr weiß, wie ihm der andere offenbaren will". In diesem Sinne ist die Diskretion ein notwendiger Vorbehalt gegen Transparenz, gegen Selbstentblößung.

Wie aber sind Diskretion und personales Geheimnis so miteinander verschränkt, dass sie als Grenzziehung wirken, um das „seelische Privateigentum" gegen alle gesellschaftlichen Entbergungsmechanismen zu sichern? Simmel schließt seinen Aufsatz über die Diskretion mit der ethischen Maxime der Diskretion: „Das Recht auf Wissen, das Recht auf Fragen wird durch das Recht auf Geheimnis begrenzt." Die Diskretion gewinnt jene wertsetzende Sozialfunktion, wo sie nicht bloß ein taktvolles Verhalten ist, sondern wo sie die „Sphäre des inneren Daseins des Menschen" für andere als undurchdringlich markiert. Ethisch ist sie dort, wo sie als prinzipielle Grenzziehung zwischen „der Mitteilbarkeit oder der Nichtmitteilbarkeit der Persönlichkeit" fungiert, wo sie grundsätzlich die Nichtverfügbarkeit eines personalen Geheimnisses sichert, wo sie zurückweist, dass alles und jedes mitteilbar sein soll. Die Diskretion ist eine ethische Gewährleistung dafür, dass es eine Nichtverfügbarkeit des Geheimnisses gibt, die in der prinzipiellen Unbestimmtheit des Selbst für Andere angelegt ist. Die Diskretion soll bewahren, was den Subjekten inzwischen selbst immer mehr suspekt wird: unbestimmbar zu sein, fremd zu sein, als Selbst einzigartig zu sein im gesellschaftlichen Zwang zur ständigen Mitteilbarkeit und öffentlicher Präsenz. Die Diskretion dient der Wahrung von Nichtpräsenz in einer gesellschaftlichen Situation, die durch eine anhaltende „Ekstase der Kommunikation" (Jean Baudrillard) Intimität zerstört, mediale Dauerpräsenz einfordert und völlige gegenseitige Transparenz prämiert. Die Wahrung von Nichtpräsentem, von Abwesendem ist aber etwas, was die Diskretion als sozialer Verhaltensstil nur leisten kann, wenn sie sich vom Geheimnis, das in der Unbestimmtheit der Subjekte liegt, leiten lässt. Das heißt, wenn das Geheimnis im Sinne einer prinzipiellen Unverfügbarkeit des Anderen zum sozialen Gut wird. Anderenfalls, wenn Geheimnis und Diskretion sozial aufgekündigt werden, weil sie nicht zeitgemäß, weil sie nicht dem Zwang nach völliger Transparenz entsprechen können, vollziehen sich die menschlichen Verhältnisse so, wie sie Simmel kryptisch angedeutet hat: „Bei vollkommener gegenseitiger Durchsichtigkeit wären alle Verhältnisse der Menschen in einer gar nicht abzusehenden Weise abgeändert."

Dr. Thomas Jung ist freier Autor.

Anmerkungen:

1. Aristoteles: Metaphysik. Philosophische Schriften. Band 5, Buch I, Kapitel 2–3, 983 a, Wissenschaftliche Buchgesellschaft, Darmstadt 1995, Seite 8
2. „Apeiron" bedeutet in der griechischen Naturphilosophie das Unendliche, das Unbegrenzte, jedoch wird es auch – so jedenfalls bei Anaximander – als das „Unbestimmte" gekennzeichnet, aus dem urschöpflich und unbegreiflich alles Seiende hervorgeht.
3. So heißt es zum Beispiel im Neuen Testament: „... das Geheimnis des Glaubens ... offenbart im Fleisch, gerechtfertigt im Geist ...".
4. Vergleiche hierzu: Assmann, Aleida; Assmann, Jan; Hahn, Alois; Lüsebrink, Hans-Jürgen (Hrsg.): Schleier und Schwelle. Archäologie der literarischen Kommunikation, Band 5. 1: Geheimnis und Öffentlichkeit. Wilhelm Fink Verlag, München 1997, Seite 7–16
5. Vergleiche hierzu: Westerbarkey, Joachim: Das Geheimnis – Faszination des Verborgenen. Leipzig 1998, Seite 128
6. Sinnigerweise trägt der maßgebliche Aufsatz von Georg Simmel den Titel: Das Geheimnis – Eine sozialpsychologische Skizze. In: Simmel, Georg: Gesammelte Werke 8, Aufsätze und Abhandlungen, 1901–1908, Band II, Suhrkamp, Frankfurt am Main 1993, Seite 317 ff.
7. Alle hier aufgeführten Zitierungen beziehen sich auf Simmels Geheimnisaufsatz, vergleiche Anmerkung 6.
8. Alle Zitierungen zum Thema Diskretion beziehen sich auf folgende Texte von Georg Simmel: Psychologie der Diskretion (Vortrag). Seite 82 ff. und: Psychologie der Diskretion. Seite 108 ff. In: Simmel, Georg: Gesammelte Werke 8, vergleiche Anmerkung 6.

Abbildung: **Steinzeitgeometrie. Das Gesetz des Lebens.** Rune Mields, 1981; Aquatec/Leinen, 180x104 cm

Byung-Chul Han

Der Terror der Transparenz

Transparenz schafft Vertrauen, so heißt der neue Glaubenssatz. Vergessen wird dabei, dass sich die Transparenz gerade in einer Gesellschaft, in der das Vertrauen massiv an Bedeutung verliert, so penetrant zu Wort meldet. Transparenz erweist sich heute als Überwachung und Kontrolle.

Kein anderes Schlagwort beherrscht heute den öffentlichen Diskurs so sehr wie die Transparenz. Sie wird vor allem im Zusammenhang mit der Informationsfreiheit empathisch beschworen. Wer aber die Transparenz allein auf Korruption und Informationsfreiheit bezieht, verkennt ihre Tragweite. Die Transparenz ist ein systemischer Zwang, der alle gesellschaftlichen Vorgänge erfasst und sie einer tiefgreifenden Veränderung unterwirft. Das gesellschaftliche System setzt heute all seine Prozesse einem Transparenzzwang aus, um sie zu operationalisieren und zu beschleunigen. Die Transparenz stabilisiert und beschleunigt das System dadurch, dass sie das Andere oder das Fremde eliminiert. Der Zwang zur Transparenz nivelliert den Menschen selbst zu einem funktionellen Element eines Systems; darin besteht die Gewalt der Transparenz.

Der Mensch ist nicht einmal sich selbst transparent. Sigmund Freud zufolge verneint das Ich gerade das, was das Unbewusste schrankenlos bejaht und begehrt. Das „Es" bleibt dem Ich weitgehend verborgen. Durch die menschliche Psyche geht also ein Riss, der das Ich nicht mit sich übereinstimmen lässt. Dieser fundamentale Riss macht die Selbsttransparenz unmöglich. Auch zwischen Personen klafft ein Riss. Gerade die fehlende Transparenz des Anderen erhält die Beziehung lebendig. Georg Simmel schreibt: „Die fruchtbare Tiefe der Beziehungen, die hinter jedem geoffenbarten Letzten noch ein Allerletztes ahnt und ehrt, ... ist nur der Lohn jener Zartheit und Selbstbeherrschung, die auch in dem engsten, den ganzen Menschen umfassenden Verhältnis noch das innere Privateigentum respektiert, die das Recht auf Frage durch das Recht auf Geheimnis begrenzen läßt."[1] Dem Transparenzzwang fehlt gerade diese „Zartheit", die nichts anderes bedeutet als Respekt vor der nicht vollständig zu eliminierenden Andersheit.

Angesichts des Pathos der Transparenz, das die heutige Gesellschaft erfasst, täte es not, sich im Pathos der Distanz zu üben. Distanz und Scham lassen sich nicht in die beschleunigten Kreisläufe des Kapitals, der Information und der Kommunikation integrieren. Die Transparenz ist blind gegenüber dem Außen des Systems. Sie bestätigt und optimiert nur das bereits Existierende. So werden alle diskreten Rückzugsräume im Namen der Transparenz beseitigt. Sie werden ausgeleuchtet und ausgebeutet. Die Welt wird dadurch schamloser und nackter.

Eine transparente Beziehung ist außerdem eine tote Relation, der jede Anziehung, jede Lebendigkeit fehlt. Ganz transparent ist nur das Tote. So schreibt auch Friedrich Nietzsche: „Es ist dir nöthig, zu begreifen, daß ohne diese Art Unwissenheit das Leben selber unmöglich wäre, daß sie eine Bedingung ist, unter welcher das Lebendige allein sich erhält und gedeiht."[2]

Walter Benjamin zufolge ist es für die Dinge, die im „Dienste des Kults" stehen, „wichtiger, daß sie vorhanden sind, als daß sie gesehen werden"[3]. Ihr „Kultwert" hängt von ihrer Existenz und nicht von ihrer Exposition ab. Die Praxis, sie in einem unzugänglichen Raum abzuschließen, sie dadurch jeder Sichtbarkeit zu entziehen, erhöht ihren Kultwert. So bleiben gewisse Madonnenbilder fast das ganze Jahr über verhangen. Gewisse Götterstatuen in der Cella (lateinisch für kleiner Raum; ursprünglich der Hauptraum eines antiken Tempels) sind nur den Priestern zugänglich. Der Ausstellungszwang, der alles der Sichtbarkeit ausliefert, bringt die Aura als „Erscheinung einer Ferne" ganz zum Verschwinden.

Die Tranzparenzgesellschaft, die alles ausstellt, ist eine pornografische Gesellschaft. Alles ist nach außen gekehrt, enthüllt, entblößt, entkleidet und exponiert. Der Exzess der Ausstellung macht aus allem eine Ware, die „ohne jedes Geheimnis dem unmittelbaren Verzehr ausgeliefert ist"[4]. Selbst der Körper wird zu einem Ausstellungsobjekt verdinglicht, das es zu optimieren gilt. Es ist nicht möglich, in ihm zu wohnen. Es gilt, ihn auszustellen und ihn dadurch auszubeuten.

Problematisch ist nicht die Zunahme von Bildern an sich, sondern der ikonische Zwang, das heißt der Zwang, zum „Bild" zu werden: Alles muss sichtbar werden. Der Imperativ der Transparenz verdächtigt alles, was sich nicht der Sichtbarkeit unterwirft. Die visuelle Kommunikation vollzieht sich heute als Ansteckung, Abreaktion oder Reflex. Ihr fehlt jede ästhetische Reflexion. Für das Geschmacksurteil „I like" etwa ist kein verweilendes Betrachten notwendig. Die mit dem Ausstellungswert angefüllten Bilder weisen keine Komplexität auf. Sie sind eindeutig, das heißt pornografisch. Ihnen fehlt jede Gebrochenheit, die eine Reflexion, ein Nachsehen, ein Nachdenken auslösen würde. Der Sinn ist langsam. Er ist hinderlich für die beschleunigten Kreisläufe der Information und Kom-

Kategorischer Imperativ
Unbedingt gültiges Pflichtgebot. Nach Kant: „Handle nur nach derjenigen Maxime, durch die du zugleich wollen kannst, daß sie ein allgemeines Gesetz werde."

der blaue reiter

munikation. So geht die Transparenz mit einer Sinnleere einher. Die Informations- und Kommunikationsmasse entspringt einem *horror vacui* (lateinisch für „Abscheu vor der Leere").

Es gibt keine Erotik der Transparenz. Gerade da, wo das Geheimnis zugunsten totaler Ausstellung und Entblößung verschwindet, beginnt die Pornografie. Die erotische Verführungskraft spielt, so Baudrillard, „mit der Ahnung dessen", „was dem andern an sich selbst ewig Geheimnis bleiben wird, mit dem, was ich nie von ihm wissen werde und das mich dennoch unter dem Siegel des Geheimnisses anzieht".[5] Das Entdecken und Entziffern vollzieht sich als eine lustvolle Enthüllung. Die Information ist dagegen nackt. Die Nudität des Wortes nimmt diesem jeden Reiz. Sie verflacht es. Die Hermetik des Geheimnisses ist keine Diabolik, die es auf jeden Fall zugunsten der Transparenz abzuschaffen gälte. Sie ist eine Symbolik, ja eine besondere Kulturtechnik, die eine Tiefe, wenn auch als Schein, erzeugt.

Nietzsche würde sagen, dass wir Gott nicht abgeschafft haben, solange wir noch an die Transparenz glauben. Gegen den aufdringlichen Blick, gegen die allgemeine Sichtbarmachung verteidigt Nietzsche den Schein, die Maske, das Geheimnis, das Rätsel, die List und das Spiel: „Alles, was tief ist, liebt die Maske ... Jeder tiefe Geist braucht eine Maske; mehr noch, um jeden tiefen Geist wächst fortwährend eine Maske."[6]

Das 18. Jahrhundert war in gewisser Hinsicht der Gegenwart nicht ganz unähnlich. Jean-Jacques Rousseaus „Bekenntnisse" sind charakteristisch für die beginnende Epoche der Wahrheit und des Geständnisses: „Sein gleich einem Kristall durchsichtiges Herz kann nichts von dem verbergen, was in ihm vorgeht, jede Regung, die in ihm aufsteigt, teilt sich seinem Auge und seinem Gesicht mit."[7] Rousseaus Forderung nach Transparenz kündigt einen Paradigmenwechsel an. Die Welt des 18. Jahrhunderts war noch ein Theater. Sie war voller Szenen, Masken und Figuren. Theatralisch war die Mode selbst. Auch Masken kamen in Mode. Haartrachten der Damen (*pouf*) wurden zu Szenen gestaltet, die entweder historische Ereignisse (*pouf à la circonstance*) oder Gefühle darstellten (*pouf au sentiment*). Frauen wie Männer bemalten Teile ihres Gesichts mit roter Schminke. Der Körper war eine Kleiderpuppe ohne Seele, die zu drapieren, zu schmücken, mit Zeichen und Bedeutungen auszustaffieren war.

Jenem Spiel mit Masken und Rollen setzt Rousseau seinen Diskurs des Herzens und der Wahrheit entgegen. Doch Rousseaus Transparenzgesellschaft erweist sich als eine Gesellschaft totaler Kontrolle und Überwachung. Seine Forderung nach Transparenz verschärft sich zu dem kategorischen Imperativ (siehe Erläuterung): „Ein einziges Gebot der Sittenlehre kann aller andern Stellen vertreten, dieses nämlich: Tue und sage niemals etwas, was nicht die ganze Welt sehen und hören könnte. Ich meinerseits habe stets jenen Römer als den hochachtungswürdigsten Mann betrachtet, der wünschte, sein Haus werde so gebaut, daß man alles, was darin vorginge, sehen könnte."[8]

Aber Vertrauen ist nur möglich in einem Zustand zwischen Wissen und Nicht-Wissen. Vertrauen heißt trotz Nicht-Wissen gegenüber dem Anderen eine positive Beziehung zu ihm aufzubauen. Es macht Handlungen möglich trotz fehlenden Wissens. Weiß ich im Vorfeld alles, so erübrigt sich das Vertrauen. Transparenz ist ein Zustand, in dem jedes Nicht-Wissen eliminiert ist. Wo Transparenz herrscht, ist kein Raum für das Vertrauen vorhanden.

Die Forderung nach Transparenz wird gerade dann laut, wenn es kein Vertrauen mehr gibt. In einer auf Vertrauen beruhenden Gesellschaft entsteht keine penetrante Forderung nach Transparenz. Die Transparenzgesellschaft ist eine Gesellschaft des Misstrauens und des Verdachts, die aufgrund des schwindenden Vertrauens auf Kontrolle setzt. Während die Insassen des benthamschen Panoptikums (siehe Erläuterung) sich der permanenten Präsenz des Aufsehers bewusst sind, wähnen sich die Bewohner des digitalen Panoptikums in Freiheit. Der Insasse des digitalen Panoptikums ist Opfer und Täter zugleich.

Byung-Chul Han ist Professor für Kulturwissenschaften und Leiter Aktuelle Diskurse im Studium Generale der UdK Berlin.

Zur Vertiefung empfohlen:

- Han, Byung-Chul: Transparenzgesellschaft. Matthes & Seitz, Berlin 2012
- Han, Byung-Chul: Digitale Rationalität und das Ende des kommunikativen Handelns. Matthes & Seitz, Berlin 2013
- Han, Byung-Chul: Im Schwarm. Ansichten des Digitalen. Matthes & Seitz, Berlin 2013

Anmerkungen:

1. Simmel, Georg: Soziologie. Untersuchungen über die Formen der Vergesellschaftung. Gesamtausgabe, Band 11, Frankfurt am Main 1992, Seite 405
2. Nietzsche, Friedrich: Nachgelassene Fragmente. Frühjahr-Herbst 1884. Kritische Gesamtausgabe VII.2, Berlin 1973, Seite 226
3. Benjamin, Walter: Das Kunstwerk im Zeitalter seiner technischen Reproduzierbarkeit. Frankfurt am Main 1963, Seite 21
4. Baudrillard, Jean: Die fatalen Strategien. Die Strategie der Täuschung. München 1992, Seite 71
5. Baudrillard, Jean: Transparenz des Bösen. Berlin 1992, Seite 191
6. Nietzsche, Friedrich: Jenseits von Gut und Böse. Kritische Gesamtausgabe. VI.2, Berlin 1968, Seite 54
7. Rousseau, Jean-Jacques: Rousseau richtet über Jean-Jacques. Gespräche. Schriften in zwei Bänden. München 1978, Band 2, Seite 484
8. Rousseau, Jean-Jacques: Julie oder die neue Heloïse. München 1978, Seite 444

Benthams Panoptikum
Vom britischen Philosophen Jeremy Bentham (1748–1832) entwickelte Bauweise zur optimalen Überwachung. Ausgehend von einem zentralen Turm können Häftlinge respektive Fabrikarbeiter in von dort voll einsehbaren Zellen/Fabrikationsräumen von einem Minimum an Wächtern jederzeit derart überwacht werden, dass die zu Überwachenden nicht merken, ob sie gerade beobachtet werden oder nicht. Für Michel Foucault ist das Panoptikum ein Symbol für die Überwachungs- und Herrschaftsstrukturen der modernen Zivilgesellschaft.

Bernd Ternes

Das Geheimnis moderner Gesellschaften

Über das Wert(e)geheimnis und den Geheimniswert

Der Glaube, qua Vernunft ein tolerables Verhältnis zwischen demokratischer Transparenz und nichtdemokratischem Geheimnis herstellen zu können, ist der Resignation gewichen, dass selbst die auf Sinn basierenden, rational motivierten Handlungen und Empfindungen von Menschen dem Bedürfnis nach „Kult- und Geheimnisformen" des Lebens gehorchen.

Abbildung: **Excursion** László Fehér, 2013; Pastell auf Papier, 100x70 cm. www.feherlaszlo.hu Mit freundlicher Genehmigung von: Sophisticated Art

Die Werte einer Gesellschaft bilden eine Brücke zwischen „gelichteter Gesellschaft" und „dunkler Gemeinschaft". Dem Paar Geheimnis/Transparenz wurde allerdings das gleiche Schicksal zuteil, wie es Jahrtausende früher schon dem Paar Wissen/Nichtwissen widerfuhr. Sokrates' Einsicht, umso mehr nicht zu wissen, je mehr man weiß, fand nun für das Geheimnis die Entsprechung: Je mehr die aufgeklärte Moderne qua Information und Kommunikation Geheimnisse aufzulösen glaubte, desto mehr erzeugte sie diese. Die Sehnsucht der Aufklärer verkehrte sich derart in ihr Gegenteil.

Bienenfabel
Erstmals 1705 anonym in englischer Sprache erschienenes Buch von Bernard Mandeville (1670–1733), in dem er als einer der ersten die Wirtschaft als Kreislaufsystem beschreibt und zu dem Schluss kommt, dass Tugenden wie Fleiß und Genügsamkeit die Wirtschaft und das Gemeinwohl weniger fördern als Laster wie Verschwendung und Luxus.

Die Sehnsucht der Aufklärung

In Wolfgang Kaempfers Studie *Der stehende Sturm* aus dem Jahre 2005 wird die Ausführung bestimmter Entwicklungsstadien des europäischen Kapitalismus immer wieder rückgebunden an eine überlebensgroße Einsicht: dass die Ideen, Fantasien, Visionen, Entwürfe und Utopien des 17. und 18. Jahrhunderts tatsächlich ihre Einlösung, ihre Realisierung fanden – nämlich im 19. und im 20. Jahrhundert. Kaum ein Bereich gesellschaftlicher Wirklichkeit und des Daseins bleibt davon verschont, kaum eine soziale Gruppe unberührt, kaum eine Vorstellung ungenutzt, um in einem weitgehend risikofreudigen, also einem mögliche negative Folgen ignorierenden Bewusstsein die Aufforderung Rimbauds „*Il faut être absolutement moderne*" (wörtlich: Man muss unbedingt modern sein) einzulösen – als *totale Mobilmachung*. Die Einlösung bestand in einer Auflösung der Tradition als Orientierung; die Dinge und die Menschen sollten ihr „falsches" Gedächtnis verlieren, um den Weg frei zu machen für das ewige Spiel von Auflösung und neuer Verbindung. Alles Geheime, alles Rätselhafte, alles Verschlossene, alles Dunkle verlor seinen Eigenwert – und mutierte zu einem Noch-nicht-Durchsichtigen, zu einem Noch-nicht-Gelösten, zu einem Noch-nicht-Geöffneten, zu einem Noch-nicht-Hellen. Natur und „die Natur" der Menschen wurde überredet, erkennbar zu sein, sich erkennen zu lassen. Alles wurde nun eine Frage der (zukünftigen) Zeit.

Die später zur *perfectibilité* abgemilderte *perfection*, zu der das menschliche Wesen der Aufklärung (siehe Erläuterung) im Aufgang der erleuchteten Zeit befähigt werden sollte, zog sich umso gewalttätiger und rücksichtsloser in die Bewegungen der Freiheit, der Selbstbewegung des Geistes und des Geldes hinein, je stärker der Verdacht sich immer wieder Ausdruck verschaffte, dass man mit dem neuen Menschen doch noch einer göttlich-religiösen Elternschaft untergeordnet sei. Gewiss ist Friedrich Nietzsche die zentrale Verkörperung dieser in sich gegenstrebigen Fügung und Gefügtheit, die im 20. Jahrhundert zur mentalitätsphilosophischen Grundstimmung des modernen Lebens ausgerufen wurde: *innere Zerrissenheit*.

der blaue reiter

Allein: Die Kultivierung der Ambivalenz als zentrale Modellierung des Welt- und Wirklichkeitsverhältnisses ließ sich nicht in die ökonomisch-militärisch-politischen Großkämpfe Europas einbinden. Dabei legten die Europäer eine so rigorose Vernichtungsbereitschaft an den Tag, dass der Gedanke nicht von der Hand zu weisen ist, die Selbstbeschreibungen der Aufklärung seien umso ambivalenter geworden, je eindeutiger und imperialistischer sich Europa der Weltokkupation widmete. Entsprechend ist die *kulturelle* Daseinsdimension der einzige Bereich, in dem ein moderner, durch die Weltkomplexität längst überforderter Mensch noch eine Ahnung von Harmonie, Kontemplation und Gemeinschaft erfahren kann – ästhetisch, musisch, ritualistisch, versteht sich. Wahrscheinlicher ist jedoch, dass die moderne Kultur(produktion) eher den Sinn hat, qua Zelebrierung der Zerrissenheit und Ambivalenz von den meist mörderischen Handlungen des *Handels* und der *Warenproduktion* abzulenken.

Menschen haben ein Bedürfnis, in geheimniswahrende Mechanismen eingebunden zu sein.

Einzig die deutsche Romantik unternahm den Versuch, das Geschäft des Geschäfts, der Abgrenzung kulturell zu denken: Durch Überspitzung und Übertragung des Kulturbegriffs sollte die Stiftung von Identität, Nation und Übersichtlichkeit sowie auch die Weltnahme in Gänze als kulturelles Tun, als geistiges Projekt entworfen werden. Allerdings mündete dies zum größten Teil in eine furchtbare politische Romantik, die ihre verheerende Fruchtbarkeit erst richtig im 20. Jahrhundert zeigen sollte – als Faschismus.

Der abgehängte moderne Mensch?

Die schon Ende des 18. Jahrhunderts beginnende Explosion der Wirklichkeit und des soziokulturellen Lebens im Zuge der Ideenverwirklichung um jeden Preis ließ einen Großteil der Europäer kulturell ratlos und verunsichert zurück. Die neuen kapitalistischen Regime lieferten keine neuen kulturellen Praktiken mit, um den Zumutungen und Anforderungen der Moderne eine individuell und sozial ritualisierbare Einstellung zu unterlegen.[1] Einzig die *industria* (lateinisch für „Fleiß") entwickelte sich zu einem kulturellen Eigenwert. Dieser wurde im späten 20. Jahrhundert ergänzt durch den Eigenwert der *Anonymität*; ansonsten wurde weiterhin zurückgegriffen auf vorindustrielle, traditionelle und religiöse Formen der „kulturellen Einberufung" des Menschen in eine abstrakter werdende Welt.

Für Hartmut Böhme ist diese Ausstattung des modernen Menschen nicht nur zu wenig, um ausreichend soziale Bindemittel für den vereinzelten Einzelnen bereitzustellen; er fordert vielmehr auf Geheimnis basierende Formen der Vergemeinschaftung. In seinem Aufsatz *Das Geheimnis*[2] stellt er die radikale Frage, ob sich nicht die alten Kult- und Geheimnisformen der Mängel der Moderne bedienen, um sich umso mächtiger durchzusetzen. Notwendig werde es, so Böhme, Geheimnisformen aller Art zuzulassen, da nur sie die Bildung von sogenannten „Gemeinschaftskörpern" erlauben. Erzeugten doch erst die unterschiedlichen Formen von „Geheimnissen" für Menschen ausreichend Plausibilität, „um hier und jetzt in dieser Gesellschaft leben zu wollen und zu können". Das gravierende Problem einer solchen Toleranz ist nun, dass die Vermittlung zwischen geheimnisbasierter Gemeinschaft und demokratiewollender Gesellschaft nicht richtig gelöst werden kann, denn, so abschließend Böhme: „Demokratie bedarf der Kulte, diese aber bedürfen nicht der Demokratie."

Das in Rede stehende Bedürfnis von Menschen, jenseits rational motivierter Lebensführung in geheimniswahrenden Mechanismen eingebunden zu sein, kann

man bei Immanuel Kant subjektphilosophisch wiedererkennen. Für ihn ist es indes weniger ein Bedürfnis denn eine Bedingung zur Ermöglichung aller Formen der Vernunft und Einbildungskraft. In seiner *Anthropologie in pragmatischer Hinsicht* geht es in einem Abschnitt dieser Schrift um die physiologische Anthropologie (siehe Erläuterung), und dort um die Frage, wie Deutlichkeit und Undeutlichkeit von Vorstellungen im menschlichen Bewusstsein gegeben sind. Ohne diese Frage endgültig klären zu können, führt Kant ein quantitatives Argument ein, wonach die undeutlichen be-

Naturrecht
Ein das geltende Recht fundierendes, übergeordnetes (natürliches) Recht, das keiner menschlichen Setzung oder Übereinkunft bedarf.

Abbildung:
White Tree
László Fehér, 2012; Pastell auf Papier, 100x70 cm.
www.feherlaszlo.hu
Mit freundlicher Genehmigung von: Sophisticated Art

Aphorismenschneise • Aphorismensc

Ein Bettler ist ein Mensch,
dem nicht durch Arbeit, sondern
nur durch Besitz zu helfen ist.

Wert der Ehe: Illusionen verlieren dürfen,
ohne auf neue angewiesen zu sein.

In einem sportlichen Körper muss
der Geist keine großen Sprünge machen.

Das kurze Leben läuft der Krankheit davon,
das lange läuft ihr entgegen.

Je weniger Menschen man kennt,
desto interessanter werden sie.

Jürgen Große

ziehungsweise unklaren Vorstellungen im Bewusstsein gegenüber den klaren, deutlichen eindeutig die Überhand haben: „So ist das Feld *dunkler* Vorstellungen das größte im Menschen." Dunkle Vorstellungen sind diejenigen, so definiert Kant, „die wir haben, ohne uns ihrer bewusst zu sein"[3]. Auf den Punkt gebracht: Diese Vorstellungen sind zwar präsent, aber durch keinen selbstreflexiven Bewusstseinsakt begrifflich handhabbar; sie sind, was Kant nicht ausführt, jeglicher Reflexion vorausgehende Vorstellungen, die den Ahnungen und intuitiven Vermutungen vergleichbar sind. Man kann nun das Geheimnisvolle am gesellschaftlichen Zusammenleben respektive an der Demokratie als exklusives Objekt solcher Ahnungen und Vermutungen ansehen – und Kants Hoffnung teilen, dass dieses Geheimreich physiologischer Anthropologie (also des lebendigen Körpers) nach und nach von der pragmatischen Anthropologie (also des lebendigen Geists) besetzt wird, auf dass das Zugrundeliegende (= Subjekt) doch einmal von Vernunft (also Kontrolle) durchherrscht wird. Für das gesellschaftliche Vermittlungsproblem indes spielt diese innere Architektur des Bewusstseins keine Rolle.

Anthropologie, physiologische
von altgriechisch *anthropos* für „Mensch", *logos* für „Lehre" und *physis* für „Natur/Beschaffenheit": Erforschung und Beschreibung der Wesensmerkmale des Menschen.
Immanuel Kant zufolge ist die physiologische Anthropologie als Lehre des biologischen Körpers Aufgabenbereich der Naturwissenschaften, wohingegen die pragmatische Anthropologie als Frage nach der Freiheit Thema der Philosophie ist.

Dass die Unterscheidung in „Oben" und „Unten" allen anderen Unterscheidungen vorausgeht; dass jede Gesellschaft eine Klassengesellschaft ist und dass das Leben der meisten Menschen keinen Sinn hat, sind für Nicolaus Sombart Grundeinsichten. In seinem 1998 veröffentlichten Buch *ErkenntnisLust. Tractatus sociologicus* kommt er zu folgendem Schluss: „Alle Revolutionen, Religionen, Geschichtsphilosophien, Ideologien verdanken sich dem Wunsch, den soziologischen Grundbefund", das heißt die Notwendigkeit eines identitätsstiftenden Geheimnisses, „zu beschönigen, zu verschleiern, ihn umzudeuten, umzukehren, nicht ‚wahr' zu haben – ihn zu verändern."[4] Dieser Wunsch sei das Motiv für die Vorstellung, Gesellschaft müsse sich wandeln; aber, so Sombarts depressiv-fatalistische Überzeugung: Kein Wandel ändert jemals etwas an der Grundstruktur von „Oben/Unten", „Arm/Reich", „Macht/Ohnmacht", „sinnvolles/sinnloses Leben". Und das Wesen eben dieser Erkenntnis sei, „dass man darüber nicht sprechen kann". Hier ist das Geheimnis kein subjektives mehr, sondern schon eine Eigenschaft der sozialen Ordnung, der Machtorganisation großer Populationen. Gleich Bernard Mandevilles *Bienenfabel* (siehe Erläuterung) rückt er damit Ungerechtigkeit, Ausbeutung, Ungleichbehandlung und asymmetrische Lebenschancenverteilung in den Stand eines Unbedingten, an dem nicht zu rütteln ist. Während Mandeville noch die Forderung aufstellt, dass die arme Bevölkerung durch das Verwehren von Bildung vor nicht einlösbaren Ansprüchen ans eigene Lebensglück geschützt werden müsse, findet sich Sombart mit dem Herr-Knecht-Spiel ab. Dies im Wissen, dass die *Struktur* Herr-Knecht allen gesellschaftlichen Fortschritt überdauern werde.

Die demokratische Antwort: Das gesellschaftliche Geheimnis als Wert und Werte

Handelte es sich bei Sombart um das Geheimnis im Sinne der Geheimhaltungen der Politik (lateinisch: *secreta*) im weitesten Sinne des Wortes, geht es bei der demokratischen Beantwortung der Frage nach Vermittlung zwischen Geheimnis und Lebbarkeit der gesellschaftlichen Ordnung um das Gesellschaftliche des Geheimnisses.[5]

Demokratische Antworten auf das Vermittlungsproblem zwischen undemokratischem Geheimnis und geheimnisloser Demokratie müssen immer von Intersubjektivität ausgehen, das heißt: sie müssen eine Interaktion zwischen zwei Polen voraussetzen. Für das Geheimnis heißt das zu fragen, wer der Geheimniskrämer ist und wer derjenige, für den oder vor dem ein Geheimnis *gemacht* wird. Die generelle Frage nach dem *cui bono* des Geheimnisses (lateinisch für „zu wessen Vorteil") ist in der Sphäre der politischen Kommunikation respektive der symbolischen Politik immer virulent. Es gibt indes Formen und Realitäten der Gesellschaft, bei denen das *cui bono* ins Leere läuft. Man muss nicht so weit gehen wie Alexander Kluge mit seiner Umschreibung des Geheimnisses, derzufolge das Wirkliche an dieser Gegenwart „die Schubkraft von 20 Milliarden Jahren“[6] ist. Aber man kann trotz der prägenden Macht von 20 Milliarden Jahren Geschichte mit einiger Plausibilität vom Geheimnis sprechen, ohne direkt nach dessen Produzenten und Konsumenten aus Fleisch und Blut zu fragen. Das Nämliche gilt auch für den Wert. Aussagen über „den“ Wert lassen sich ähnlich abstrakt und überindividuell treffen, wenn auch nicht unhistorisch.

Mit Beginn der Liberalisierung in Europa wiederholten sich in komplizierter und auch ausgreifender Weise gesellschaftliche Ausgrenzung und Abgrenzung, also dasjenige, was das Bürgertum zur Zeit des historisch überfällig werdenden Feudalismus selbst zuvor erfahren hatte: Jetzt waren es die Bevölkerungsmassen, war es das Proletariat, das sich seiner Situation der Ungerechtigkeit, der Benachteiligung, der Verhinderung und Rechtlosigkeit bewusst wurde. Doch war die „ideologische“ Ausgangslage eine völlig andere: Das Bürgertum kämpfte gegen den feudalen Adel vor allem mit der grundlegenden Auffassung, dass alle Menschen gleich, frei und Subjekte des Anspruchs auf Unabhängigkeit seien. Dieser Anspruch, dass prinzipiell Gleichheit zwischen den Menschen herrsche und also niemand ein Privileg qua Geburt, Herkunft, Geschlecht für sich reklamieren könne – allenfalls durch Leistung – dieser Anspruch also galt natürlich auch für all die nichtadligen Nichtbesitzenden. Die besitzenden Nichtadligen (= Bürger) sprachen in ihrem Kampf gegen den Adel im Prinzip auch für die besitzlosen Lohnarbeiter, Bauern, für das Gesinde, die Dienstboten ..., auch wenn sie es nicht so meinten und wollten. Sie befanden sich in einer ideologischen Zwickmühle. Gelöst wurde diese Situation, in der *de jure* (lateinisch für „laut Gesetz“) für alle Freiheit und Gleichheit proklamiert wurde („Werte“), aber *de facto* wieder einige freier und gleicher zu sein hatten. Der liberale Besitzindividualismus John Lockes verquickt die Freiheit einer Person mit der unbeschränkten Verfügung über sich selbst als sein eigener Eigentümer und zudem mit der Unabhängigkeit einer Person vom Willen anderer Personen. Bei dieser komplizierten Operation werden all diejenigen aus dem Anspruchsbereich auf Freiheit, Gleichheit und Unabhängigkeit eskamotiert, die Verfügung über die eigene Person durch den Verkauf ihrer Arbeitskraft anderen zur Verfügung stellen mussten. Die neue Freiheit, zu kaufen und zu verkaufen, verunsichtbarte, dass das neue Zentrum der Organisation von Gesellschaft – der Mechanismus des Markts – zwar die alte Gesellschaft aus ihren Angeln hob, aber gleichzeitig das „Tor für die Besitzlosen zuschlug“[1].

Jede Gesellschaft braucht den Klebstoff des Geheimnisses.

Hier kommen nun die Werte ins Spiel. Ihnen eigen ist eine eigentümliche Beziehung zur Kommunikation.

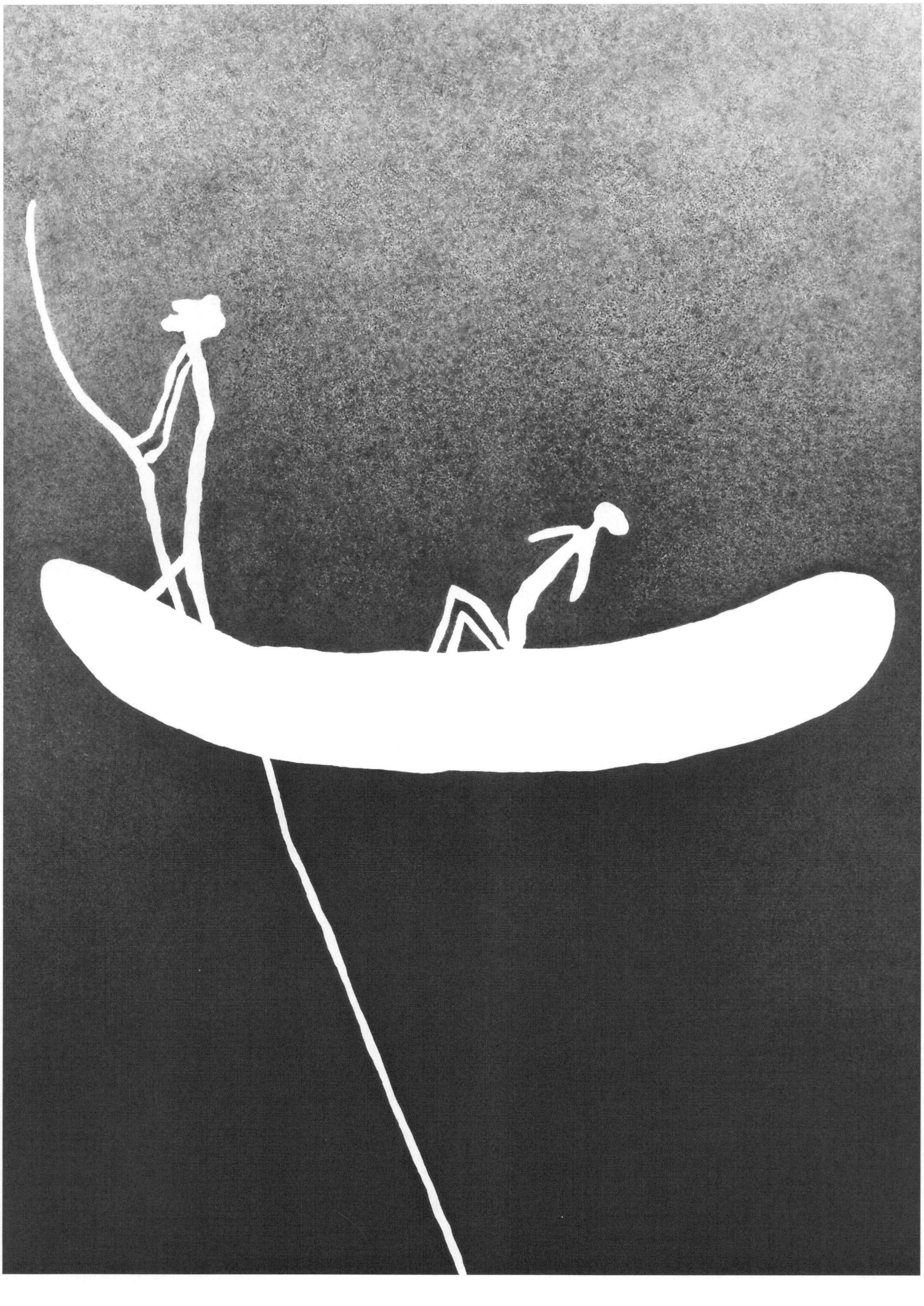

Abbildung: **Tikatoutine: Die Überfahrt (Australien).** Rune Mields, 2004; Acrylfarbe auf Leinen, 200 x 145 cm

Werte werden Niklas Luhmann zufolge unmarkiert kommuniziert, das heißt: man setzt sie voraus, kommuniziert sie mit; sie werden der Kommunikation aber nicht ausgesetzt. Man kann keine im philosophischen Sinne positive Stellungnahme abgeben, ohne damit entweder als trivial zu erscheinen (das heißt, man betont in politischen Sonntagsreden für Gleichheit, für Freiheit, für Gerechtigkeit zu sein) – oder aber als sozial abweichend (das heißt, man ist ausdrücklich gegen Freiheit, Gleichheit, Gerechtigkeit, Spielarten des Rassismus). Wertekommunikation in modernen Gesellschaften übernimmt die Funktion, die in vormodernen Gesellschaften Religionen, politische Eliten, das Naturrecht (siehe Erläuterung) und auch noch die Tradition innehatten. Durch das „Superunbezweifelbare" (Luhmann) rückt die vermeintliche Grundlage eines Gemeinwesens in eine Position, die schlechterdings kaum kritisch aufzulösen ist. Wer heutzutage die Werte Gleichheit, Freiheit, Brüderlichkeit, Gerechtigkeit, Rechtsstaatlichkeit bezweifelt, nicht, weil er mit ihnen nichts anzufangen vermag, sondern weil er im Gegenteil ihre Einlösung durch die Grundlage des Marktwesens massiv verhindert sieht, der macht sich in der Regel eines Tabubruchs schuldig, zumindest verdächtig. Seit arbeits- und funktionsteilige Gesellschaften so komplex geworden sind, dass die einfache soziale Wahrnehmung nicht mehr ausreicht, um zu wissen, welche Ansprüche ans gelingende Leben zu stellen sind und welche nicht, was einen zum „Subjekt" macht oder zum „Objekt", ob man ungerecht behandelt wird oder nicht, seit also dieses Wissen nicht mehr ausreichend vorhanden, aber zugleich das gesellschaftliche Unbehagen offensichtlich ist, übernimmt die Kommunikationswährung „Werte" die Platzhalterstelle. Heißt es bei Garcia Lorca noch: „Nur das Geheimnis lässt uns leben, nur das Geheimnis", so scheint ein „Nur die demokratischen Werte lassen uns gesellschaftlich noch leben" heute für viele Mitglieder der bürgerlichen Mitte eher stimmig zu sein. Dabei werden insgeheim Werte unterstellt, die nicht mehr vollständig kommunizierbar sind. So wie der Wert einer Sache, respektive eines Handelsguts von Angebot und Nachfrage abhängt – solange sich kein Käufer für ein „millionenteures" Kunstwerk oder eine „milliardenteure" Firma findet, sind beide gleichermaßen wertlos –, hängt auch die Bewertung öffentlicher Werte von der Summe unausgesprochener innerer Werte des *demos* (altgriechisch für Volk) ab. Das Geheimnis der Demokratie besteht also letztlich im Geheimnis des Umschlagspunkts vom kritisch-zynischen „Erst kommt das Fressen, dann die Moral" (Bertolt Brecht) oder des zynisch-zustimmenden „Ohne Dienstboten keine Kultur" (Heinrich von Treitschke) in die Instandsetzung der mit Demokratie unterstellten „Werte" von Freiheit und Gleichheit. Anders ausgedrückt: Es ist kein gut gehütetes Geheimnis, dass ein immer noch großer Teil der Mittelschicht seinen Lebensstandard nur deswegen halten kann, weil sich zunehmend mehr Menschen selbst in Europa in sogenannten prekären Arbeitsverhältnissen verdingen müssen. Warum aber die Gesellschaften extreme Ungleichheiten in den Lebensumständen ihrer Mitglieder hinnehmen ohne sich zu wehren, bleibt ein Rätsel.

> *Vor nicht einlösbaren Ansprüchen schützt man die Ärmsten durch das Verwehren von Bildung.*
>
> Bernard Mandeville

Aufklärung
Geistige Strömung des 18. Jahrhunderts, die durch den Glauben an die Vernunft und den Kampf gegen Autoritätsgläubigkeit und Traditionsgebundenheit geprägt ist.

Privatdozent Bernd Ternes arbeitet und lebt in Berlin.

Anmerkungen:

1. Vergleiche Claessens, Karin; Claessens, Dieter: Kapitalismus als Kultur. 1979
2. Böhme, Hartmut: Das Geheimnis. In: Neue Zürcher Zeitung, 20./21.12.1997, Seite 65–66
3. Kant, Immanuel: Anthropologie in pragmatischer Hinsicht. In: Kant, Immanuel: Schriften zur Anthropologie, Geschichtsphilosophie, Politik und Pädagogik – 2. Herausgegeben von Wilhelm Weischedel. Werkausgabe, Band XII, Suhrkamp, Frankfurt am Main 1991, Seite 418, 419
4. Sombart, Nicolaus: ErkenntnisLust. Hoffmann & Campe, Hamburg 1998, Satz 6.3.2
5. Das Geheimnis als das Verborgene der Natur (lateinisch *arcana*) und als das heilige Geheimnis der Religionen (lateinisch *mysterium*) spielen hier keine Rolle.
6. Kluge, Alexander: Chronik der Gefühle. Band II: Lebensläufe. Suhrkamp, Frankfurt am Main 2000, Seite 7

Zur Vertiefung empfohlen:

- Baudrillard, Jean: Das perfekte Verbrechen. Matthes & Seitz, München 1996
- Böhme, Hartmut: Fetischismus und Kultur. Eine andere Theorie der Moderne. Rowohlt Verlag, Reinbek 2006
- Breuer, Stefan: Die Gesellschaft des Verschwindens. Von der Selbstzerstörung der technischen Zivilisation. Junius Verlag, Hamburg 1992
- Claessens, Dieter: Das Konkrete und das Abstrakte. Soziologische Skizzen zur Anthropologie. Suhrkamp Verlag, Frankfurt am Main 1980
- Claessens, Dieter; Claessens, Karin: Kapitalismus als Kultur. Entstehung und Grundlagen der bürgerlichen Gesellschaft. Suhrkamp Verlag, Frankfurt am Main 1979
- Kaempfer, Wolfgang: Der stehende Sturm. Zur Dynamik gesellschaftlicher Selbstauflösung (1600–2000). Kulturverlag Kadmos, Berlin 2005
- Kaempfer, Wolfgang; Neidhöfer, Herbert; Ternes, Bernd (Hrsg.): Unsichtbare Macht. Neun Studien zu Kapitalismus – Liberalismus. sine causa Verlag, Geesthacht/Berlin 2005
- Ternes, Bernd: Exzentrische Paradoxie. Sätze zum Jenseits von Differenz und Indifferenz. Tectum Verlag, Marburg 2003

Joachim Kalka

Das bleibt geheim

Die schlechte Wiederentdeckung des bedrohten Privaten

In den frühen Siebzigerjahren wurden in den Billigbuchhandlungen der amerikanischen Großstädte die von Anbeginn leicht schmuddelig wirkenden Bände einer Taschenbuchserie feilgehalten. Ein Titel dieser Serie schien die Verkörperung einer bezaubernden Dialektik des Mysteriösen zu sein: *Secret Psychic Organizations for the Millions*. Er umreißt knapp und rückhaltlos das paradoxe Phänomen, dass okkulte Geheimorganisationen in einer Zone äußerster Verschwiegenheit (idealiter: Unbekanntheit) existieren müssten, gleichwohl aber ein massenhaftes Interesse auf sich ziehen. Solche Bünde, deren Teilnehmerzahl von der inneren Logik her streng begrenzt ist (in der einschlägigen Spannungsliteratur mit Namen wie *The Secret Nine*, *The Four Just Men*), wecken in der Tat das sehnsüchtige Interesse von Millionen.

Die Dialektik des Mysteriösen – Exklusivität des Gegenstands einerseits; universelles Begehren der Subjekte andererseits – durchzieht die Geschichte der Geheimbünde der späteren Neuzeit, selbst bei den auf weite Verzweigung angelegten Organisationen wie den Freimaurern: Es gibt da etwas, das nur für wenige bestimmt ist, aber eine große Zahl von Interessenten verlockt (wegen seiner Exklusivität). Es ist wie eine frühe Vorwegnahme des Warenreizes berühmter Marken, mit dem suggeriert wird, der kaufende Konsument sei Mitglied einer erlesenen kleinen Gruppe (von Millionen).

Von Räuberbanden, Geheimbünden und Kommissaren

Die Lust an der Komplexität im Kriminalroman ist unauflöslich mit dem beruhigenden Bewusstsein verbunden, dass jene (bis zur Unübersichtlichkeit gesteigerte) Verworrenheit am Ende durch das Eingreifen des überlegenen Detektivs zu einer befriedigenden und bestrickend einfachen Grundfigur geordnet wird. Wenn zu Beginn eines Romans von Simenon ein Satz lautet: „Sans être capable de dire pourquoi, Maigret avait l'impression que c'était une affaire assez compliquée qui commençait" (*Maigret et la Jeune Morte*), so ist das ein doppeltes Versprechen – das der reizvollen Komplizierung der geheimnisvollen Handlung sowie im selben Atemzug das der souveränen Auflösung aller Komplikationen durch den Kommissar Maigret.

Der Kriminalroman ist eine Form, die Ordnung herstellt – indem der Detektiv aus einem pittoresken Chaos disparater Fakten die richtigen Spuren extrahiert und richtig deutet. Diese Erschaffung einer sinnvoll lesbaren Realitätskonfiguration ist hierbei noch wichtiger als die moralische Gratifikation, dass am Ende Gerechtigkeit hergestellt wird. Die Entwicklung des Kriminalromans in den letzten Jahren und Jahrzehnten führt allerdings – bei Fortdauer traditioneller Reizbefriedigungen – doch insgesamt zu einem interessanten Punkt: Der Detektiv ist immer weniger Herr des Verbrechens. Die perfiden Umstände weigern sich immer offener, sich überhaupt noch zu einem überschaubaren „Fall" zu gruppieren. Der traditionelle Mord ist geschehen, der traditionelle Polizeibeamte ermittelt, es kommt nichts dabei heraus. Klassisch ist hier Carlo Emilio Gaddas *Die gräßliche Bescherung in der Via Merulana*. Aus der Literatur ist diese Form ins Genre eingesickert.

Dass Friedrich Schiller ein Faible für die sensationellen Stoffe hatte, für das Kolportagehafte von Räuber-, Verschwörer- und Verbrechergeschichten, dass er die Sammlung berühmter Fälle François Gayot de Pitavals fortzuführen suchte – dieses Interesse ist signifikanterweise sehr eng verwandt mit dem, das sich auf die großen exemplarischen Lebensläufe vorbildhafter Existenzen richtet, wobei das antike Exempel der Lebensläufe bei Plutarch die größte Rolle spielt. Beides kommt schön zusammen in der unmutigen Äußerung des Räuberhauptmanns Karl Moor in Schillers Drama *Die Räuber* über den Hass auf das eigene bloß noch „tintenklecksende" Jahrhundert, der ihn ergreift, wenn er im Plutarch von großen Männern liest. Das paradoxe Verhältnis von Geheimbund (quasi eine der Räuberbande verwandte Figuration) und Geheimdienst – beides weniger als exakte Begriffe gefasst denn als Ideen oder Fantasien der Neuzeit – hat Schiller indirekt auf luzide Weise vorgeführt, indem er sie in zwei verschiedenen Texten so konstruiert hat, dass sich die innere Verwandtschaft zeigt. Schiller hat, wie man weiß, einen Schauerroman begonnen (wenn auch nicht vollendet). Dieser, *Der Geisterseher*, spielt ganz in einer kriminellen Atmosphäre zwielichtiger Verschwörung mittels okkultem Betrug. Apparat und Atmosphäre des Romans lassen sich an der Beschreibung einer Haussuchung demonstrieren: „Nachdem man den Altar weggeräumt und die Dielen des Saals aufgebrochen, entdeckte man ein geräumiges Gewölbe, worin ein Mensch gemächlich aufrecht sitzen konnte, mit einer Türe versehen, die durch eine schmale Treppe nach dem Keller führte. In diesem Gewölbe fand man eine Elektrisiermaschine, eine Uhr und eine kleine silberne Glocke, welche letztere, so wie die Elektrisiermaschine, mit dem Altar und dem darauf befestigten Kruzifixe Kommunikation hatte. Ein Fensterladen, der dem

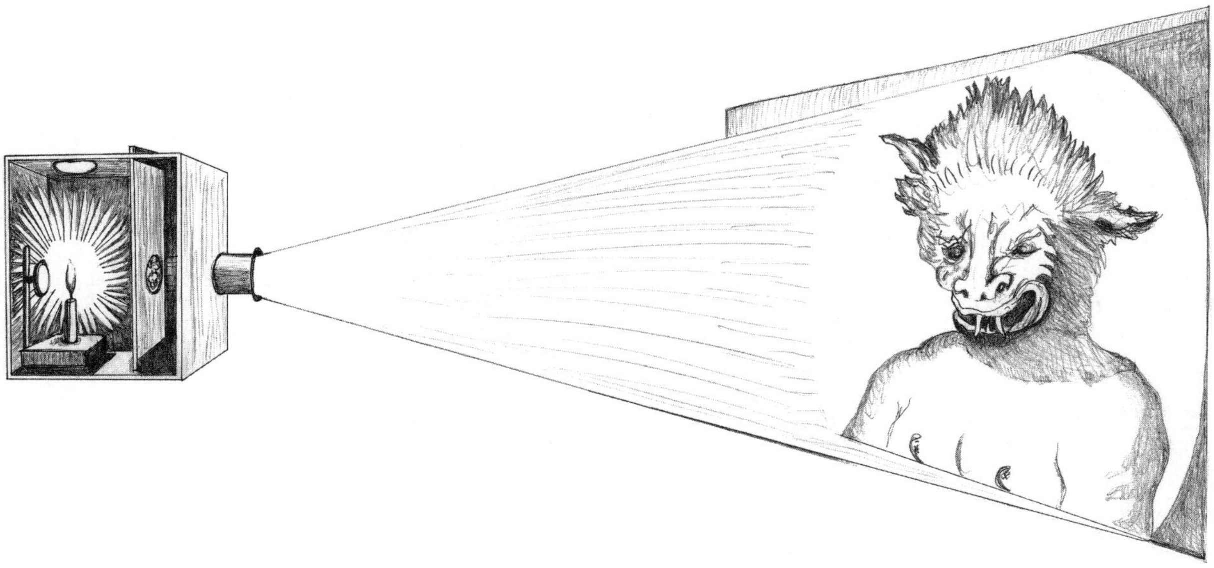

Abbildung:
Funktionsprinzip der Laterna Magica
Bleistiftzeichnung nach historischen Kupferstichen.
L. Meschenmoser, 2014

Kamine gerade gegenüberstand, war durchbrochen und mit einem Schieber versehen, um, wie wir nachher erfuhren, eine magische Laterne (siehe Erläuterung) in seine Öffnung einzupassen, aus welcher die verlangte Gestalt auf die Wand über dem Kamin gefallen war. Vom Dachboden und aus dem Keller brachte man verschiedene Trommeln, woran große bleierne Kugeln an Schnüren befestigt hingen, wahrscheinlich um das Geräusche des Donners hervorzubringen, das wir gehört hatten. Als man die Kleider des Sizilianers durchsuchte, fand man in einem Etui verschiedene Pulver, wie auch lebendigen Merkur (Quecksilber) in Phiolen und Büchsen, Phosphorus in einer gläsernen Flasche, einen Ring, den wir gleich für einen magnetischen erkannten, ... in den Rocktaschen ein Paternoster (Rosenkranz), einen Judenbart, Terzerole (kleine Pistole) und einen Dolch. ‚Laß doch sehen, ob sie geladen sind!' sagte einer von den Häschern, indem er eines von den Terzerolen nahm und ins Kamin abschoß. ‚Jesus Maria!' rief eine hohle menschliche Stimme, eben die, welche wir von der ersten Erscheinung gehört hatten – und in demselben Augenblick sahen wir einen blutenden Körper aus dem Schlot herunterstürzen ..."

Dies ist eine von tausend Täuschungslisten unterminierte Szenerie, in der alle Örtlichkeiten und Requisiten von Verschwörern präpariert sind wie das Material eines Zauberkünstlers. Es gibt aber zum *Geisterseher* eine Art Gegenmodell im Werk Schillers: das (vorwiegend aus den Jahren 1799–1801 stammende) Dramenfragment *Die Polizey*. Schiller beschreibt in seinem Roman eine riesige Maschinerie der Täuschung, welche Gespenster mit der Laterna Magica (siehe Erläuterung) heraufbeschwört, eine Agentur des Verbrechens und der Verwirrung, welche schier undurchdringliche Geheimnisse zu erzeugen weiß. Sein Hauptentwurf des *Polizey*-Dramas dagegen beginnt kalt und klar: „Die Handlung wird im Audienzsaal des Polizeylieutnants eröffnet, welcher seine Kom-

Abbildungen:
Project „Private Space – Public Space"
Asta Nykänen, 2009.
Entnommen aus:
Stiegele, Juliane:
Utopia Toolbox .1
Werkzeuge für die
Arbeit an der Zukunft.
www.utopiatoolbox.org

mis (Gehilfen) abhört und sich über alle Zweige des Polizeygeschäfts und durch alle Quartiere der großen Hauptstadt weitumfassend verbreitet. Der Zuschauer wird sonach schnell mitten ins Getreibe der ungeheuren Stadt versetzt und sieht zugleich die Räder der großen Maschine in Bewegung. Delatoren (Denunzianten) und Kundschafter aus allen Ständen ... Es ist eine ungeheure Maße von Handlung zu verarbeiten und zu verhindern, daß der Zuschauer durch die Mannigfaltigkeit der Begebenheiten und die Menge der Figuren nicht verwirrt wird. Ein leitender Faden muß da seyn, der alles verbindet ..., (die Figuren) müssen entweder unter sich, oder doch durch die Aufsicht der Polizey miteinander verknüpft seyn und zuletzt muß sich alles, im Saal des Polizeylieutenants, wechselseitig auflösen. – Die eigentliche Einheit ist die Polizey, die den Impuls gibt und zuletzt die Entwicklung bringt." Die ungeheure Stadt, das ist Paris, das Schiller nie besucht hat, das er aber aus vielen Lektüren und insbesondere aus Louis-Sebastian Merciers großem Werk *Tableau de Paris* kannte. Die ungeheure Stadt erscheint als Räderwerk einer großen Maschinerie, aber es steht dieser auch die Polizei als Kontroll-Maschine gegenüber: Und diese ist eine Maschine der verborgenen Erzwingung von Ordnung. Hat der *Geisterseher* eine Kulissenapparatur der Theatralik, des Betrugs, der Verwirrung und Überlistung aufgebaut, so übernimmt die *Polizey* – das scheint Schillers großer Plan – diesen Fundus komplett, aber als Requisite einer streng aufklärerischen und ordentlichen Machtagentur, die einen überlegenen Staat repräsentiert. Diese Ordnung ist kaum weniger sinister als die romantische Intrige des *Geistersehers*. Die Verschwörung, der Geheimbund sind zu einer Agentur des Staats geworden, zu einem Geheimdienst (man muss für diese Epoche das vertraute Wort neu und naiv hören, als mit „Staatsdienst" verwandte Form).

Das Unheimliche dieser Ordnungsutopie liegt in ihrem universellen Anspruch: Die Polizei ist hier nicht lediglich eine Agentur zur Wahrung der öffentlichen Ordnung und zur Verfolgung von Missetätern, sie hat nicht nur den Überblick über die Fülle zu behalten, sie soll und will Größeres. Schiller sieht in ihr so etwas wie eine Instanz, die im Einzelnen wie im Allgemeinen das menschliche Glück zu garantieren hat. Diese Vorstellung ist uns sehr fremd geworden. Sie entspricht aber durchaus der allgemeinen staatsrechtlichen Reflexion des achtzehnten und teilweise noch des frühen neunzehnten Jahrhunderts, wo die „Polizeiwissenschaft" für die Reflexion über die gute Ordnung des Gemeinwesens zuständig ist. Mögen die vielen administrativen und später detektivischen Spezialitäten immer mehr Raum fordern – die Grundidee einer Polizei ist immer noch die Universalität der „guten Ordnung".

Die Polizei hat das menschliche Glück zu garantieren.

Friedrich Schiller

In einem großen Roman vom Ende des neunzehnten Jahrhunderts können wir erleben, was im Begriff der Polizei später dann verloren gegangen ist; der Autor demonstriert es uns ironisch. In Joseph Conrads *The Secret Agent* erlebt ein schwachsinniger, mit geprügelten Tieren und ungerecht behandelten Menschen zutiefst mitleidender Halbwüchsiger bei einer Fahrt in der Droschke verstört, wie – so wird es ihm erklärt – der arme Kutscher sein armes Pferd prügeln muss, um seine armen Kinder ernähren zu können: „Bad world for poor people." (Schlechte Welt für arme Leute.) Dem unschuldigen Stevie fällt aber eine Lösung ein: „‚Polizei!' schlug er zuversichtlich vor. ‚Dafür ist die Polizei nicht da', bemerkte Mrs. Verloc beiläufig und eilte weiter ihres Weges. Stevies Gesicht wurde beträchtlich lang. Er dachte nach ... ‚Dafür nicht?' murmelte er, resigniert, aber überrascht. ‚Dafür nicht?' Er hatte sich ein Idealbild der Londoner Polizei entworfen: Sie galt ihm als eine Art gütiger Institution zur Unterdrückung aller Mißstände. Insbesondere die Vorstellung von Güte war sehr eng verbunden mit seinem Bewußtsein von der Macht der Männer in Blau. Er hatte alle Straßenpolizisten liebevoll gerne gehabt, mit argloser Zutraulichkeit, und nun war er schmerzlich berührt. Und er war irritiert – er hatte den Verdacht, daß die Polizisten unaufrichtig waren. Denn Stevie war so klar und offen wie der helle Tag. Aber sie – was sollte das denn heißen, daß sie nur so taten? Im Gegensatz zu seiner Schwester, die immer dem äußeren Schein vertraute, wollte er der Sache auf den Grund gehen. Er setzte seine Nachforschungen mit einer zornigen Forderung fort. ‚Wofür sind sie dann da; Winnie? Wofür sind sie da? Sag's mir.'" Schillers Utopie einer „gütigen" Überwachungsmacht im Zeichen universeller Gerechtigkeit ist hier

Wir sind immer schon (rettungslos) in das Geheimnis verwickelt.

lächerlich erscheinen lässt. Das ist par excellence der kleine, schäbig gekleidete, ungeschickte, „staubige“ Provinzgeistliche Father Brown bei G. K. Chesterton. Äußerlich der Phänotyp aller Weltfremdheit und Praxisferne, weiß er tatsächlich mehr über das Weltliche und seine Schrecknisse als jeder andere. Wer unter den Lesern sich selbst als allzu unauffällig und unbeholfen empfindet, schöpft vielleicht simplen Trost aus Schilderungen solch geheimer Größe, die einen geradezu grotesk anonymen, glanzlos schäbigen Menschen nach dem Umblättern weniger Seiten als überlegenen Helden erscheinen lassen.

zum Traum eines Schwachsinnigen geworden – geformt von einer tiefen Beunruhigung des Mitleids, aber ohne jeden Vernunftgedanken.

Dass die „Polizey“, der Geheimdienst, als eine Apparatur erscheint, die überall „ordnend“ in das Leben des Bürgers eingreift, ist eine offiziell weitgehend kassierte Vorstellung, die nur in dekorativen Schrumpfformen wie „Dein Freund und Helfer“ fortdauert (beziehungsweise in der Erzähllogik von Vorabendserien wie *Großstadtrevier*). Auf unheimlichere Weise aber hat die Kontinuität in Diktaturen funktioniert. Die Staatssicherheit der DDR hat, wie wir mittlerweile wissen, die Oppositionellen und „Diversanten“ nicht nur offen verfolgt, eingesperrt und kujoniert, sie hat auch in manchen Fällen ihre Lebenszusammenhänge (die Ehe, die Freundschaften, die berufliche Karriere) systematisch subvertiert, in der Regel indirekt und klandestin. Das ist wie ein fernes perverses Echo der Geheimbundromane der Goethezeit, wo die „Unsichtbaren Oberen“ das Leben eines Jünglings ohne dessen Wissen beeinflussen und in opportune Bahnen lenken – die Turmgesellschaft in *Wilhelm Meisters Lehrjahre* ist der klassische Ort einer solchen, das Leben des Ahnungslosen unsichtbar konstruierenden Instanz, wie sie sich heute nur noch in der Negation, als Alptraum intriganter Staatspädagogik, imaginieren lässt.

Das hohe Wissen des Detektivs wie andererseits die Vertrautheit mit den vulgärsten Details des mikroskopischen Lebens – Streichhölzer, Fußspuren, Fasern, Flecke: Sie gehen zusammen in der Kunst des scharfen Blicks. Ironisch sagt ein Polizist bei Agatha Christie zum Meister: „... Mössjö Poirot, ... Wollen Sie vielleicht mit ins Schauhaus kommen und sich Wilsons Leiche ansehen, ehe die Ärzte anfangen? Wer weiß, vielleicht sitzt ja seine Krawattennadel schief, und das ist dann für Sie eine wertvolle Spur, und Sie können den Fall lösen.“ Diese Ironie ist blind, denn genauso arbeitet Poirot. Insofern ist der Kriminalroman eine Schule der „ästhetischen“ Aufmerksamkeit. Sind dabei die Details, auf die es ankommt, von kunstvoll-entscheidender Unauffälligkeit, so gibt es dementsprechend eine Gestalt des Detektivs (seine mystische Gestalt sozusagen), die ihn selbst als unauffällig, ja

Geheimagenten müssen besonders unscheinbar auftreten, deutet Unscheinbarkeit doch auf einen geheimen Auftrag hin. In gewisser Weise sind die Fantasien von den Geheimbünden wie den Geheimdiensten Wucherungen eines uns vertrauten Tagtraums: Ich bin eigentlich viel mehr, als ich scheine. Das ist auch eine zentrale Denkfigur der Superheldencomics, wo beispielsweise Superman eine Alltagsexistenz als spießiger Reporter Clark Kent hat. Ins Positive und Profitable gewendet findet sich diese „geheime“ Existenz gerne in der Werbung esoterischer oder sektiererischer Organisationen – der neo-rosenkreuzerische Geheimbund AMORC warb früher mit der Anzeige „Sind Sie ein geknechteter Gott?“

Die Achillesferse des Agenten

Ehe Edgar Allen Poe seinen Dupin auf die Bühne der Literatur schickte, die Detektivgeschichte erfand und ein neues Genre begründete, gab es eine wüstere, gefährlichere Kriminal-Epoche: Geschichten von Straßenräubern und chaotischer Unterwelt – eine Literatur des Verbrechens, nicht seiner Enthüllung. Dann kommt der Detektiv: *fiat lux.* („Es werde Licht“: So heißt noch, ironisch, die Agentur des wohl allerletzten „großen“ Privatdetektivs, den das Genre erzeugt hat, die von Léo Malets Nestor Burma.) Die Geschichte des Kriminalromans ist die Geschichte der fortschreitenden Zähmung von Bedrohung, der Herstellung von Sicherheit – die aber am Ende, melancholischerweise, wieder zerbröckelt. Zuerst führt die Entwicklung von den Romanen über Räuber und geniale Verbrecher hin

Magische Laterne/laterna magica
lateinisch für „Zauberlaterne“. Im 17. Jahrhundert vermutlich von Christiaan Huygens erfundener Vorläufer des Dia- und Filmprojektors, mittels dessen unter anderem fahrende Schausteller bis ins 19. Jahrhundert auf Glasplatten gemalte Bilder zur Belustigung und Verängstigung des Publikums auf Leinwände projizierten (siehe Abbildung).

zu Schilderungen allmächtiger Detektive (seien es nun Polizisten oder genialische Privatiers). Dann aber wird nach und nach im Laufe der Jahrzehnte klar, dass die Polizei korrupt und hilflos ist, der Detektiv ein ohnmächtiger Einzelgänger (der höchstens durch paradox-ungerechte Interventionen einen Augenblick lang ein winziges Stück Welt in Ordnung bringen kann), und dass die allmächtigen Geheimdienstorganisationen des Thrillers moralisch bankrotte, zynische Agenturen einer willkürlichen Staatsmacht sind.

Der Agentenroman schärft das Interesse für die Abgründe wie die Oberflächen der Politik, so, wie der Detektivroman den Alltag wieder verzaubert. Der Reiz des Spionage-Thrillers baut auf den Reizstrukturen des Kriminalromans auf, doch fügt er jenen etwas durchaus Eigenes hinzu, was vielleicht in größter Klarheit in den unvergleichlichen Romanen von John Le Carré aufscheint, insbesondere in dem frühen lockeren Zyklus, dessen Teile George Smiley als Hauptfigur haben oder als mit zentraler Bedeutung aufgeladene marginale Gestalt. Smiley, der eine quasi dämonische Kompetenz als Planer des britischen Geheimdienstes besitzt, wird gekennzeichnet durch eine lächerliche Unauffälligkeit à la Father Brown und tiefe Melancholie. Er ist seinem Handwerk verschrieben und von ihm angewidert. Die Romane Le Carrés schildern eine Welt, in der es weder möglich ist, mit einer Tätigkeit aufzuhören, noch erdenklich, ihr einen wirklichen Sinn zuzuschreiben. Die „Helden" gelangen zur folgenlosen Einsicht in die schäbige Logik des Apparats, der sie sich nicht entziehen können, weil von ihrer und unserer Existenz zu sagen wäre: Du bist schon rettungslos verwickelt in das Geheimnis.

Ich bin eigentlich viel mehr, als ich scheine.

Der letzte große Triumph Smileys – der Sieg über den mythischen Antagonisten auf der russischen Seite, Karla, in *Smiley's People* (1979) – zeigt exemplarisch, dass in dieser Welt der Aufdeckung von Geheimnissen die Achillesferse des Agenten immer das Private ist, selbst in der milden Form der Liebe zum eigenen Kind. Man darf keine Geheimnisse – kein eigenes Leben – besitzen, aber jeder Mensch hat nun einmal eines, und damit hat er fatalerweise auch seine Geheimnisse. (Karla hatte zuvor Smileys tiefste Niederlage verursacht, weil er ihn mit der Ambiguität des Privaten/Politischen verwirren konnte und darauf setzte, Smiley würde zögern – kognitiv zögern –, den russischen Doppelagenten in der Führung des britischen Geheimdienstes zu identifizieren, wenn es sich um den Liebhaber seiner Frau handelte: *Tinker, Tailor, Soldier, Spy*, 1974).

„Und plötzlich haben alle ‚das Private wiederentdeckt', um den dreckigsten Euphemismus von allen zu zitieren", stößt der erste der Verdächtigen von Kommissar Leandri, der in grotesker Armut lebende übrig gebliebene Radikallinke in *Das Leiden des Kommissars* (*La malattia del commissario*) von Cesare De Marchi, wütend hervor. Eine solche Empörung konnte, wie Smileys Triumph und seine Niederlage, noch einen stabilen Widerspruch zwischen Privatem und Öffentlichkeit voraussetzen. Nach der Abschaffung der Intimität (der Explosion schrankenlos vulgärer Selbstdarstellung in den Medien) erleben wir im Augenblick die schlechte Aufhebung des Privaten in der Öffentlichkeit des Geheimnisses.

Joachim Kalka lebt und arbeitet als Schriftsteller und Übersetzer in Leipzig.

Zur Vertiefung empfohlen:

- Kalka, Joachim: „Die eigentliche Einheit ist die Polizey". Und: Die Bombe: Welch schöner Riß durch die Welt! (mit einem Hinweis auf Chestertons Geheimbund-Roman *The Man Who was Thursday*). In: Gaslicht. Sammelbilder aus dem neunzehnten Jahrhundert. Berlin 2013
- Kalka, Joachim: Phantome der Aufklärung. Von Geistern, Schwindlern und dem Perpetuum Mobile. Berlin 2006
- Kalka, Joachim: Hoch unten. Das Triviale in der Hochkultur. Berlin 2008
- Kalka, Joachim: „Das Unterirdische geht so natürlich zu als das Überirdische". Zur Mythologie der geheimen Gesellschaften. In: Sinn und Form 1/2011, Seite 93–111

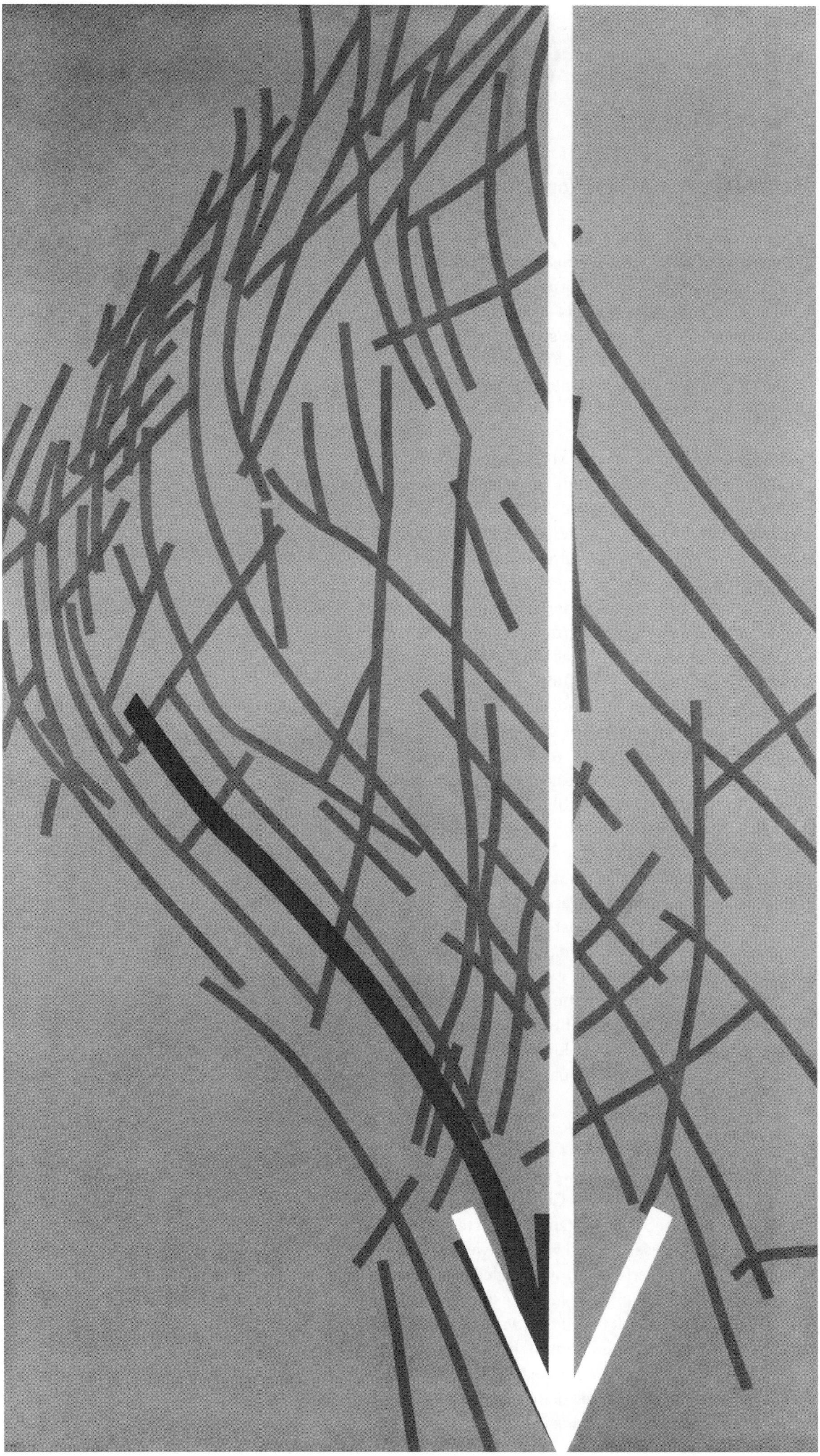

Abbildung: **Steinzeitgeometrie III, der Pfeil.** Rune Mields, 1986; Aquatec/Leinen, 250 x 145 cm

Johann Kreuzer

Über das Verborgene im Erkennen

Das Feld der dunklen Vorstellungen

In seiner *Kritik der reinen Vernunft* beschreibt Immanuel Kant streng rational die Grundlagen und Grenzen unseres Erkenntnisvermögens. Doch selbst Kant zufolge hat die Vernunft, „weil sie sich nicht leicht mit ihrem immanenten, d.i. praktischen Gebrauch begnügt, sondern gern im Transzendenten etwas wagt ... auch ihre Geheimnisse“[1].

Immanuel Kant hält nicht viel von Geheimnissen oder einem Geheimen, das gern im Übersinnlichen munkelt. Gleichwohl schreibt er in der *Anthropologie in pragmatischer Hinsicht*, dass „auf der großen Karte unseres Gemüts nur wenig Stellen illuminiert“ seien und sich das „Feld dunkler Vorstellungen“ als „unermesslich“ zeige. So heißt es gegen Ende der Schrift über *Das Ende aller Dinge*, dass der „nachgrübelnde Mensch“, der „gern im Transzendenten etwas wagt“, in „die Mystik“ und gar leicht einen „vernunfttötenden Mystizismus“ gerate. Als Beispiel greift Kant das „System des Laokuin“ heraus (gemeint ist der chinesische Philosoph Laotse aus dem sechsten vorchristlichen Jahrhundert). Ein Bewusstsein, das darin bestehen soll, sich „durch Vernichtung seiner Persönlichkeit“ mit dunklen Abgründen der Gottheit „verschlungen zu fühlen; von welchem Zustande die Vorempfindung zu haben, sinesische Philosophen sich in dunkeln Zimmern, mit geschlossenen Augen, anstrengen, dieses ihr Nichts zu denken und zu empfinden“, ist ihm suspekt. Geschehe dies alles doch „lediglich darum, damit die Menschen sich endlich doch einer ewigen Ruhe zu erfreuen haben möchten, welche denn ihr vermeintes seliges Ende aller Dinge ausmacht.“[1] Bei aller Abwehr und eurozentristischen Blindheit, die hier zur Sprache kommt, wird aber doch auch deutlich, dass Kant das Bedürfnis anerkennt, von dem der Wunsch, zur Ruhe zu kommen, zeugt. Geht man diesem Bedürfnisse nach, stoße man, so Kant an anderer Stelle, „unvermeidlich auf ein Geheimnis, d.i. auf etwas Heiliges, was zwar von jedem einzelnen gekannt, aber doch nicht öffentlich bekannt, d.i. allgemein mitgeteilt werden kann.“[2] Gehört dieses Geheimnis zum Feld jener nicht-illuminierten Vorstellungen? Und sind diese aus einem an-

Das verschleierte Bild zu Saïs
ist seit der Antike ein bei Fragen nach Wahrheit und Wirklichkeit häufig wiederkehrendes Motiv. Gemeint ist eine verschleierte Statue der Göttin Isis (Verkörperung der Natur) beziehungsweise der Göttin von Saïs (Stadt in Ägypten). Über dem Eingang des Isistempels war angeblich folgende Inschrift angebracht: „Ich bin alles, was ist, was gewesen ist und was sein wird. Kein sterblicher Mensch hat meinen Schleier aufgehoben.“ Friedrich Schiller verfasste 1795 eine gleichnamige Ballade folgenden Inhalts: Auf der Suche nach der Wahrheit fragt ein junger Mann den Hohepriester des Isistempels, was unter dem Schleier verborgen sei. „Die Wahrheit“, antwortet der Hohepriester, welche die Göttin verbiete zu lüften. „‚Sei hinter ihm, was will! Ich heb ihn auf.‘ / (Er rufts mit lauter Stimm.) ‚Ich will sie schauen.‘ / Schauen! / Gellt ihm ein langes Echo spottend nach. / Er sprichts und hat den Schleier aufgedeckt / ... Besinnungslos und bleich, / So fanden ihn am andern Tag die Priester / Am Fußgestell der Isis ausgestreckt. / Was er allda gesehen und erfahren, / Hat seine Zunge nie bekannt. Auf ewig / War seines Lebens Heiterkeit dahin, / Ihn riß ein tiefer Gram zum frühen Grabe. / ‚Weh dem‘, dies war sein warnungsvolles Wort, / Wenn ungestüme Frager in ihn drangen, / ‚Weh dem, der zu der Wahrheit geht durch Schuld, / Sie wird ihm nimmermehr erfreulich sein.‘“

Abbildung:
Der Schleier von Saïs
Kupferstich.
Siehe auch: frankzumbach.wordpress.com

deren Grund „dunkel“ als dem, dass diese sich dem Erkennen verschließen? Ohne einer Antwort auf diese Frage vorzugreifen, haben wir immerhin eine Bestimmung dessen, was Kant als „Geheimnis“ gilt: etwas, das von jedem gekannt, aber nicht adäquat mitgeteilt, das heißt verallgemeinert werden kann, und deshalb als „heilig“ gilt. „Geheim“ meint also etwas, das sich (s)einer passgenauen – zugespitzt: das sich seiner erkennungsdienstlich eindeutigen – Überführung ins Medium des Öffentlichen entzieht. Was heißt das für ein verantwortbares Reden vom „Geheimen“ und kann man dieses vom Wissen um das Feld dunkler Vorstellungen her „beleuchten“?

Das Aufputschmittel der Vernunft

Jenes nicht vernunfttötende, sondern vernunftanregende „Geheime“ besteht darin, dass es sich der vollkommenen Überführung ins Öffentliche entzieht. Es zeigt kein Verstecken, kein Vergeheimnissen an, sondern steht für einen individuellen „Rest“, der in den Formen, Techniken wie Medien öffentlichen Bekanntgemachtseins nicht aufgeht.[3] Nicht dass dieser „geheime“ Rest an der Überführung in mediale Formen des Öffentlichwerdens und Bekanntgemachtseins gehindert würde. Solches (Be)Hindern gehört zu den Formen unmittelbarer politischer Unterdrückung, die es aufzuklären gilt. Die Einsicht in diese Notwendigkeit dispensiert aber nicht von der Überlegung, ob in der Forderung, restlos respektive geheimnislos öffentlich zur Verfügung zu stehen, nicht ganz neue, in gewissem Sinn perfektere Formen der Kontrolle wirkmächtig werden: solche medialer, nicht mehr unmittelbar erkennbarer Gewalt.

Brauchen wir einen solchen „Rest“ des „Privaten“: eines Individuellen, das in seinem Sich-Zeigen der Kontrolle gleichwohl entzogen bleibt? Nach der Natur eines sich in seinem Zeigen und öffentlichen Da- wie Gegenwärtigsein Verbergenden fragte schon Heraklit, wenn er anmerkt, dass die *physis* es liebt, sich zu verbergen. (B 123) Was für die *physis* gilt, dürfte für die Formen ihrer Erfahrung und die Formen, in denen sich diese Erfahrung mitteilt, nicht weniger gelten. Entsprechend ist das „Geheime“, das „Verborgene“ nicht das Sedativ einer sich selbst abschaffenden Vernunft. Es verweist vielmehr auf Schichten eines als Prozess zu verstehenden Erkennens. Bezogen darauf, dass es uns gelingt, logischen Ordnungen in der Verbindung mit zeitlichen Bestimmungen „Bedeutung“ zu geben, spricht Kant in der *Kritik der reinen Vernunft* von „eine(r) verborgene(n) Kunst in den Tiefen der menschlichen Seele, deren wahre Handgriffe wir der Natur schwerlich jemals abraten, und sie unverdeckt vor Augen legen werden“[4]. Es handelt sich hier nicht um eine „Kunst“, die in irgendwelchen Tiefen versteckt oder etwas Heiliges wäre – oder um zu lüftende „Geheimnisse“. Kant meint vielmehr Schichten und Strukturen des Erkennens. Weil diese das Erkennen selbst betreffen, lassen sie sich nicht so unverdeckt vor Augen legen wie das, was wir durch sie erkennen. Sie zu verdrängen hieße aber, aus Verborgenem jenes Geheimnisvolle zu generieren, zu dem vielerlei Mystizismen öffentlichkeitsheischend versprechen, geheime Zugänge zu gewähren.

Der Kartograf des Bewusstseins

Dass das „Feld dunkler Vorstellungen das größte im Menschen“ sei, ist die Feststellung eines Bewusstseinskartografen. Kant trifft sie ohne Ressentiment: „Dass das Feld unserer Sinnenanschauungen und Empfindungen, deren wir uns nicht bewusst sind, ob wir gleich unbezweifelt schließen können, dass wir sie haben, d.i. dunkeler Vorstellungen im Menschen ... unermesslich sei, die klaren dagegen nur unendlich wenige Punkte derselben enthalten, die dem Bewusstsein offen liegen; dass gleichsam auf der großen Karte unseres Gemüts nur wenig Stellen illuminiert sind: kann uns Bewunderung über unser eigenes Wesen einflößen.“[5] Trotz seiner Bewunderung bewertet Kant das „Verborgene“, welches sich „nur in seinem passiven Teile, als Spiel der Empfindungen wahrnehmen“ lässt, nicht nur positiv. Das Helle, Durchschaubare, das im Licht der Vernunft Kartografierbare steht bei Kant auf der Positivliste des Erkennens. Das Dunkle, Verborgene, sich Verschließende, das dem Sich-durchschauen-lassen-Entziehende gehört auf eine entsprechende Negativliste.

Gegen eine solche Gegensatzbildung, die das, was nicht als „klar und deutlich“ abgespeichert werden kann, ins Dunkle abdrängt, als Unerkennbares verdrängt und ein gegenaufklärerisches Versteckspiel mit ihm in Gang setzt, hatte sich Leibniz bereits in seiner ersten Druckschrift, den *Meditationes de cognitione, veritate et ideis* (lateinisch, wörtlich: *Betrachtungen über Erkenntnis, Wahrheit und die Ideen*), gewandt. Leibniz' Überlegungen beginnen mit folgender Feststellung: „Die Erkenntnis ist also entweder *dunkel* oder *klar* und die klare Erkenntnis wiederum entweder *verworren* oder *deutlich*, die deutliche Erkenntnis aber entweder *inadaequat* oder *adaequat* und gleichfalls entweder *symbolisch* oder *intuitiv* ... *Dunkel* ist ein Begriff, der zum Wiedererkennen der dargestellten Sache nicht ausreicht ... *Klar* ist ... die Erkenntnis, wenn ich ... aus ihr die dargestellte Sache wiedererkennen kann ...“[6] Auch wenn die *cognitio obscura* (lateinisch für „dunkle Erkenntnis“) nicht ausreiche, so spricht Leibniz ihr doch (oder auch) den Status einer Form von Erkenntnis zu. Statt einen ausschließlichen Gegensatz zwischen dem Klaren, der *cognitio clara*, und dem Dunklen, der *cognitio obscura*, zu

Immer nur ins Licht zu blicken ermüdet die Augen.

Perzeption
von lateinisch *percipere* für „erfassen, ergreifen, wahrnehmen“: Wahrnehmung im weitesten Sinne. Nach Leibniz eine erste, noch unscharfe Vorstufe des Denkens.

statuieren (dem Passepartout von 1 oder 0, dem Entweder-Oder, das aller Datenverarbeitung zugrunde liegt), nimmt er eine innere Verwandtschaft von Erkenntnisformen und Erkenntnisschichten an. Dem, was wir „dunkel wissen“, eignet Erkenntnisfähigkeit: es kann und will erkannt werden.

Zwischen *cognitio clara* und *cognitio obscura*

In §14 der *Monadologie* wendet sich Leibniz gegen die Anhänger René Descartes'. Diese hätten „einen großen Fehler gemacht, insofern sie diejenigen Perzeptionen, deren man sich nicht bewusst ist, für nichts gehalten haben“ (siehe Erläuterung). Im Hinblick auf das, was uns dunkel und verborgen erscheint, ist damit allerdings auch ein Anspruch formuliert: „Dunkel“ ist nicht mehr das Attribut eines Mysteriösen, mit dem gern besserwisserische Geschäfte getrieben werden, sondern der Bereich eines vor- oder subbewussten Erkennens beziehungsweise Ahnens. Das „Verborgene“ ist sozusagen das allzu Vertraute, das uns bewegt, auf der „großen Karte unsres Gemüts“ zu Erfahrungen zu kommen. Es ist nicht Abweg oder Verschleierung, sondern Antrieb; man könnte auch sagen: Als innere Unruhe ist es Bedingung der Möglichkeit des Erkennens.

Zur Erklärung des Kontinuums, das innere Grade und Stufen von Bewusstsein zwischen der „dunklen Erkenntnis“ als anfänglichster und der „vollkommensten Erkenntnis“ plausibel macht, hatte Leibniz – gegen den „Fehler der Cartesianer“ – das Theorem von den *petites perceptions* eingesetzt. Von ihnen sagt er, sie seien „von größerer Wirksamkeit, als man denken mag. Auf ihnen beruhen unsere unbestimmten Eindrücke, unser Geschmack, unsere Wahrnehmungsbilder der sinnlichen Qualitäten, welche alle in ihrem Zusammenhang klar, jedoch ihren einzelnen Teilen nach verworren sind; auf ihnen beruhen die ins Unendliche gehenden Eindrücke, welche die uns umgebenden Körper auf uns machen und somit die Verknüpfung, in der jedes Wesen mit dem ganzen Universum steht. Ja man kann sagen,

Die Vernunft braucht Geheimnisse.

daß vermöge dieser kleinen Perzeptionen die Gegenwart mit der Zukunft schwanger geht und mit der Vergangenheit erfüllt ist, daß alles miteinander zusammenstimmt ..., daß Augen, die so durchdringend wären wie die Gottes, in der geringsten Substanz die ganze Reihenfolge der Bewegungen des Universums lesen könnten.“[7] Das alltägliche Vorüberziehen dieser *petites perceptions* vergleicht Leibniz einmal mit dem Geschehen bei einer Laterna magica: „(S)elbst wenn wir wachen, kommen uns ungerufen Bilder ... wie in den Träumen. Die deutsche Sprache nennt sie ‚fliegende Gedanken‘, die nicht in unserer Macht sind ... Die Gedanken ziehen hier an uns vorüber, wie bei einer Laterna magica, wenn man innen etwas an ihr vorbeischiebt, und verschiedenartige Gestalten auf der gegenüberliegenden Wand erscheinen.“[7] Ohne die Dunkelkammer des „Verborgenen“ würden wir nichts wiedererkennen, ohne sie gäbe es auch nicht jenes „Belichten“, das die Rede vom Erkennen meint. Statt also Gegensatz des Erkennens zu sein, ist das von Leibniz angesprochene und von Kant der Kartografie des Gemüts unterlegte „Verborgene“ wesentliche Bedingung von dessen Möglichkeit. „Wesentlich“ heißt: Das Verborgene ist im „Gemüt“ und für das Bewusstsein hintergehbar nur um den Preis, im oder als Bewusstsein das Bewusstsein von ihm selbst zu verlieren.

Kein Ding unter Dingen

Kant erkennt die Wechselwirkung zwischen dem, was unser Bewusstsein von sich weiß und nicht weiß, zwischen dem, was uns illuminiert, und dem, was uns dunkel und „verborgen“ erscheint, an. Vermögen wir doch unbezweifelbar darauf zu schließen, dass wir jene dunklen Vorstellungen unbewusst tatsächlich haben. Mit diesem Anerkennen wendet er sich wie Leibniz gegen Konstruktionen beziehungsweise Restriktionen, welche die Bewusstseinstätigkeit wie ein Ding unter anderen Dingen betrachten. Ahnherr solcher Restriktionen ist Descartes, der das Subjekt des Denkens zwar als *res cogitans* (lateinisch, wörtlich: denkende Substanz) von den anderen „Dingen“ unterscheidet, es damit aber gleichzeitig quasi zu einem Ding unter Dingen macht. Wird es wie ein „Ding“ gedacht, mutiert es zu einem ebenso zu durchleuchtenden wie auszuleuchtenden „Subjekt“ – „Subjekt“ in jenem despektierlichen Sinn, der in der Zeit des Absolutismus Herrscher von jenen „Subjekten“ sprechen lässt, die sich zu unterwerfen hätten. Als Dinge gilt es die Subjekte wie andere Objekte der Natur zu beherrschen. Die entsprechende Behandlung verfolgt den Zweck, die Bedrohung zu minimieren, die von ihnen wie von im Verborgenen und Geheimen hausenden Naturobjekten ausgeht („verborgene Dinge“ machen Angst). Übersetzt in die Formen menschlichen Zusammenlebens würde das bedeuten, dass an jedes Subjekt die Aufforderung ergeht, sich restlos zu offenbaren. Da man bei lebenden Subjekten aber niemals sicher sein kann, dass sie sich wirklich restlos öffentlich machen, werden sie zu Objekten, deren Tun aufgeklärt werden muss. Solange Subjekte meinen, einen Rest an Eigenem nicht öffentlich zugänglich machen zu müssen, fordern sie zu geheimdienstlicher Durchleuchtung heraus. Von einem Standpunkt, dass als Bewusstsein nur akzeptabel erscheint, was sich selbst durchsichtig ist und sich öffentlich restlos offenbar macht, ist das nur konsequent: „Es soll kein Geheimnis geben" – weder als Bewusstsein noch im Bewusstsein. Gibt es aber kein Geheimnis mehr, dann gibt es auch nicht mehr den Wunsch wie den Antrieb zu dessen Offenbarung.[8]

Das Spielfeld des Erkennens

Weder Kant noch Leibniz erfinden den Sinn für das Verborgene neu. Sie reaktivieren vielmehr Wissensbestände oder „Entdeckungen". Es sind Wissensbestände, die mit Platons Lehre von der Wiedererinnerung (altgriechisch *anamnesis*) und deren Geschichte verbunden sind.

Reinige man Platons Lehre von der Wiedererinnerung (französisch *reminiscence*) vom Irrtum der Präexistenz, so merkt Leibniz im §26 des *Discours de Métaphysique* an, werde man feststellen, dass diese sehr gut begründet sei. Mit „Irrtum der Präexistenz" meint Leibniz, dass jedes Erinnern ein Wiedererinnern bedeute, und Platon glaubt, diesem eine natürliche, bewusstseinsvorgängige Ursache geben zu müssen. Vor ihrer Einkörperung, so Platon, sei der Seele etwas eingegeben, in dessen Wiedererkennen für uns Erkenntnis bestehe. Man kann diesen (von Leibniz mit Recht so genannten) „Irrtum" als Gründungsdokument aller Bestrebungen verstehen, die das Bemühen eint, jenes „Verborgene", auf das Bewusstsein (auf das „Geist") zurückzuführen wäre, dingfest zu machen und auf eine natürliche, physikalische Grundlage zurückzuführen. Man kann die Evidenz, die Platon mit seinem Anamnesistheorem als Erster zur Sprache gebracht hat, aber auch als Aufforderung lesen, das uns im Erkennen in verborgener Weise sich Zeigende besser zu verstehen. Das Feld der dunklen Vorstellungen ist gleichsam das Spielfeld des Erkennens. Auf diesem kommt es darauf an, eine plausible Antwort auf die Frage zu finden, wie sich Erkennen ohne die Annahme präexistenter Dinge aus und in den Tiefen des Gemüts selbst erklären lässt.

Der Grund des Bewusstseins

Lange vor Leibniz stellt Augustinus lapidar fest, dass wir mehr in der Erinnerung haben, als wir aktual erinnern.[9] Ein wesentlicher Bestandteil von dessen Adaptation der platonischen Anamnesislehre ist das Theorem vom „Verborgenen des Geistes" (lateinisch *abditum mentis*) und der „abgründigen Tiefe der Erinnerung" (lateinisch *abstrusior profunditas memoriae*). Das Verborgene des Geistes bedeutet keinen „Abgrund", in dessen Dunkel der Geist beziehungsweise das Bewusstsein zur Aufgabe seiner selbst strebt. Dass wir vom „Verborgenen" und vom „Dunkel" des Geistes sprechen, hat vielmehr mit den unterschiedlichen Formen und Stufen der Aufmerksamkeit bei der Hinwendung zu den Dingen und auf sich selbst zu tun (Intentionalität), die ins Spiel kommen, wollen wir den Geist als und in seinem Tätigsein verstehen. Was Augustinus mit der abgründigen Tiefe der Erinnerung entdeckt, ist in der Folge mit der Rede vom „Seelengrund" oder „Grund im Bewusstsein" wirkmächtig geworden – und zwar insbesondere im 13. und 14. Jahrhundert durch Dietrich von Freiberg, Eckhart von Hochheim und Johannes Tauler.[10] Was dabei über den sich in seiner Tätigkeit begreifenden Grund im Bewusstsein freigelegt wurde, tradiert im Deutschen das Wort „Gemüt". Es ist deshalb kein Zufall, dass es das Gemüt ist, das Kant für die Kartografie des Bewussten und des Feldes dunkler Vorstellungen heranzieht.

Was ergibt sich daraus für die Betrachtung der „großen Karte unseres Gemüts"? – Blickt man nur, sozusagen immer wieder, auf das Blinken der illuminierten Stellen, wird einem irgendwann das Sehen vergehen. Vor dem Hintergrund der dunklen Vorstellungen – also derer, „deren wir uns nicht bewusst sind, ob wir gleich unbezweifelt schließen können, dass wir sie haben" – aber gewinnt das Sehen, das Erkennen meint, Kontur. Fast ist man versucht zu sagen, dass sie Bedingung seiner Wirklichkeit sind.

Prof. Dr. Johann Kreuzer ist Professor für Geschichte der Philosophie an der Universität Oldenburg.

Anmerkungen:

1. Kant, Immanuel: Das Ende aller Dinge, A 513/14. In: Kant, Immanuel: Werke in 12 Bänden. Herausgegeben von Wilhelm Weischedel. Suhrkamp Verlag, Frankfurt am Main 1968, Band XI, Seite 184/85. Alle weiteren Zitate aus Schriften Immanuel Kants in diesem Beitrag sind dieser Ausgabe entnommen.
2. Vergleiche Kant, Immanuel: Die Religion innerhalb der Grenzen der bloßen Vernunft. Drittes Hauptstück. Allgemeine Anmerkung. B 206
3. Der „Gegensatz zu öffentlich" ist der „Begriffskern" des Adjektivs „geheim"; vergleiche Grimmsches Wörterbuch: Stichwort „geheim". München 1984, Band 5, Seite 2354
4. Kant, Immanuel: Von dem Schematismus der reinen Verstandesbegriffe. Kritik der reinen Vernunft. B 181/82 (A 141)
5. Kant, Immanuel: Anthropologie in pragmatischer Hinsicht. §5, B 15/16, 18
6. Leibniz, Gottfried Wilhelm: Meditationes de cognitione, veritate et ideis. Zitiert nach: Leibniz, Gottfried Wilhelm: Philosophische Schriften. Band I. Herausgegeben und übersetzt von H. H. Holz. Suhrkamp Verlag, Frankfurt am Main 1996, Seite 32/33
7. Für weitere Erläuterungen zur Laterna magica siehe: Leibniz, Gottfried Wilhelm: Neue Abhandlungen über den menschlichen Verstand. Vorrede. Übersetzt und herausgegeben von E. Cassirer. Hamburg 1971, Seite 11; sowie §12 im Kapitel XXI (Von der Macht und der Freiheit) des zweiten Buchs, Seite 170/171
8. Zu dieser Dialektik der Aufklärung vergleiche das gleichnamige Buch von M. Horkheimer und T. W. Adorno. S. Fischer Verlag, Frankfurt am Main 1969, Seite 11
9. Augustinus: De trinitate XIV.6.8; 7.9; XV.21.40/41. Lateinisch-Deutsch. Mit einer Einleitung herausgegeben von Johann Kreuzer. Meiner Verlag, Hamburg 2001, Seite 196, 200, 336
10. Vergleiche Kreuzer, Johann: Gestalten mittelalterlicher Philosophie. Fink Verlag, München 2000

Sandra Seubert

Offenbarung und Kontrolle

Die soziale Dynamik des Privaten

Für Selbstdarstellung und Selbstoffenbarung von allem, was vormals als privat galt, bietet das World Wide Web scheinbar unbegrenzte Möglichkeiten. Doch dem Exhibitionismus Einzelner steht ein zunehmend unkontrollierter Zugriff auf die Daten der Vielen durch Industrie und Geheimdienste gegenüber. Ist Privatheit an sich überhaupt ein schützenswertes Gut? Sind die modernen Gesellschaften auf dem Weg in die totale Überwachung oder weist die „elektronische" Einlösung der Forderung der 68er-Generation, das Öffentliche privat und das Private öffentlich zu machen, nicht vielmehr den besten Weg hin zu einer transparenten Gesellschaft, die weniger repressiv, weniger von Herrschaft durchsetzt ist?

Die Sorge um das „Private" ist derzeit allgegenwärtig. Es finden sich eine Flut von Büchern, Artikeln und Beiträgen in öffentlichen Foren, die das „Ende der Privatheit" konstatieren. Zu dem manchmal diffusen, manchmal durchaus manifesten Gefühl der Bedrohung tragen vorderhand die Entwicklungen der Informationstechnologie, vor allem das Bündel von Skandalen rund um die Datensicherheit bei. Das Internet durchdringt inzwischen fast alle gesellschaftlichen Lebensbereiche und verändert unsere alltäglichen Beziehungen und Kommunikationspraktiken. Auf diese Phänomene eines technischen Wandels gründet sich im Wesentlichen die alarmistische Diagnose, es gebe keine privaten Bereiche der Nicht-Sichtbarkeit mehr, alles sei durchlöchert, unser Verhalten, unsere Vorlieben – alles werde registriert, vermessen, benutzt, ohne dass wir genau wüssten wie und wozu. Technisch ist es kein Problem, Abermillionen von Informationen und privaten Lebensdaten zu speichern, nach Korrelationen zu durchforsten und diese zu verknüpfen – staatliche und wirtschaftliche Akteure nutzen diese neuen Möglichkeiten auf immer exzessivere Weise.

Im öffentlichen Diskurs, der sich um das Private als gefährdete Sphäre dreht, wird vielfach unterstellt, wir wüssten mehr oder weniger, was auf dem Spiel steht, was wir verlieren und warum wir Privatheit schätzen sollten. Aber wissen wir das eigentlich wirklich noch so genau? Vollzieht sich hier nicht gerade ein tiefgreifender, technisch induzierter, kultureller Wandel?

Auf der einen Seite gibt es selbstverständlich nach wie vor sozial wirksame, historisch-kulturell gewachsene Überzeugungen, an denen wir uns in unserem Urteil, was legitime Ansprüche auf Privatheit sind, orientieren. Welche Ziele wir im Leben für wichtig erachten, wie wir unsere Freizeit verbringen, welchen Interessen wir nachgehen, mit wem wir wie zusammenleben, das, so meinen wir, gehe niemanden etwas an. Genauso sicher sind wir uns aber oft auch, die Grenzen des Privaten zu kennen: Wir kritisieren Handlungen und Entscheidungen, die Folgen für Dritte oder die Gesellschaft als Ganze haben, als mitnichten „privat". Und weil wir ein immer besseres Bewusstsein dafür entwickeln, welche Facetten unseres Lebens beabsichtigte oder unbeabsichtigte Folgen für andere haben, scheint es auch so gesehen immer weniger „Privatsachen" zu geben.

In dieser Gemengelage wird – in Abgrenzung zu den vehementen „Privatheits-Verteidigern" – die Schlussfolgerung gezogen, es sei, angesichts einer „de facto"-Aushöhlung des Privaten, auch gar nicht mehr wünschenswert (oder ohnehin nie wünschenswert gewesen), Privatheit zu schützen. Die Position eines solchen „Post-privacy-Denkens" erinnert immerhin daran, dass der Ruf nach Schutz des Privaten auch verdächtig anmuten kann. Das Private hatte und hat noch immer auch repressive Seiten.[1] Der *Wertschätzung* des Privaten stand und steht weiterhin eine *Kritik* des Privaten gegenüber: sei es aus der Sicht der politischen Ökonomie, die den „privaten" Charakter des Eigentums (und in der digitalen Welt insbesondere des *geistigen* Eigentums) anzweifelt, sei es aus feministischer Perspekti-

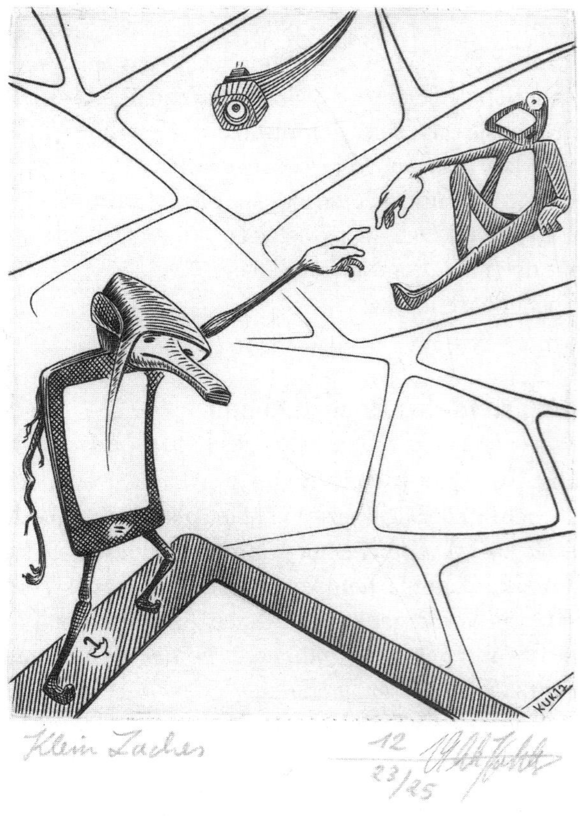

Abbildung:
Klein Zaches
Karlkurt Köhler,
Kupferstich, 2013.
www.karlkurt.de

ve, die ein traditionell patriarchales Verständnis von Privatheit unter die Lupe nimmt, durch das Frauen und spezifische Tätigkeiten aus der Öffentlichkeit ausgeschlossen werden. In diese Tradition gehören auch neuere Positionen, die unsere Vorstellung von Privatheit kritisch untersuchen, weil sie, entgegen des eigenen Anspruchs, nicht dem Schutz von Freiheiten diene, sondern lediglich die Art der Beherrschung verschoben habe – hin zu auf Praktiken der Selbstführung basierenden „Sichtbarkeitsregimen".[2] Hier wird eine Verbindung zu den technischen Innovationen des digitalen Zeitalters hergestellt und die These vertreten, Überwachung und Kontrolle seien „post-panoptisch" geworden (siehe Erläuterung).

Die Position der „post-privacy" schließt sich zusammen mit der Diagnose, dass Personen unter veränderten technischen Bedingungen scheinbar auch freiwillig immer mehr über sich selbst preisgeben, dass sie neue Möglichkeiten der Selbstdarstellung und Selbstoffenbarung suchen und die sozialen Netzwerke des Internets dafür eine willkommene Bühne bieten. Dem unkontrollierten Zugriff auf Daten steht so gesehen der Exhibitionismus der Nutzer gegenüber, die ein anderes Gefühl dafür haben, was man mit anderen teilen oder nicht teilen sollte. Aus dieser Perspektive überwiegt das Lob einer transparenten Gesellschaft, die weniger repressiv, weniger von Herrschaftsausübung durchsetzt sei.

Beiden Positionen, die der selbstverständlichen Wertschätzung wie die der unumwundenen Preisgabe des Privaten, entgeht in der Regel die feine Balance von Abschließung und Öffnung, von Offenbarung und Kontrolle, die das Private als soziale Praxis konstituiert. Diese Balance bedarf einer Rekonstruktion. Hierfür muss man fragen, ob das Private eigentlich an und für sich gut und daher schützenswert ist, oder ob das nur mit Blick auf einen anderen, funktionalen Bezug so scheint. Wenn Privatheit etwas ist, das wir schätzen, weil und sofern es der Verwirklichung anderer Werte dient, gilt es genauer zu fragen, welche das sind.

Zentral für die Forderung nach Schutz des Privaten ist der Grundwert liberal-demokratischer Gesellschaften: die individuelle Selbstbestimmung. Im Sinne ethischer Autonomie ist dies vor allem auf Handlungs- und Entscheidungsfreiheit – „wie möchte ich leben?" – bezogen. Ideengeschichtlich betrachtet konstituiert ein liberales Verständnis eine eher individualistische Dimension von Privatheit, die prägend für unser Selbstverständnis geworden ist. Hinter diese tritt eine andere, die Beziehungsdimension des Privaten, die Privatheit als soziale Praxis sichtbar werden lässt, tendenziell zurück. Um die spezifische soziale Dynamik des Privaten in den Blickpunkt zu rücken, muss die Bestimmung von Grenzen des Privaten als soziale Praxis der Begründung und Kritik sichtbar werden. Im Anschluss daran nämlich lässt sich verdeutlichen, wo die Bedeutung des Privaten als *gesellschaftlicher* Wert liegt, welche Dimensionen des Wandels sozialer Praktiken durch technisch induzierte Veränderungen vorangetrieben werden und welche Gefährdungen sie möglicherweise beinhalten.

Worin besteht der Wert des Privaten?

Impulse zur Reflexion über den Eigenwert des Privaten sind bislang stark von der US-amerikanischen Diskussion ausgegangen und stehen in engem Zusammenhang mit der Rechtsprechung des amerikanischen Supreme Court zu einem *right to privacy* (englisch für „Recht auf Privatheit"). Die erste systematische Begründung eines solchen (ungeschriebenen) Verfassungsrechts auf Privatheit findet sich bei Samuel Warren und Luis Brandeis im Zusammenhang mit der Berichterstattung der Sensationspresse am Ende des 19. Jahrhunderts. Das Recht auf Privatheit als Recht, allein gelassen zu werden (*right to be let alone*) findet als übergeordnetes Rechtsprinzip in der amerikanischen Rechtsprechung von da an immer häufiger Anwendung. Rechtstheoretische Diskussionen drehen sich dabei unter anderem um die Frage, ob es sich um einen eigenständigen oder einen abgeleiteten Schutzanspruch handelt (sodass sich ein Recht auf Privatheit letztlich aus anderen Rechten wie Leben, Freiheit, Eigentum ableitet).[3]

Philosophische Versuche der Begründung des Werts und Schutzes von Privatheit nehmen häufig ebenfalls von diesen grundlegenden Persönlichkeitsrechten ihren Ausgang und konzentrieren sich auf den Aspekt der Unzugänglichkeit der Person, sodass etwas als

„privat" dann gilt, wenn man selbst den Zugang (auch symbolischen Zugang) zu diesem „etwas" kontrollieren kann.[4] In diesem Zusammenhang steht der Aspekt der Kontrolle darüber im Vordergrund, was andere Personen (aufgrund von Informationen, Daten) über einen wissen können. Dieser Aspekt steht in der Debatte um „informationelle Privatheit" im Vordergrund.

Die Grenzen des Privaten zu achten, kann Personen in ihrer grundsätzlichen Entscheidungsfreiheit schützen, darüber, was sie enthüllen oder verhüllen möchten, selbst zu bestimmen. Individuelle Selbstbestimmung ist in liberal-demokratischen Gesellschaften ein Grundwert, der nicht nur rechtlich geschützt, sondern auch kulturell eingelebt ist, sodass sich daraus vielfältige ungeschriebene Verhaltenskodizes ergeben: Wir wissen meistens, wann wir wegschauen, weghören sollen, weil uns das „nichts angeht". Die so geübte Zurückhaltung schätzen wir letztlich nicht um ihrer selbst willen, sondern wegen des Freiraums, den sie der Person gewährt: sich unbeobachtet zu fühlen und daher mehr oder weniger unbefangen zu agieren. Privatheit ist so gesehen nicht an sich gut, kein Wert an sich, sondern funktional auf den Schutz individueller Handlungs- und Entscheidungsfreiheit bezogen.

Wer eine andere als die eigene Meinung erträgt,
beweist damit lediglich,
dass seine Meinung nicht seine eigene Meinung ist.

Ironie ist das, was sich weder mit Ernst
noch mit Humor aus der Welt schaffen lässt.

Nur eines zählt: „reif werden"
... ohne verspeist zu werden.

Dass Schweigen Gold ist,
lernt man nicht in der Stille.

Jürgen Große

Bedeutungsdimensionen des Privaten

Der Anspruch auf Freiheit der Person, der rechtlich zu schützen, aber auch im gesellschaftlichen Umgang prinzipiell zu achten ist, gehört zu den Kernelementen der liberalen Tradition politischen Denkens. Die Freiheit der Verfügung über Eigentum bildet dabei den äußeren Rahmen für die Konstitution einer Sphäre der privaten Autonomie in einem umfassenden Sinne. Neben der Freiheit der Verfügung über Sachen, die einer Person von Rechts wegen gehören (vor allem weil sie diese durch „Arbeit" zu ihrem Eigentum gemacht hat), gehört dazu auch die Freiheit der Verfügung über das eigene Denken und den eigenen Glauben, also die Meinungs-, Religions- und Bekenntnisfreiheit.[5] Dass es beim Schutz individueller Freiheitsrechte vor allem auch um ein Recht auf Individualität im Sinne einer Selbstentfaltung der Persönlichkeit geht, steht bei John Stuart Mill im Vordergrund. Er plädiert in seiner einflussreichen Schrift *Über die Freiheit* vehement für das Recht des Individuums, einen eigenen Lebensplan auszusuchen, der solange nicht einzugrenzen ist, wie er keinem anderen oder der Gesellschaft als ganzer schadet.[6] Auch der kantsche Grundsatz, nach dem Fragen der Glückseligkeit nicht verallgemeinerbar sind und es daher dem Einzelnen zukommt, sie für sich zu beantworten, solange er sich im Rahmen allgemeingültiger Gesetze bewegt, gehört in diese Tradition.[7] Er bezieht sich auf die für das liberale Selbstverständnis konstitutive Freiheit vor moralischen Zudringlichkeiten sozialer Gemeinschaften. Diese Linie setzt sich im 20. Jahrhundert bei dem amerikanischen Gerechtigkeitstheoretiker John Rawls fort, wenn dieser moralische Personen dadurch charakterisiert, dass sie über eine Konzeption des Guten verfügen, die sie rational zu verfolgen und kritisch zu überprüfen in der Lage sind.[8]

Privatheit lässt sich in der liberalen Tradition als rechtlich und kulturell einzulösender Anspruch auf Schutz eines individuellen Selbstverhältnisses begreifen, das Handlungs- und Entscheidungsfreiheit ermöglicht. Dieses individuelle Selbstverhältnis findet seinen Ausdruck in einem ungezwungenen Sich-zu-sich-selbst-verhalten. Es ermöglicht, wie es Beate Rössler formuliert, sich die „praktische Frage" zu stellen, die Frage danach, wer man sein und wie man leben möchte.

Post-Panoptikum
von lateinisch *post* für „nach", altgriechisch *pan* für „alles" und altgriechisch *optike* für „Kunde vom Sichtbaren". In Anlehnung an das von Jeremy Bentham (1748–1832) zur Bewachung von Gefangenen entwickelte optimale Gefängnis, das sogenannte Panoptikum, wird Michel Foucaults These zunehmender sozialer Konformität infolge überbordender gesellschaftlicher Überwachungs- und Kontrollmechanismen als Panoptismus bezeichnet. Zygmunt Baumann formulierte im Anschluss daran die These vom Post-Panoptismus, das heißt die Befürchtung, dass die zur Beherrschung der Einzelnen notwendige Überwachung keiner direkten „optischen" Kontrolle mehr bedarf. So wie zum Beispiel durch die Verwendung sogenannter elektronischer Fußfesseln, die permanent Funksignale zur elektronischen Ortung übermitteln, eine Bewachung in einem Gefängnis oder durch Begleitpersonal ebenso überflüssig ist wie die direkte Beschattung politischer Aktivisten durch Geheimdienstmitarbeiter, ist die repressive Überwachung einer ganzen Gesellschaft durch öffentliche Polizei- oder Militärpräsenz nicht mehr erforderlich. Durch die exzessive Nutzung sozialer Medien überwacht sich die Gesellschaft quasi selbst, es entsteht eine Gesellschaft der permanenten und totalen Sichtbarkeit.

Die Frage, wer man sein und wie man leben möchte, lässt sich freilich nicht in völliger Abgeschiedenheit beantworten. Selbsterkundung ist auch auf öffentliche Äußerung angewiesen. Nur dadurch, dass Individuen ihre Wertüberzeugungen und Vorstellungen des Guten auch öffentlich artikulieren, entsteht jene Art des ethischen Pluralismus, der liberale Gesellschaften kennzeichnet und vor dessen Hintergrund Individuen ihre Selbstvergewisserung über Visionen des gelungenen Lebens betreiben können. Hieran wird deutlich, inwiefern die Konstitution von Privatheit ein soziales Phänomen ist: Privatheitsansprüche werden zwar gegen andere erhoben, aber eben immer in sozialen Bezügen, die die Voraussetzung dafür bilden, sich als autonomes Selbst, das selbstständig entscheiden und handeln kann, zu entwickeln. Privatheit stellt sich aus dieser Perspektive weniger als rein abstrakte, negative Freiheit dar, deren Kern darin besteht, andere außen vor zu lassen, sondern eher als eine Art von sozialer Freiheit: ein Gefühl von Selbstbestimmtheit, das Personen mit Bezug auf die Verhaltenserwartungen und Handlungen anderer haben können.[9]

Privatheit als soziale Praxis

Häufig überwiegt sowohl in rechtstheoretischen als auch in philosophischen Debatten ein Konzept von Privatheit, das die Schutzansprüche von Individuen isoliert von ihren sozialen Bedingungen betrachtet. Es wird die Trennung zwischen dem einzelnen Individuum und der Öffentlichkeit, der Gesellschaft, dem Staat betont. Ein Verständnis von Privatheit als individuellem Recht lässt mitunter in den Hintergrund treten, dass Privatheit ein sozial bestimmter und geschützter Freiraum ist und dass dessen Grenzen Ergebnis gesellschaftlicher Selbstverständigung sind. Das Einschließen von etwas als „privat" kann eine autonome individuelle Entscheidung sein, aber auch auf Anpassung an soziale Verhaltenserwartungen zurückgehen. Das Ergebnis ist dann öffentliche De-Thematisierung – diese kann sowohl repressiven als auch progressiven Charakter annehmen. Homosexualität etwa galt lange Zeit als „Privatsache", in dem Sinne, dass Personen des öffentlichen Lebens (oder auch Angehörigen des Militärs) angesonnen wurde (und teilweise immer noch wird), diesen Aspekt ihres Lebens möglichst zu verhüllen.

Die Kontrolle darüber, was man in bestimmten sozialen Kontexten enthüllen beziehungsweise verhüllen möchte, ist zentral, um ein ungezwungenes Selbstverhältnis zu entwickeln. Das lässt sich leicht anhand der Enttäuschung und Verstörung nachvollziehen, die wir empfinden, wenn Akteure sich darüber hinwegsetzen und wir erst nachträglich davon erfahren. Wir nehmen das, je nach Art der Beziehung, als mehr oder weniger existenziell erschütternden Vertrauensbruch auf.

Die konstitutive Bedeutung von Privatheit für soziale Beziehungen lässt sich auf sehr basaler Ebene festmachen. Ohne dass Menschen etwas voneinander wissen, können sie keine sozialen Beziehungen eingehen. Ohne dass sie etwas voreinander verbergen ebenfalls nicht.[10] Das Zusammenwirken von Wissen und Nicht-Wissen, von Erscheinen und Verbergen ist ein integrales Element der Dynamik sozialer Beziehungen. Was Individuen in sozialen Kontexten jeweils über sich mitteilen, hängt freilich von der Art der Beziehung und sozialen Rollenerwartungen ab. Es ist etwas anderes, ob wir uns in einem Arzt/Patienten-, einem Arbeits- oder Freundschaftsverhältnis befinden. In bestimmten sozialen Beziehungen teilen wir sehr intime Dinge über uns mit, ohne dass die Beziehung insgesamt ihren nicht-privaten Charakter verlieren würde: Wie soll mir der Arzt helfen, ohne dass ich mich auf detaillierte Schilderungen meiner Körperfunktionen einlasse, wie der Bankangestellte einen Kredit empfehlen, ohne dass ich mich dazu bereitfinden würde, meine wirtschaftlichen Verhältnisse darzulegen? Freundschaftsbeziehungen unterscheiden sich davon nicht durch die Detailgenauigkeit von Einzelinformationen, sondern dadurch, dass hier nicht nur ein Teil der Person von Bedeutung ist, sondern die (wertgeschätzte) Person als Ganze.

In privaten Beziehungen ist nicht nur ein Teil des Gegenübers von Interesse, sondern die Person als Ganzes.

Abbildung: **Die Schachlegende vom Weizenkorn (Binär).** Rune Mields, 1999; Aquatec auf Leinen, 200x160 cm. Der Legende nach wünschte sich der Erfinder des Schachspiels von seinem König als Belohnung lediglich, dass dieser ein Weizenkorn auf das erste Feld eines Schachspiels und auf jedes weitere die jeweils doppelte Anzahl an Weizenkörnern legen möge. Die entsprechend der Anzahl der Felder 64-malige Verdopplung führt jedoch zu einer so immensen Anzahl an Weizenkörnern, dass diese in keinem Reich der Welt aufzutreiben wären. Bezugnehmend auf diese Legende stellt Rune Mields ein Verfahren zum einfachen Auffinden der Verdopplung von Binärzahlen dar. Beginnend mit der Zahl 1 erhält man durch fortlaufende Verdopplung die Reihe 1, 2, 4, 8, 16, 32, 64 und so fort. Stellt man diese Zahlen als Binärzahlen dar, erfolgt die jeweilige Verdopplung einfach durch hinzufügen einer Null.

Das moderne Leben beruht zu sehr großen Teilen auf einem Vertrauen auf Diskretion. Dabei geht es um erlernte, geschriebene und ungeschriebene Regeln des sozialen Umgangs, differenzierte Erwartungen des Takts und der Reserve. In diesem Sinne vermerkt Georg Simmel, das moderne Leben sei „in einem viel weiteren als dem ökonomischen Sinne ‚Kreditwirtschaft'"[10]. Das Geheimnis habe als bewusstes Verbergen in der Gestaltung verschiedener Beziehungsverhältnisse durchaus positive Bedeutung, weil es „unpersönliche Energien" freisetze, eine „Objektivierung", die soziale Differenzierung ermöglicht.[10] Der soziale Verkehr der Menschen ist eingebettet in einen Rahmen, der ihr Verhalten entlang differenzierter rollenspezifischer Verhaltenserwartungen normiert. Diese Verhaltenserwartungen können beschränkend für individuelle Autonomie wirken, aber sie sind zugleich auch der ermöglichende Hintergrund, ohne den diese sich andererseits gar nicht entwickeln kann.

Privatheit heißt, die „praktische Frage" zu stellen, wer man sein und wie man leben möchte.

Erwartungen des Schutzes von Privatheit sind, so lässt sich zusammenfassend festhalten, abhängig von gesellschaftlich bestimmten Handlungskontexten und den sie konstituierenden Verhaltensnormen. Gegenwärtig entstehen durch den Wandel technischer Infrastruktur neue Kommunikationsräume, die unsere Beziehungen in verschiedenen Handlungssphären in noch nicht überschaubarer Weise verändern. Das Internet erscheint zunächst als ein grenzenloser Kommunikationsraum, über den die Individuen freilich nur bedingt Kontrolle haben und dessen Integrität nicht immer hinreichend gesichert ist. Sie schätzen diesen neuen Kommunikationsraum gleichwohl als neues Medium der Selbstdarstellung und -erprobung. In computer-vermittelter Kommunikation lassen sich Menschen mitunter auf intimere Fragen und selbstenthüllendere Äußerungen ein, als wenn sie in Face-to-face-Interaktionen körperlich präsent sind. Studien weisen darauf hin, dass Internet-Interaktionen mit minimierten Rollenerwartungen verbunden werden, die eine Suggestion von Authentizität bewirken. Social Media sind vielfach so gestaltet, dass sie Nutzern scheinbar die Möglichkeit geben, soziale Zugänglichkeit (*audiences*) zu kontrollieren und zu entscheiden, welche Inhalte mit wem geteilt werden. Das kommt der Suche nach Möglichkeiten, in beschränkte und geschützte Kommunikationen mit anderen einzutreten, entgegen. Die subjektive, psychologische Erfahrung von Authentizität bricht sich allerdings an objektiven Fakten: Solange Daten skaliert, „gemint" (vom Nutzer unbemerkt aus dem Datenstrom erhoben) und verkauft werden, erleben Nutzer sozialer Medien de facto einen Kontrollverlust. Solange informationelle Privatheit im Netz nicht gesichert ist, bleiben private Räume hier letztlich eine Illusion. Wie Nutzer darauf reagieren werden und welche Auswirkungen solche Erfahrungen auf gesellschaftliche Interaktionen und Verhaltenserwartungen in der analogen Welt haben, bleibt eine spannende Frage.

Sandra Seubert ist Professorin für Politische Theorie an der Goethe-Universität Frankfurt am Main.

Zur Vertiefung empfohlen:

- Geiselberger, H.; Moorstedt, T. (Hrsg.): Big Data. Das neue Versprechen der Allwissenheit. Suhrkamp, Berlin 2013
- Rössler, Beate: Der Wert des Privaten. Suhrkamp, Frankfurt am Main 2001
- Honneth, Axel: Das Recht der Freiheit. Suhrkamp, Berlin 2011

Anmerkungen:

1. Heller, Christian: Post-Privacy. Prima Leben ohne Privatsphäre. C. H. Beck, München 2011
2. Vergleiche Bröckling, U.; Krassmann, S.; Lemke, T.: Gouvernementalität der Gegenwart. Studien zur Ökonomisierung des Sozialen. Suhrkamp, Frankfurt am Main 2000 sowie Sonderheft „Sichtbarkeitsregime", Leviathan 25/2010
3. Klassisch: Judith J. Thompson: The Right to Privacy. In: Philosophy and Public Affairs, Vol. 4, No. 4, 1975, Seite 295–314. Im deutschen Rechtsdiskurs werden ähnliche Fragen vor dem Hintergrund des allgemeinen Persönlichkeitsrechts diskutiert. In seinem richtungsweisenden Volkszählungsurteil hat das Bundesverfassungsgericht daraus 1983 ein „Grundrecht auf informationelle Selbstbestimmung" abgeleitet. Diese Rechtsprechung setzt sich fort in dem neu geschaffenen Grundrecht auf „Gewährleistung der Vertraulichkeit und Integrität informationstechnischer Systeme" (vergleiche BVerfG, Pressemitteilung Nr. 22, 27.2.2008). Vergleiche auch das jüngste Urteil des EuGH zur Vorratsdatenspeicherung (Rechtssachen C-293/12 und C-594/12). Die Europäische Grundrechtscharta sieht in Artikel 7 und 8 den Schutz von Privatheit und personenbezogenen Daten vor.
4. Vergleiche etwa Gavison, Ruth: Privacy and the Limits of Law. In: Yale Law Journal No. 89, 1980, Seite 421–471; Allen, Anita: Uneasy Access. Privacy for Women in a Free Society. Totowa 1988 sowie unter anderem Moore, Adam: Defining Privacy. In: Journal of Social Philosophy, No. 39 (3/2008), Seite 411–428 und Solove, Daniel J.: A Taxonomy of Privacy. In: University of Pennsylvania Law Review, Vol. 154 (3/2006), Seite 477–564
5. Vergleiche Locke, John (1690): Zwei Abhandlungen über die Regierung. Suhrkamp, Frankfurt am Main 1977, Kapitel 5
6. Vergleiche Mill, John Stuart (1859): Über die Freiheit. Reclam Verlag, Stuttgart 1988, Kapitel 3. Als Fortsetzung des millschen Anspruchs auf Individualität lässt sich die Forderung nach experimenteller Selbsterprobung bei Richard Rorty interpretieren (vergleiche Rorty, Richard: Kontingenz, Ironie, Solidarität. Suhrkamp, Frankfurt am Main 1989).
7. „Über den Gemeinspruch: Das mag in der Theorie richtig sein, taugt aber nicht für die Praxis." Kant, Immanuel: Schriften zur Geschichtsphilosophie. Reclam, Stuttgart 1985, Seite 137
8. Rawls, John: Eine Theorie der Gerechtigkeit. Suhrkamp, Frankfurt am Main 1979, Seite 433 ff.; Rawls, John: Die Idee des politischen Liberalismus. Suhrkamp, Frankfurt am Main 1994, Seite 364 ff.
9. Young, Iris M.: Global Challenges. War, Self-Determination and Responsibility for Justice. Cambridge 2007, Seite 178 f.
10. Vergleiche Simmel, Georg: Das Geheimnis und die geheime Gesellschaft. In: Simmel, Georg: Soziologie. Gesamtausgabe, Band 11. Suhrkamp, Frankfurt am Main 2013. Auf Seite 406 formuliert er: „Das „Verbergen von Wirklichkeiten ist eine der größten Errungenschaften der Menschheit." Weitere Zitate auf den Seiten 389 und 392 f.

Alexander Aichele

Das Geheimnis des „Seyns“

oder: Warum philosophieren?

Im Denken Martin Heideggers führt der Weg zum Geheimnis über dessen Gegensatz, die Wahrheit. Heidegger selbst formuliert es umgekehrt: „Das eigentliche Un-wesen der Wahrheit ist das Geheimnis.“[1] Heideggers Rede vom „Geheimnis“ meint die vollständige Unverfügbarkeit des Ursprungs aller Dinge. Demgegenüber steht bei Karl Jaspers die Befreiung der Existenz des Einzelnen durch und zur Transzendenz, das heißt zu einem jenseitigen Höheren im Zentrum des Denkens.

Um Heideggers Denken über das Gemeinte zu erfassen, ist es nicht nötig, dessen eigenwillige Rede vom „Un-wesen“, vom „An-Wesen“ oder vom „Nichten des Nichts“ zu verwenden: Kein anderer als Heidegger selbst hat oft genug seine Schüler und Interpreten davor gewarnt zu „heideggern“, ja es geradezu verboten. Der Grund dafür liegt auf der Hand: Werden auf den ersten Blick unverständliche Ausdrücke immer nur durch den Gebrauch derselben erläutert, besteht neben einer augenfälligen Zirkularität schlicht rasanter Unsinnsverdacht. Doch selbst die einschlägige Forschung verfährt häufig nach einem Prinzip das, würde man es zum Beispiel auf die Zoologie übertragen, zur Folge hätte, dass etwa Fledermausforscher ausschließlich in der Sprache der Fledermäuse über ihren Gegenstand sprechen und schreiben würden. Im Grunde genommen ist eine der Hauptabsichten jener ungewöhnlichen Sprechweise Heideggers jedoch schon erreicht, wenn man versucht, ihren Inhalt mit umgangssprachlicheren Begriffen wiederzugeben. Dann zeigt sich nämlich der enorme Voraussetzungsreichtum auch „normalen“ philosophischen Sprechens.

Heideggers Bemühungen zielen auf das Denken *vor* der Philosophie. Ohne ein solches vorphilosophisches Denken bleibt das philosophische Denken von seinem Grund her unverständlich. Eine solche Voraussetzungsanalyse, die sich nicht nur auf die Grundlagen philosophischen beziehungsweise wissenschaftlichen Sprechens, sondern auf alles verständliche Sprechen als genuin menschliche Existenzweise erstreckt, bildet das zentrale Anliegen aller Arbeiten Heideggers. Sie gehen letztlich darauf aus, das Verstehen selbst und dessen geschichtliche, das heißt durchaus zufällige, Wandlungen zu verstehen.

Auch der eingangs angeführte Satz über das Geheimnis ist diesen Bemühungen zuzurechnen, ist in diesem doch von „Wahrheit“ die Rede. Es gibt kaum einen Begriff, der für die Philosophie bedeutsamer wäre, weil das Denken stets irgendwie in Beziehung zu Wahrheit steht, wenngleich es vielleicht nicht immer direkt Anspruch darauf erheben kann oder solchen Anspruch gelegentlich sogar geradewegs leugnet. Was also ist unter „Wahrheit“ im Zusammenhang des heideggerschen Programms zu verstehen?

Heidegger zufolge hatten die Griechen vor Platon und Aristoteles noch eine unverstellte Erfahrung des Seins. Mit Platons und Aristoteles' Versuchen die „Dinge“ oder „Sachen“ zu bestimmen, war der ursprüngliche Zugang der Vorsokratiker zum Sein jedoch verloren gegangen. „Dass die Göttin der Wahrheit, die den Parmenides führt“, so schreibt Heidegger in *Sein und Zeit*, „ihn vor beide Wege stellt, den des Entdeckens und den des Verbergens, bedeutet nichts anderes als: das Dasein ist je schon in der Wahrheit und Unwahrheit.“[1] Anders ausgedrückt: Nur ein Wesen, das in der Wahrheit ist, kann auch täuschen, lügen oder irren.

Es liegt auf der Hand, dass Wahrheit hier nicht schon als Gegenstand der Logik auftreten kann. Denn die Voraussetzungen der Logik können nicht selbst logisch erklärt werden, ohne in einen Zirkel zu geraten, der nichts erklärt. Entsprechend fallen auch behauptende Aussagen wie zum Beispiel „Der Ball ist rund.“, unabhängig davon, ob sie richtig oder falsch sind, nicht unter den Begriff der Wahrheit. Heidegger zufolge gründet die Wahrheit in etwas Ursprünglicherem als der Logik, in etwas, das keinen Aussagecharakter hat. Entsprechend unterscheidet er die Satzwahrheit von der „Unverborgenheit“ bzw. der „Entborgenheit und der Entbergung des Seienden“[2]. Was meint er damit?

Mit seinen Wortschöpfungen versucht Heidegger das altgriechische Wort für Wahrheit, *aletheia*, zu übersetzen, das sich aus dem Wort „verbergen“ und einer vorangestellten Verneinung zusammensetzt. Das Alpha privativum, das heißt im vorliegenden Fall die Vorsilbe „Un“ in „Unverborgenheit“ respektive die Vorsilbe „a“ in *aletheia*, ist keine logische Negation, so wie zum Beispiel auch der Satz „Der Ball ist nicht-rot.“ jedes andere Prädikat als das des Rot-Seins offenlässt. Prädikate wie „flauschig“ oder „800 kg schwer“ sind ebenfalls „nicht-rot“ und können somit auch einem

Dasein
ist in der heideggerschen Begrifflichkeit die Seinsweise des Menschen. Es ist dadurch ausgezeichnet, dass es „diesem Seienden in seinem Sein um dieses Sein selbst geht“ (*Sein und Zeit*). Dabei ist Dasein kein nur passives Einordnen in eine gegebene Welt von Dingen. Vielmehr hat es den Charakter eines Entwurfs in Hinblick auf Möglichkeiten, die in einem Zusammenhang von Beziehungen (den Heidegger Welt nennt) offenliegen.

„nicht-roten“ Ball zukommen, ohne dass der Satz falsch würde. Heidegger will mithin weniger auf die scheinbar negierende Kraft der Vorsilbe und mithin des ganzen Wortes aufmerksam machen, als vielmehr auf etwas Fehlendes. Das Alpha privativum „a“ in *aletheia*, markiert die Möglichkeit, dass dasjenige, dem es etwas „abspricht“, ebendiesem genauso gut zukommen könnte. Etwas, das unverborgen ist, kann auch verborgen sein. Folglich gehört das dem (Satz-)Subjekt Abgesprochene, nämlich verborgen zu sein, nicht zwingend zu der Sache selbst, über die etwas ausgesagt wird. Das heißt, es ist zufällig, es kann, muss aber nicht dem jeweiligen Subjekt zugehören. Ob „etwas“ verborgen oder entborgen ist, ist entsprechend keine Eigenschaft dieses „Etwas“, liegt nicht in ihm selbst begründet. Dem Seienden muss nicht zwingend *aletheia* zukommen: Das Wahr-Sein gehört nicht wesentlich zu ihm, ebenso wenig wie ein Ball notwendigerweise „rot“ ist. Am ehesten ist das Alpha privativum in *aletheia* der deutschen Nachsilbe „-los“ vergleichbar – man kann arbeitslos, bargeldlos oder gefühllos sein.

Im Wesen der Wahrheit liegt folglich aber doch etwas Negatives, denn das Seiende muss allererst der Verborgenheit entrissen werden, weil es nur als Unverborgenes Seiendes ist. Wichtig in diesem Zusammenhang ist festzuhalten, dass die Dinge, denen wir unsere Aufmerksamkeit zuwenden, Heidegger zufolge schon zuvor vorhanden waren. Die Verborgenheit beziehungsweise die verneinte Verborgenheit in *a-letheia* ist, wie gesagt, keine Eigenschaft der Dinge. Eigenschaften kann man „etwas“ erst dann zusprechen, wenn es offenbar geworden, wenn es zur Sprache gebracht ist. Die Entbergung des Seienden geschieht aber keineswegs allein durch philosophische Forschung. Daraus würde nämlich folgen, dass es nur unter der Voraussetzung der Philosophie Welt gäbe. Philosophie setzt stets einen vorphilosophischen Begriff von Welt voraus, um dann eine Antwort auf die Frage zu finden, was die Welt denn sei. Wie immer nun ihr Wesen später philosophisch bestimmt werden mag: „Erschlossen ist die Welt (unsere Welt, die Dinge mit denen wir umgehen) nur im nächsten Umkreis der Umwelt, insoweit es die natürlichen Bedürfnisse verlangen.“[3]

Der Weg zum Geheimnis führt über die Wahrheit.

Die Entbergung des Seienden geschieht also ursprünglich durch menschliche Praxis, die nicht auf Erkenntnisgewinn, sondern auf Sicherung und Bequemlichkeit menschlichen Daseins abzielt (siehe Erläuterung). Menschliches Verhalten bezieht sich stets auf Seiendes, zu dem der Mensch ja auch selbst gehört. Jeder Mensch lebt also notwendigerweise in Bezug auf die Wahrheit als Unverborgenheit. Erst wenn die Unverborgenheit des Seienden mit der Frage, was das Seiende sei, als solche thematisch wird, beginnt Wissenschaft beziehungsweise Philosophie. Weil aber auch Philosophen bereits die anfängliche Unverborgenheit der Welt voraussetzen, setzen sie auch die vorlogische („vor-urteilsmäßige“) Wahrheit der *aletheia* voraus. Die Frage nach dem Sein des Seienden fällt deshalb mit der Frage nach dem Wesen der Wahrheit zusammen, sodass beide gar nicht unabhängig voneinander gestellt werden können.

Die zentrale Lenkungsstelle für
Christliche Mythenbildung
Und Wiedereinführung Gottes
War zufällig in Bruder Martin gefahren.
Der hatte zum Glück des öfteren
Den Friedrich aus Basel beklaut
Und den Friedrich aus Tübingen
Original beerbt -- pst, pst--
Der also übernahm diese
Glückliche Schickung gerne,
Denn er war ja kein Unmensch,
Und erfand schicklich das Sein.
Die Väter hätten sich freuen sollen!
Doch Bruder Martin verwechselte
Eigenhändig das Seyn mit Fascismus
--weil Husserl Jude war--
Und da mußte er auf den Index,
Was aber seinen Ruhm sehr förderte,
Weil er verkannt wurde.
Seitdem trägt er Zipfelmützen
Auch am Tage
Und zelebriert raunige Gottesdienste
Auf dem geerbten Seinsaltar.

Auszug aus:
EINMAL HEUTE. FARCE IN DREI TAKTEN.
Entnommen aus: Fiebig, Klaus: Man ist immer beliebig. Gedichte. der blaue reiter Verlag für Philosophie, 2014

Heidegger versucht an eine recht schlichte Tatsache zu erinnern. Sie besteht darin, dass etwas ist, bevor es für uns Seiendes wird, und zwar von sich aus, ohne des Menschen und seines Verhaltens zu bedürfen. Eine Abhängigkeit gilt nur für das Wahr-Sein, und zwar in zweierlei Weise. Zum einen im Sinne der Unverborgenheit, die aus der entbergenden Aktivität resultiert, in der menschliche Existenz selbst besteht. Zum anderen ist sprachliche Mitteilung auf die Satzwahrheit angewiesen, die indes ohne die ursprüngliche Entborgenheit nichts mitzuteilen hat. Sie ist ihrer Struktur nach rein formal. Hinter der propositionalen Wahrheit, das heißt hinter dem im Satz ausgedrückten Sachverhalt, muss also immer die Unverborgenheit des Seienden stehen. Darin liegt, wenn man so will, die Antwort auf Gottfried Wilhelm Leibniz' berühmte Frage, warum eigentlich etwas sei und nicht vielmehr nichts.

Die ursprüngliche „Verborgenheit“ nennt Heidegger Geheimnis. Wenn aber das Seiende ursprünglich verborgen ist und daher zwar im Ganzen noch undifferenziert, mithin unwahr vorliegt, ist es im Ganzen im Geheimnis. Denn seine Verborgenheit bedeutet ja keineswegs sein Nicht-Sein, so wie auch der Ausdruck „Geheimnis“ nicht etwas nicht Vorhandenes bezeichnet, sondern nur etwas, von dem man zwar weiß, dass es vorhanden ist, aber nicht, was es ist beziehungsweise worin es besteht.

Seit der Antike fragen Philosophen, was das Seiende sei, also nach dem Sein des Seienden. Stellt sich die Frage im Sinne der Metaphysik (siehe Erläuterung),

Metaphysik
lateinisch *metaphysica*, zu altgriechisch *tà metà tà physikà*, wörtlich: das, was hinter der Natur steht. Zweig der Philosophie, der sich mit der „hinter" der Erfahrungswelt vermuteten, übersinnlichen (transzendenten) Wirklichkeit beschäftigt (An-sich-Sein der Dinge, Urgrund des Seins, Weltgesetze, Dasein Gottes, Unsterblichkeit der Seele, Willensfreiheit).

wird nach einer universalen Eigenschaft gefragt, die jedem Ding zukommen muss. Heidegger versucht die Frage vor-metaphysisch beziehungsweise vor-logisch, das heißt „ursprünglich" zu stellen. Um dies zu verdeutlichen, spricht Heidegger anstelle des abstrakten Seins vom konkret im Seienden präsenten, anwesenden „Seyn". Dass also überhaupt Seiendes wissenschaftlich und im alltäglichen Umgang aussagbar, bestimmbar und interpretierbar ist, ist das Geheimnis des Seienden, ist das „Seyn".

Heideggers Geheimnis ist also nichts, das irgendein Mensch haben kann. Was die Menschen nach Heideggers Auffassung allerdings haben sollten, ist das Wissen darum, dass dieses Geheimnis des Seyns existiert. Das Wissen um das verborgene „es", welches das „Es gibt..." als den sprachlichen Ausdruck für die Möglichkeit eines jeglichen Seienden charakterisiert, ist Heidegger zufolge von äußerster Wichtigkeit. Gerade weil die Tatsache, dass Seiendes ist, im Geheimnis des Ursprungs des Seienden verborgen liegt, ist Seiendes in seinem „Seyn" für den Menschen nicht verfügbar. Er kann es nicht hervorbringen, produzieren oder sonstwie machen, sondern allenfalls technisch umwandeln und damit zu etwas machen, was es nicht von selbst ist. Produkte der Technik können vervielfältigt werden und sind daher ebenso austauschbar wie vernutzbar. Ihre reine Funktionalität beraubt sie der individuellen Identität, die Seiendes als solches auszeichnet. Derartige technische Gegenstände sind Heidegger zufolge, pointiert formuliert, gar keine Einzeldinge, sondern nichts anderes als materielle Repräsentationen universaler Begriffe.[4] Sie bilden damit die letzte Folge einer Interpretation von Wahrheit, die kein Geheimnis mehr gelten lassen will. Die „technische" Wahrheit setzt sich absolut, obwohl schon ihrem schieren Bestand das Zugleich von „Entbergung des Seienden als eines solchen" und „Verbergung des Seienden im Ganzen" vorausgesetzt ist.[1] Weil der technische Verfügbarkeitsglauben alles Seiende umfasst, besteht die Gefahr, die Welt, das heißt den Inbegriff des anwesenden Seienden im Ganzen, selbst als technischen Gegenstand zu behandeln – mit Konsequenzen, die erst nach und nach in den letzten Jahrzehnten deutlich zu werden beginnen.

Heideggers Auffassung nach setzt die Abwendung dieser Gefahr das Wissen um das Geheimnis des Ursprungs des Seienden im „Seyn" voraus. Ein solches Wissen kann nur durch die Analyse der Voraussetzungen der jeweils herrschenden (metaphysischen) Interpretationen der Welt gewonnen werden. Zur Zeit des späteren Heidegger war dies die technische, die zwischenzeitlich durch die informationelle abgelöst wurde: Der Satz „Wirklichkeit und Information sind dasselbe." ist seiner Struktur nach indes nicht verschieden von dem Satz „Alles ist Wasser." Sowohl der erste Satz des Quantenphysikers Anton Zeilinger wie der zweite des Thales von Milet enthält eine Behauptung über das Sein des Seienden im Ganzen. Sofern sie dabei die Verborgenheit des Seienden im Ganzen, das heißt das Geheimnis, durch die Absolutsetzung ihrer Antwort vergessen haben, „irren" beide. Ihr Denken führt „weg vom Geheimnis hin zum Gangbaren, fort von einem Gängigen, fort zum nächsten und vorbei am Geheimnis"[1], so Heidegger. Die Behauptungen mögen die jeweils herrschenden Standards der Wissenschaft erfüllen und einer stimmigen Theorie zugrunde liegen. Dies ändert jedoch nichts an ihrer Abstraktheit, die niemals zureicht, auch nur ein einziges Ding, geschweige denn das Seiende im Ganzen angemessen zu erfassen. Freilich fordert die Frage, was etwas sei, sofort ein propositionales Verständnis von Wahrheit, das heißt ein Wahrheitsverständnis, das auf (überprüfbaren) Satzaussagen beruht, weil nach einer Definition gefragt wird. Aber selbst wenn Metaphysik wissenschaftlich betrieben wird, muss das nicht das Widerspiel von Unverborgenheit und Verbergung verschließen. Vielmehr können sich die Metaphysiker durchaus ihres Irrens und damit auch des Geheimnisses als eines solchen bewusst sein, denn: „Der Ausblick in das Geheimnis aus der Irre ist das Fragen im Sinne der einzigen Frage, was das Seiende als solches im Ganzen sei.“[1]

Während es Heidegger um die Unabhängigkeit des Seyns von der menschlichen Existenz zu tun ist, steht bei Karl Jaspers die Befreiung der Existenz des Einzelnen durch und zur Transzendenz, das heißt zu einem jenseitigen Höheren, im Zentrum des Denkens. Jaspers versucht durch „Verwandlung aller leibhaftigen Mythen in Chiffren als Sprache der Transzendenz“[5] die „Reinheit der Transzendenz“ zu gewinnen. Chiffren sind Jaspers zufolge „Bilder, Vorstellungen“ und „nicht Erkenntnis von Etwas. Sie sind nicht Zeichen, sondern in ihnen selber ist gegenwärtig, was auf keine andere Weise gegenwärtig werden kann.“[5] Chiffren stellen als Medium eine Beziehung des Menschen zur Transzendenz her, sind sozusagen die Sprache einer Jenseitigkeit, die selber nicht erscheint. Daraus folgt, dass zum einen Chiffren nicht allgemeinverbindlich entschlüsselt und auf genau eine Bedeutung reduziert werden können, und zum anderen, dass nur durch Chiffren über den Gehalt von Chiffren gesprochen werden kann.

Dieses chiffrierend-dechiffrierende Sprechen ist nach Jaspers die Aufgabe der Philosophie. Aufgrund der Beschränktheit menschlicher Erkenntnis, die niemals das Ganze der Welt inklusive ihrer selbst adäquat zu erkennen vermag, befindet sie sich in einem undurchbrechbaren Zirkel von Chiffren, der wegen seiner sich immer weiter vervielfältigenden Mehrdeutigkeit auch nicht annähernd vollständig analysiert werden kann. Dies widerspricht dem heideggerschen Verständnis von Geheimnis. Wird das Seiende, ob verborgen oder unverborgen, selbst von Heidegger doch keineswegs transzendent gedacht – es ist auch als Verborgenes immer schon da und zeigt sich offen in der Entbergung. Philosophie bleibt bei Jaspers dagegen radikal auf die Existenz des Einzelnen in seiner jeweiligen historischen Situation bezogen. Erhellung und Einswerdung von Existenz kann immer nur die des Einzelnen sein, der sie deswegen auch nicht erkennt, sondern spürt. Chiffren sind nicht Träger fixierter, wirklicher Bedeutung, sondern schwebender möglicher Bedeutung. Ihre „Wirklichkeit“ gewinnen sie erst in der existenziellen Aneignung aus dem Selbstsein des je Einzelnen.[6] Das „Geheimnis“ der Existenz ist bei Jaspers somit immer ein privatives.

Wenn aber ein (allgemeines) Verstehen nicht einmal mehr im Rückstieg zum Geheimnis möglich ist, steht das Verstehen des Verstehens selbst, das Heideggers Denken antreibt, völlig außer Frage. Auch wenn das Geheimnis bei Heidegger nicht ergründet werden kann, das Seiende als Ganzes im Geheimnis ist, sind wir doch alle gleichermaßen und immer in diesem Geheimnis – um zu philosophieren.

Alexander Aichele ist Privatdozent für Philosophie an der Martin-Luther-Universität Halle-Wittenberg.

Anmerkungen:

1. Heidegger, Martin: Vom Wesen der Wahrheit. In: Wegmarken. Frankfurt am Main 1996, Seite 194, 188, 198, 196, 198
2. Fußnote, Sein und Zeit, §44b, Seite 222
3. Heidegger, Martin: Platon: Sophistes. Frankfurt am Main 1992, Seite 16
4. Vergleiche: Meier, Jakob: Synthetisches Zeug. Technikphilosophie nach Martin Heidegger. Göttingen 2012, Seite 437
5. Jaspers, Karl: Chiffren der Transzendenz. München/Zürich 1984, Seite 98/9, 108
6. Siehe auch: Saner, H.: Chiffren. Historisches Wörterbuch der Philosophie, Band 1, Spalte 1001

Zur Vertiefung empfohlen:

- Heidegger, Martin: Vom Wesen der Wahrheit. In: Wegmarken. Frankfurt am Main 1996
- Heidegger, Martin: Aletheia (Heraklit, Fragment 16). In: Vorträge und Aufsätze. Pfullingen 1990
- Heidegger, Martin: Platon: Sophistes (Vorlesung WS 1924/25, herausgegeben von Ingeborg Schüßler). Gesamtausgabe Band 19, Frankfurt am Main 1992
- Jaspers, Karl: Chiffren der Transzendenz. München/Zürich 1984
- Meier, Jakob: Synthetisches Zeug. Technikphilosophie nach Martin Heidegger. Göttingen 2012

Günter Gödde

Der Schmerz der ganzen Welt

Das Geheimnis des Wollens bei Arthur Schopenhauer und Sigmund Freud

Wenn man sich die Frage nach der Bedeutung des „Geheimnisses" im Denken Schopenhauers und Freuds stellt, sieht man sich alsbald hin- und hergerissen zwischen gegensätzlichen Perspektiven. So können Geheimnisse von Verschlossenheit und Misstrauen, ja von Unwahrhaftigkeit und Lüge zeugen, mit Verdrängung und Abwehr einhergehen und krank machende Wirkungen entfalten. Sie können aber auch sehr sinnvoll, moralisch einwandfrei und „gesund" sein, wenn sie dem Schutz der Intimsphäre und der eigenen Autonomiebestrebungen dienen. Der Sinn und die Berechtigung von Geheimnissen bewegt sich zwischen den Polen von Offenheit und Selbstbewahrung, Vertrauen und Rückzug, Selbst- und Fremdbestimmung, Privatheit und Öffentlichkeit, Wahrheit und Lüge.

Im Fokus der Betrachtung stehen zumeist Geheimnisse, die man *vor anderen* hat, die man nicht preisgeben kann oder will. In solchen Fällen ist es einem mehr oder weniger bewusst, dass man etwas geheim hält, dass man sich nicht in die Karten schauen lassen will, dass der Andere etwas Bestimmtes nicht wissen soll. Das gilt zum Beispiel für einen Agenten, der sich als Geheimnisträger sieht und so auch von seinen Auftraggebern definiert wird. In analoger Weise gilt es für einen Jugendlichen, der seine Intimsphäre vor dem Zugriff anderer, insbesondere der Eltern, zu schützen sucht. Seine Geheimnisse, die mit Enttäuschungen im Liebesbereich, eigener Unsicherheit und Verletzlichkeit, aber auch mit Kritik, Aggressionen und Empörung gegenüber Autoritäten zu tun haben können, offenbart er nur wenigen Vertrauenspersonen, am ehesten dem Liebespartner, dem besten Freund oder einem Mentor. Schon hier zeigt sich, dass man Geheimnisse haben darf und wie problematisch es sein kann, Menschen unter Druck zu setzen, um ihnen ihre Geheimnisse zu entlocken oder gar zu entreißen.

Es gibt aber auch Geheimnisse, die man *vor sich selbst* hat, die einem als Geheimnis oft gar nicht bewusst sind, mit denen man aber so umgeht, als wolle man sie nicht wahrhaben. Man spürt sie diffus und oft mit starken Gefühlen – zum Beispiel eine heimliche Verliebtheit, eine schwer zu verkraftende Kränkung oder ein traumatisches Erlebnis – und lässt sie dennoch nicht näher an sich heran oder sucht sie sich aus dem Kopf zu schlagen. Solche Geheimhaltungsversuche können mit unbewussten Konflikten zu tun haben, auf die der Betroffene mit Verdrängung und anderen Abwehrmechanismen reagiert, und dienen dem Einzelnen dazu, sein psychisches Gleichgewicht auszubalancieren.

In Schopenhauers und Freuds Denken spielt die Unterscheidung zwischen bewussten und unbewussten Geheimnissen eine wichtige Rolle. Beide stimmen im Wesentlichen darin überein, dass gleichsam hinter dem Rücken des Menschen kraftvolle Wünsche, Motive, Absichten, Strebungen am Werk sind, deren Dynamik dem Betroffenen selbst zumeist undurchschaut und geheimnisvoll bleibt.

Schopenhauers Blickpunkt: der „Wille" und das „Wollen" als Ursache menschlichen Leidens

Schopenhauer spricht von der Macht des „unbewussten Willens", der via Rationalität und Einsicht nur begrenzt erkennbar und steuerbar sei. Welchen Begriff des Willens legt er hier zugrunde? Im Unterschied zu Immanuel Kant, der von einem durch Vernunft geleiteten Willen ausgeht, löst Schopenhauer den Willen von der Vernünftigkeit ab und bringt ihn in Gegenstellung zur traditionellen Geistvernunft. Der Wille zum Leben sei gerade nicht vernünftig, sondern triebhaft und irrational, ja sogar blind. Er dränge zu immer neuem Wollen, das nie zur Ruhe komme und nie befriedet werde. Schopenhauers philosophischer Grundge-

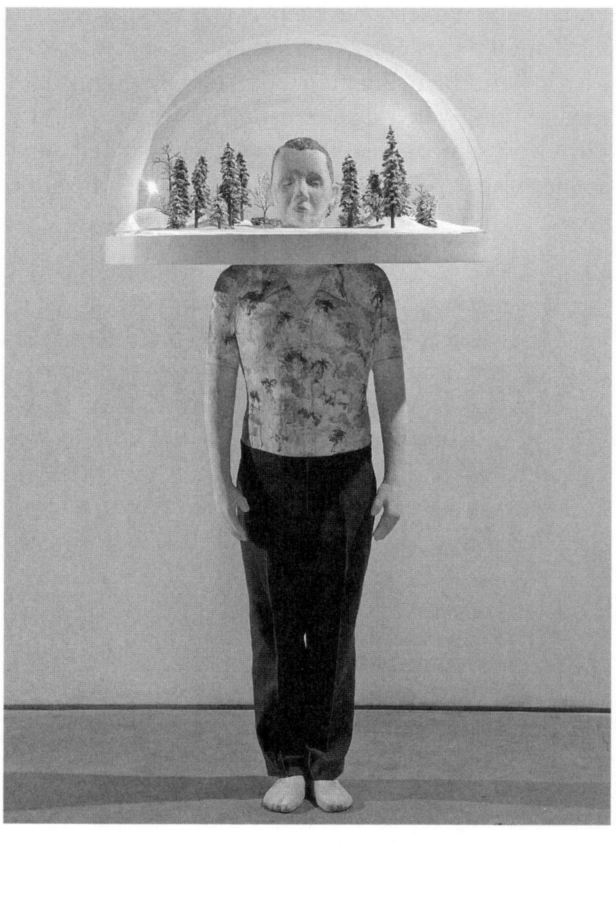

Abbildung: **„The Past is A Foreign Country"** Friedrich Kunath, 2011. Polystyrolschaum, Aluminium, Acrylharz, Acryllack, Sperrholz, Plastik, 216 x 150 x 150 cm. Foto: Joshua White, Los Angeles. Courtesy: BQ, Berlin danke besteht darin, dass die Welt des Willens (die ständig andrängenden Triebe, insbesondere die egoistischen Begierden sowie die leibhaftigen Affekte, Gefühle und Leidenschaften) im Verhältnis zur Welt der Vorstellung (dem Rationalen, Geistigen, Erkenntnis- und Vernunftmäßigen) das Natürliche, Primäre und eigentlich psychisch Reale sei. Sein Leitthema ist die Unersättlichkeit des Willens, der uns unaufhörlich in Richtung Selbsterhaltung und Fortpflanzung drängt. Der Mensch sei daher gleichsam ein „Galeerensklave“ des Willens. Wenn er sich mit der „Bejahung“ des Willens arrangiert, dann drehe sich in seinem Leben alles um das „Wollen“. Wollen sei Verlangen und Verlangen sei Ausdruck mangelnder Triebbefriedigung. Werde eine Befriedigung der Triebe erreicht, trete alsbald Sättigung und Langeweile ein. Demnach münde das Wollen, egal ob es (längerfristig) unerfüllt oder (kurzfristig) erfüllt sei, geradezu zwangsläufig in einen Zirkel des Leidens ein. Leiden jedoch werde vom wollenden Menschen ausdrücklich abgelehnt, denn das Leben bejahen ziele auf Befriedigung, Wohlsein, Glück. Erreicht werde das Gegenteil.[1]

Kann der Einzelne aus dem verhängnisvollen Kreislauf von Begehren, Leiden, wieder Begehren und wieder Leiden überhaupt jemals heraustreten? Dazu müsse er auf jeden Fall, so Schopenhauer, Abstand vom Leben gewinnen und zwar dadurch, dass er das krank machende Wollen durch ein heilsames Erkennen gleichsam außer Kraft setze: „Als *Subjekt des Wollens* bin ich ein höchst elendes Wesen und all unser Leiden besteht im Wollen ... Sobald ich hingegen *Subjekt des Erkennens* bin, das heißt rein im Erkennen aufgehe, bin ich selig, allgenügsam, mich kann nichts anfechten ... Aber wehe mir, wenn sich das mindeste Wollen hinzugesellt, der mindeste Zweck sich mir vorsetzt; alsbald stürz ich herab von meiner Höhe, bin nicht mehr das unendliche Subjekt des Erkennens, sondern das dürftig leidende Subjekt des Wollens.“[2] An dieser Stelle spricht Schopenhauer aus eigener Erfahrung. Er fühlte sich von der eigenen „Natur“, den sexuellen Triebwünschen, den *affaires du coeur* (französisch für „Angelegenheiten des Herzens“) überrumpelt, was für ihn angesichts seines Anspruchs, ein in allem selbstbestimmtes Leben zu führen, eine beständige Kränkung des eigenen Stolzes bedeutet. Das eigene Leiden an der Selbstentzweiung hat er in einem Jugendgedicht zum Ausdruck gebracht:

O Wollust, o Hölle,
O Sinne, o Liebe,
Nicht zu befried'gen
Aus Höhen des Himmels
Hast du mich gezogen
Und hin mich geworfen
In Staub dieser Erde:
Da lieg ich in Fesseln.[3]

In diesem Zerwürfnis mit der eigenen Sexualität spiegelt sich nach Rüdiger Safranski nicht nur ein persönliches Schicksal, sondern ein Stück Kulturgeschichte der Sexualität: „Das Zeitalter, das gerade lernte, genussvoll ‚Ich‘ zu sagen, wollte sich, in Autonomie und Verinnerlichung befestigt, nicht von der eigenen ‚Natur‘ überrumpeln lassen.“[4]

Schopenhauer war es nicht verborgen geblieben, dass die sexuelle Thematik, obwohl sie „der unsichtbare Mittelpunkt allen Thuns und Treibens“ ist, meist nur indirekt und andeutungsweise angesprochen wird. Die geschlechtliche Liebe – man fühlt sich an Freuds Ausführungen über die Wirkungen der Verdrängung, die sich in vielfältigen Alltagsphänomenen (Traum, Fehlleistung, Witz und anderen) manifestieren, erinnert – sei „die unerschöpfliche Quelle des Witzes, der Schlüssel zu allen Anspielungen und der Sinn aller geheimen Winke, aller unausgesprochenen Anträge und aller verstohlenen Blicke, das tägliche Dichten und Trachten der Jungen und oft auch der Alten, der stündliche Gedanke der Unkeuschen und die gegen seinen Willen stets wiederkehrende Träumerei des Keuschen ... Das aber ist das Pikante und der Spaß der Welt, daß die Hauptangelegenheit aller Menschen heimlich betrieben und ostensibel möglichst ignoriert wird.“[5]

Denn in einem Geheimnis ... ist eine besondere Kraft. Es verbrennt das Gewebe des Lebens wie eine schädliche Strahlung, gleichzeitig gibt es ihm auch Spannkraft und Temperatur. Es zwingt einen zu leben.

Sándor Márai: Die Glut

Wenn Schopenhauer das Erkennen mit dem leidvollen Wollen kontrastiert, so meint er damit nicht das bloß rationale Erkennen des Intellekts, dem er wenig Relevantes zutraut. Ganz anders geartet ist in seinen Augen eine ästhetische Form des Erkennens, die im Naturerleben – zum Beispiel auf erhabenen Bergeshöhen mit grandiosem Blick in die unten liegenden Täler – oder im Aufgehen in Kunstwerken realisierbar ist: das Abstandnehmen in der ästhetischen Kontemplation. Ein anderer eher ethisch bestimmter Typ des Erkennens ist für ihn die Erfahrung des Mitleidenden, der im anderen dasselbe Wesen erkennt wie im eigenen: Wer den „Schmerz der ganzen Welt“ erleben und dadurch sein Herz erweitern kann, lasse sich eher als der nur um sein eigenes Wohl und Wehe besorgte Mensch dazu bewegen, den weiteren Schritt vom Wollen zum Nicht-mehr-Wollen, zur konsequenten „*Verneinung*“ des Willens zu tun. Einen Asketen könne „nichts mehr ängstigen, nichts mehr bewegen; denn alle die tausend Fäden des Wollens, welche uns an die Welt gebunden halten, und als Neugierde, Furcht, Neid, Zorn, uns hin- und herreißen, unter beständigem Schmerz, hat er abgeschnitten.“[6] Hier bringt Schopenhauer seine persönliche Idealvorstellung einer radikalen Askese zum Ausdruck, die er allerdings in seinem eigenen Leben nie anvisiert, geschweige denn erreicht hat. Hat Schopenhauer die kritiklose Bejahung des Willens als Hauptquelle des Leidens betrachtet, so erhoffte er sich von der möglichst weitgehenden Verneinung des Willens eine emotionale Befreiung, ja „Erlösung“.

Bemerkenswert ist, dass Schopenhauer die hier angesprochenen – ästhetischen, ethischen und asketischen – Erfahrungs- und Erkenntnismöglichkeiten mit der Entzifferung einer „Geheimschrift“ vergleicht. Wenn das Ganze der Erfahrung „nur tief genug gefasst und an die äußere die innere Erfahrung geknüpft wird; so muß es aus sich selbst gedeutet, ausgelegt werden können.“[5] Den Schlüssel für die Geheimschrift findet Schopenhauer wiederum im Willen. Er sei das eigentlich bestimmende Kraftzentrum, das dadurch auf den Intellekt wirkt, dass „er ihm gewisse Vorstellungen verbietet, gewisse Gedankenreihen gar nicht aufkommen lässt“, bisweilen den Intellekt „zügelt“ und ihn zwingt, sich auf andere Dinge zu richten.[5] Demgegenüber bleibe der Intellekt „von den eigentlichen Entscheidungen und geheimen Beschlüssen des eigenen Willens so sehr ausgeschlossen, daß er sie bisweilen, wie die eines Fremden, nur durch Belauschen und Ueberraschen erfahren kann, und ihn auf der That seiner Aeußerungen ertappen muß, um nur hinter seine wahren Absichten zu kommen“. Und weiter heißt es: „Wir können Jahre lang einen Wunsch hegen, ohne ihn uns einzugestehen oder auch nur zum klaren Bewußtseyn kommen zu lassen; weil der Intellekt nichts davon erfahren soll; indem die gute Meinung, welche wir von uns selbst haben, dabei zu leiden hätte ...“[5] So können wir uns insgeheim den Tod eines nahen Verwandten gewünscht haben, weil wir begierig darauf hofften, uns mit dem ererbten Vermögen ein sorgenfreies, wenn möglich luxuriöses Leben zu gönnen. Auch Ängste, Scham- und Schuldgefühle, ja sogar Körpersymptome bis hin zu schweren Krankheiten halten wir per Verdrängung oder Verleugnung vor anderen und nicht selten sogar vor uns selbst geheim, weil wir sie als Schwäche, Makel oder Blöße empfinden und nicht den Mut haben, uns damit zu konfrontieren. Dasselbe gilt für die Verteidigung von Irrtümern und Illusionen: „Was dem Herzen widerstrebt, läßt der Kopf nicht ein. Manche Irrtümer halten wir unser Leben hindurch fest, und hüten uns, jemals ihren Grund zu prüfen, bloß aus einer uns selber unbewußten Furcht, die Entdeckung machen zu können, daß wir so lange und so oft das Falsche geglaubt und behauptet haben.“[5]

Freuds Blickpunkt: Geheimnisse und ihre Beziehung zum „Unbewussten“

Bekanntlich haben Freud die Rätsel der Träume, die Intimitäten des Sexuallebens und die Frage nach dem unbewussten Sinn psychischer und psychosomatischer Krankheitsphänomene mächtig in ihren Bann gezogen, sodass die Geheimnisse des „Unbewussten“ – und hier lässt sich eine Brücke zu Schopenhauers Philosophie des „Willens“ schlagen – für ihn als wissenschaftlichen Forscher und Therapeuten zur großen Herausforderung wurden.

Wie die meisten Jugendlichen hatte Freud in jungen Jahren das Bedürfnis nach einer gegen die eigene Familie strikt abgegrenzten Eigenwelt. Umso bedeutsamer wurde für ihn die Beziehung zu seinem Jugendfreund Eduard Silberstein, den er auf dem Gymnasium kennengelernt hatte. Seine Jugendbriefe an Silberstein aus dem Zeitraum von 1871–81 sind erhalten geblieben, und als sie erstmals in einer Gesamtausgabe veröffentlicht wurden, offenbarte sich in dieser Freundschaft eine Innigkeit gefühlsmäßiger Zuneigung, die man so nicht erwartet hatte. Offenbar bot diese Freundschaft einen Freiraum für Freud, um seine ganz persönlichen Gefühle und Gedanken auszusprechen und auch seine sonst diskret zurückgehaltenen Anlehnungs- und Ergänzungsbedürfnisse zu befriedigen. Schon bald nach Beginn des Briefwechsels gründen die Freunde, beide erst 15 Jahre alt, einen Geheimbund, den sie *Academia Castellana* nennen. Anlass dafür ist die gemeinsame Begeisterung für Miguel de Cervantes und dessen *Don Quijote*. Um dessen Romane und Novellen im Original lesen zu können, beschließen sie auf eigene Faust Spanisch zu lernen. Das erlaubt ihnen auch im Verhältnis zu ihren Familienangehörigen, die des Spanischen nicht mächtig sind, von einer „Geheimsprache“ Gebrauch zu machen. In einem programmatischen Brief schlägt Freud vor, einander jeden Sonntag einen Brief zu schreiben, der „mit ausschließlicher Wahrheitsliebe alles eigene Tun, Treiben und Lassen sowie das der Fremden, mit denen wir zusammengestoßen, nebst allen hervorragenden Gedanken und Beobachtungen und zum mindesten einer Abschattung, sozusagen, der nicht zu vermeidenden Gefühle enthalten mag.“[7]

In einem anderen Brief äußert er, er vertraue darauf, dass „keiner je Einsicht in diesen Brief bekommen wird. Geständnisse will ich mir erleichtern, indem ich sie in unserer Amtssprache abfasse."[7] In diesem Brief gesteht er Silberstein in ironischem Ton sein Geheimnis, dass er sich – während eines Ferienaufenthalts in seiner mährischen Heimat – zum ersten Mal verliebt habe. Das Objekt seiner Verliebtheit ist Gisela Fluß, die Schwester seines Jugendfreunds Emil. Auffällig ist, wie stark Freud von Anfang an seine Verliebtheitsgefühle zurückdrängt. Schon als er sie seinem Freund erstmals anvertraut, nennt er sie „albern" und „töricht". Statt sich Gisela zu nähern, habe er sich von ihr ferngehalten. Als sie in ihr Internat zurückkehren musste, habe er traurig Abschied genommen, ohne seine Gefühle zu zeigen: „Die Neigung ist erschienen wie ein schöner Frühlingstag, nur mein unsinniges Hamlettum, meine Gedankenschüchternheit, hat mich verhindert, im Gespräch mit dem halb-naiven, halb-gebildeten Mädchen mir Vergnügen und Erquickung zu verschaffen."[7] Bemerkenswert ist, dass Gisela Fluß in den Jugendbriefen an Silberstein über einen Zeitraum von 16 Monaten durchgängig präsent ist. Gerade die distanzierende Form der Mitteilungen und Freuds Geheimhaltungsstrategien lassen auf ein emotionales Involviertsein schließen, das seine Ich-Souveränität in beunruhigender Weise tangierte.

Im Jahre 1899 greift Freud sein erstes Liebeserlebnis in dem Aufsatz *Über Deckerinnerungen* wieder auf, legt es allerdings einem Patienten in den Mund. Erst 1946 erkannte Siegfried Bernfeld, dass es sich bei dem Fallbeispiel um eine versteckte Selbstdarstellung handelt. Was Freud den Patienten sagen lässt, hat er selbst als Jugendlicher erlebt: „Ich war siebzehn Jahre alt, und in der gastlichen Familie war eine fünfzehnjährige Tochter, in die ich mich sofort verliebte. Es war meine erste Schwärmerei, intensiv genug, aber vollkommen geheim gehalten. Das Mädchen reiste nach wenigen Tagen ab ... und diese Trennung nach so kurzer Bekanntschaft brachte die Sehnsucht erst recht in die Höhe. Ich erging mich viele Stunden lang in einsamen Spaziergängen durch die wiedergefundenen herrlichen Wälder mit dem Aufbau von Luftschlössern beschäftigt (und) zweifelte natürlich keinen Augenblick, dass ich sie unter den Umständen, welche meine Phantasie schuf, ebenso heiß geliebt hätte, wie ich es damals wirklich empfand."[8]

Was die Biografen aufhorchen ließ, war das Geheimnis, das Freud aus dieser zarten Romanze machte. So suchte er eine weitere Veröffentlichung seines Aufsatzes möglichst lange hinauszuschieben und nahm eine Korrektur vor, um nicht mit dem „Patienten" identifiziert zu werden. Aus diesen ungewöhnlichen Vorsichtsmaßnahmen schloss der Freud-Biograf Ernest Jones, dass ihm sehr viel daran gelegen haben muss, das Geheimnis zu wahren: „Wahrscheinlich folgte auf die Entdeckung, daß er von einer Grundwelle des Gefühls fortgerissen werden konnte, und weiter auf die Enttäuschung darüber, daß das Erlebnis selbst zu nichts geführt hatte, eine schmerzhafte Reaktion."[9] Geht man davon aus, dass Freud zwischen dem Gisela-Erlebnis und der Bekanntschaft mit seiner späteren Ehefrau Martha Bernays von keiner tiefergehenden Liebe zu einer Frau ergriffen wurde, so kann man annehmen, dass ihn dieser bedrohlich erlebte Ausbruch von Leidenschaft zu einem erotischen Rückzug veranlasst hatte.

Freud hat das Motiv der Selbstverhüllung aus Selbstschutz des Öfteren angesprochen. So wies er in der *Traumdeutung* darauf hin, dass er nur deshalb so weitgehende Einblicke in sein Intimleben gegeben habe, um nicht auf die Beweisführung für seine psychologischen Ergebnisse verzichten zu müssen. Er habe aber bewusst „durch Auslassungen und Ersetzungen manchen Indiskretionen die Spitze abzubrechen" versucht.[8] Demnach war er sich dessen sehr wohl bewusst, dass es „zur feineren Menschlichkeit gehört, Ehrfurcht ‚vor der Maske' zu haben und nicht an falscher Stelle Psychologie und Neugierde zu treiben."[10]

Vergleicht man Freuds Konfliktverarbeitung im Hinblick auf Erotik und Sexualität mit derjenigen Schopenhauers, so lässt sich unschwer ein Gegensatz erkennen: Während Schopenhauer darunter litt, angesichts der andrängenden Triebwünsche „schwach" geworden zu sein, schlug Freud den wohl nicht minder schmerzlichen Weg des erotischen Rückzugs ein. „Denke ich mir aber, wie ich jetzt gewesen wäre, wenn ich Dich nicht gefunden hätte", schreibt er später im Wohlgefühl des endlich erreichten Liebesglücks an seine Braut, „ich wäre so elend umhergeirrt und verfallen. Du gibst mir jetzt nicht nur Ziel und Richtung, auch soviel Glück, daß ich mit der sonst armseligen Gegenwart nicht unzufrieden sein kann. Du gibst mir Hoffnung und Sicherheit des Erfolgs."[11]

Gleichwohl gibt es große Übereinstimmungen zwischen Freud und Schopenhauer. Auch wenn Freud den Begriff des „Willens" in der ihm von Schopenhauer gegebenen Bedeutung nicht übernimmt und stattdessen vom „Unbewussten" spricht, gesteht er ausdrücklich zu, dass Schopenhauers „unbewusster ‚Wille' den seelischen Trieben der Psychoanalyse gleichzusetzen" sei. Weiterhin habe Schopenhauer „den Primat der Affektivität" und „die überragende Bedeutung der Sexualität vertreten" und „selbst den Mechanismus der Verdrängung gekannt"[8].

Jahrzehnte später unterstreicht Max Horkheimer ebenso pointiert wie treffend, Freud selber habe erkannt, dass „das innerste wahre Wesen des Menschen auch bei Schopenhauer ein Unbewußtes ist ... Das Unbewußte ist bei Schopenhauer eigentlich ‚die große Realität: der Wille'; der Wille, den der Mensch im allgemeinen eigentlich nicht zu beschreiben wüßte. Aber beide sind insofern identisch, als man die Philosophie Schopenhauers, etwa seinen Schluß, wie er auf den Willen als das ‚Wesen des Menschen' kommt, auch psychologisch deuten kann, und umgekehrt, wie man den Begriff des Unbewußten bei Freud auch im Sinne der Philosophie deuten kann ..."[12]

In seiner Lehre vom „Primat des Willens" betrachtet Schopenhauer die ins Bewusstsein tretenden psychischen Vorgänge als Oberfläche, ja als Schein, Irrtum, Selbsttäuschung oder Lüge. Erst durch Rückschlüsse vom offen zutage Liegenden (bei Freud: dem Manifesten) auf die heimlichen und verheimlichten,

Abbildung: **INFINITY: nach George Gamow.** Rune Mields, 2002; Acrylfarbe auf Leinen, 200x130 cm aber nichtsdestoweniger realen und wirksamen Tendenzen im Seelenleben (bei Freud: dem Latenten) könne man zu Erkenntnissen vorstoßen, die der psychischen Realität nahekommen. In diesem Kontext ist eine Äußerung Schopenhauers hervorhebenswert, wonach „der Mensch die Motive seines Thun oft vor allen Andern verbirgt, bisweilen sogar vor sich selbst, nämlich dort, wo er sich scheut zu erkennen, was eigentlich es ist, das ihn bewegt, Dieses oder Jenes zu thun.“[13]

Im Spannungsfeld zwischen dem Willen als „Herrn“ und dem Intellekt als „Diener“ beziehungsweise „Knecht“ – eine von Schopenhauer und Freud gleichermaßen verwendete Metaphorik – entwickeln sich erste Ansätze einer „entlarvenden Psychologie“, die Friedrich Nietzsche und Freud weiter ausbauen. Auch Freud betrachtet den Intellekt mehr oder weniger als Spielball des triebhaften und verdrängten Unbewussten. Verdrängung, Projektion und Rationalisierung, die sich ebenfalls schon bei Schopenhauer finden, sind für Freud Strategien des Unbewussten, mittels derer es seine geheime Macht über das Bewusstsein ausübt und zugleich verhüllt. Um das Unbewusste zu enthüllen und den Analysanden zur Ehrlichkeit sich selbst gegenüber zu erziehen, fordert Freud eine streng analytische Vorgehensweise. So lässt er sich von einer Patientin mit hysterischer Symptomatik zunächst ihre Lebensgeschichte erzählen, konstatiert aber alsbald die begrenzte Wirkung einer solchen „Beichte“. Erst als er sie auffordert, ihm offen mitzuteilen, was ihr gerade im Hier und Jetzt in den Sinn gekommen sei, eröffnet sich ihm ein neuer Schacht, der zu geheim gehaltenen Gefühlen für einen jungen Mann und im Weiteren zur Liebe zu ihrem Schwager führt, die sie verdrängt hatte, weil sie mit ihren Moralvorstellungen nicht vereinbar sind.[8] In einem anderen Fall beobachtete Freud, wie eine Patientin mit einem Portemonnaietäschchen spielte, „indem sie es öffnete, einen Finger hineinsteckte, es wieder schloß usw.“[8] Solche „Symptomhandlungen“, von denen das Bewusstsein nichts weiß oder nichts wissen will, würden unbewussten Gedanken Ausdruck geben und insofern lehrreich sein: „Wer Augen hat zu sehen und Ohren zu hören, überzeugt sich, daß die Sterblichen kein Geheimnis verbergen können. Wessen Lippen schweigen, der schwätzt mit den Fingerspitzen; aus allen Poren dringt ihm der Verrat. Und darum ist die Aufgabe, das verborgenste Seelische bewußt zu machen, sehr wohl lösbar.“[8]

„Jeder tiefe Geist braucht eine Maske. Dank der beständig falschen, nämlich flachen Auslegung jedes Wortes, jedes Schrittes, jedes Lebens-Zeichens, das er gibt“, heißt es bei Nietzsche.[10] Entsprechend kann man bei Freud eine Doppelidentität erkennen: Einerseits sucht er bestimmte Aspekte seines persönlichen Lebens zu verbergen (leider nicht immer mit dem gewünschten Erfolg), damit sie in der öffentlichen Diskussion nicht verfälscht und vergröbert gegen ihn gewandt werden könnten. Andererseits steht er in der Tradition der Willensmetaphysik Schopenhauers, ist er als Entlarvungspsychologe par excellence überzeugt, dass Geheimnisse krank machen, minutiöses Analysieren und schonungsloses Aufdecken im therapeutischen Prozess unerlässlich sind und das Durchdringen zur Wahrheit befreiend wirkt.

Dr. phil. Dipl.-Psych. Günter Gödde ist Psychotherapeut in eigener Praxis, Dozent, Supervisor und Lehrtherapeut sowie Ausbildungsleiter in tiefenpsychologisch fundierter Psychotherapie an der Berliner Akademie für Psychotherapie und an der Psychologischen Hochschule Berlin.

Anmerkungen:

1. Vergleiche Malter, Rudolf: Der eine Gedanke. Hinführung zur Philosophie Arthur Schopenhauers. Wissenschaftliche Buchgesellschaft, Darmstadt 1988
2. Schopenhauer, Arthur: Der handschriftliche Nachlaß. Herausgegeben von Arthur Hübscher. Deutscher Taschenbuchverlag, München 1985, Band I, Seite 111
3. Vergleiche Rühl, Matthias: Schopenhauers existentielle Metaphern im Kontext seiner Philosophie. LIT, Münster 2001, Seite 58ff.
4. Safranski, Rüdiger: Schopenhauer und Die wilden Jahre der Philosophie. Eine Biographie. Hanser, München 1987, Seite 208
5. Schopenhauer, Arthur: Die Welt als Wille und Vorstellung II. Erster Teilband. Diogenes, Zürich 1844/1977, Seite 601, 213, 242, 243f., 254
6. Schopenhauer, Arthur: Die Welt als Wille und Vorstellung I. Zweiter Teilband. Diogenes, Zürich 1819/1977, Seite 483
7. Freud, Sigmund: Jugendbriefe an Eduard Silberstein 1871–1881. Herausgegeben von Walter Boehlich. Fischer, Frankfurt am Main 1989, Seite 69, 16, 22
8. Freud, Sigmund: Über Deckerinnerungen (1899). Fischer, Frankfurt am Main 1999, Gesammelte Werke, Band I, Seite 543; Die Traumdeutung (1900). Band II/III, Seite VIII; Eine Schwierigkeit der Psychoanalyse (1917). Band XII, Seite 12; Studien über Hysterie (1895). Band I, Seite 196ff.; Bruchstücke einer Hysterie-Analyse (1905). Band V, Seite 238f., 240
9. Jones, Ernest: Das Leben und Werk von Sigmund Freud. Band 1. Huber, Bern 1953/1978, Seite 53
10. Nietzsche, Friedrich: Jenseits von Gut und Böse. Kritische Studienausgabe. Deutscher Taschenbuchverlag, München 1886/1980, Band 5, Seite 226, 58
11. Freud, Sigmund; Bernays, Martha: Unser ‚Roman in Fortsetzungen'. Die Brautbriefe, Band 2. Juli 1883–Dezember 1883. Fischer, Frankfurt am Main 2013, Seite 224
12. Horkheimer, Max: Das Schlimme erwarten und doch das Gute tun (Gespräch mit Gerhard Rein). In: Horkheimer, Max: Gesammelte Schriften, Band 7. Fischer, Frankfurt am Main 1972/1985, Seite 454ff.
13. Schopenhauer, Arthur: Preisschrift über die Freiheit des menschlichen Willens. Diogenes, Zürich 1839/1977, Seite 79

Zur Vertiefung empfohlen:

– Gödde, Günter: Traditionslinien des „Unbewussten“. Schopenhauer – Nietzsche – Freud. Psychosozial Verlag, Gießen 2009
– Gödde, Günter; Hegener, Wolfgang: Zur Bedeutung des Willens in Psychoanalyse und Psychotherapie. In: Petzold, Hilarion G.; Sieper, Johanna (Hrsg.): Der Wille in der Psychotherapie. Band 1: Tiefenpsychologische und humanistische Verfahren. Vandenhoeck & Ruprecht, Göttingen 2004, Seite 203–246
– Buchholz, Michael B.; Gödde, Günter (Hrsg.): Macht und Dynamik des Unbewussten. Auseinandersetzungen in Philosophie, Medizin und Psychoanalyse. Psychosozial Verlag, Gießen 2005
– Gödde, Günter; Buchholz, Michael B. (Hrsg.): Unbewusstes. Psychosozial Verlag, Gießen 2011
– Gödde, Günter; Zirfas, Jörg (Hrsg.): Lebenskunst im 20. Jahrhundert. Stimmen von Philosophen, Künstlern und Therapeuten. Wilhelm Fink, München 2014

Braucht der Mensch Geheimnisse?

Mit dem Mikrofon unterwegs in Hannovers Straßen

Ich könnte niemandem vertrauen, der kein Geheimnis hat.
Schüler, 17

In einer Welt ohne Geheimnisse würde ich mich beobachtet fühlen. Außerdem wäre es langweilig, wenn alle über jeden Bescheid wissen dürften.
Schüler, 17

Geheimnisse sind bedeutend für die Wahrung von Macht.
Lokalpolitiker, 65

Ein Sachverhalt wird erst zum Geheimnis, wenn man ihn teilt und als Geheimnis benennt.
Hausfrau, 32

Quatsch! Freiheit bedeutet, keine Geheimnisse haben zu müssen.
Schülerin, 17

Die Technik tritt mit dem Anspruch auf, der Welt ihre Geheimnisse zu entreißen. In Wahrheit gibt uns jedes Geheimnis der Natur, das gelüftet wird, nur neue Rätsel auf.
Schüler, 18

Eine Welt ganz ohne Geheimnisse wäre nicht besser, allumfassende Offenheit kann zu Streit oder Krieg führen.
Schülerin, 17

Das Steuergeheimnis ist ein hohes Gut.Wer will schon, dass sein Nachbar leicht herausfinden kann, wie viel Vermögen oder Schulden man hat?
Finanzbeamter, 53

Ich fühle mich gut, wenn ich etwas weiß, was andere nicht wissen.
Schüler, 18

Es ist moralischer, ein Geheimnis zu verraten, als ein Verbrechen zu decken.
Polizist, 42

Oft ist es besser, wenn man nicht alles weiß.
Auszubildender, 21

Lacht lauthals. Wenn die Männer, die zu mir kommen, keine Geheimnisse hätten, dann hätte ich bald keine Kunden mehr.
Prostituierte, 25

Es kann Spaß machen, ein Geheimnis zu lüften.
Schüler, 17

Meine Frau hat keine Geheimnisse vor mir!
Rentner, 82

Eine Welt ohne Geheimnisse wäre eine Welt ohne Privatsphäre.
Schüler, 19

Was ich nicht weiß, macht mich nicht heiß!
Verkäuferin, 23

Freiheit bedeutet, dass man Geheimnisse haben darf.
Schüler, 16

Eine Firma, die ihre Neuentwicklungen nicht möglichst lange geheim hält, ist bald pleite, weil die anderen sich dann die Kosten für die Entwicklung sparen und es billig nachmachen können.
Programmierer, 41

Abbildungen:
Ohne Titel
Georg Wagner

Ohne Geheimnisse wäre das Leben nicht lebenswert.
Sekretärin, 28

Geheimnisse können unmoralisch sein, aber manchmal muss man etwas Unmoralisches tun, um glücklich zu sein.
Schülerin, 17

Wenn ich die Kontrolle über mich verliere, brauche ich die Geheimnisse anderer, damit ich zumindest Macht über sie habe.
Schülerin, 17

Das Betriebssystem meines Computers ist ein großes Geheimnis.
Bürokauffrau, 58

Wer ein Geheimnis mit mir teilt, schenkt mir sein Vertrauen.
Schülerin, 19

Geheimnisse brauchen nur die Geheimdienste, die sind sonst arbeitslos.
Arbeitsloser, 28

Das Geheimnis des Lebens wird der Mensch nie lösen! Das ist und bleibt ein Mysterium.
Biologe, 38

Viele Leute bewahren ihre Macht in einer Demokratie nur, weil niemand weiß, was sie tun.
Arbeitsloser, 58

Gott ist kein Geheimnis, jeder kann mit ihm sprechen, wenn er fest genug an ihn glaubt.
Pfarrer einer Freikirche, 42

Das Wetter ist das Geheimnis von Petrus.
Straßenverkäufer, 31

Man sollte Geheimnisse nicht mit Lügen verwechseln.
Offizier der Bundeswehr, 31

Wenn Sie meiner Freundin etwas erzählen, ist es kein Geheimnis mehr, dann weiß es gleich die ganze Stadt!
Schülerin, 18

Wenn die Zukunft kein Geheimnis mehr ist, kann man sich ja gleich umbringen. Dann ist ja alles berechenbar.
Physiker, 27

Geheimnisse sind religiös aufgeladene Rätsel.
Germanist, 52

Das Bankgeheimnis war eine tolle Sache!
Sparkassenangestellter, 42

Meine Mutter sagte immer: „Ein reines Gewissen ist ein gutes Ruhekissen.“ Wer immer anständig lebt, der braucht keine Geheimnisse.
Hausfrau, 61

Das größte Geheimnis sind die Gehälter.
Manager, 52

Geheimnisse sind ein wichtiger Bestandteil der Individualität.
Schüler, 18

Mein Gewicht bleibt geheim!
Schülerin, 19

Ob ich Geheimnisse brauche? Das bleibt mein Geheimnis!
Schülerin, 17

Mit dem Mikrofon unterwegs in Hannovers Straßen waren die Schüler des Philosophiekurses der 11. Jahrgangsstufe der Helene-Lange-Schule in Hannover unter Leitung ihres Lehrers Stefan Helge Kern.

Friedrich Dieckmann

Vom Wunderbaren

Geheimnisvolle Wirklichkeiten? Aber die Wirklichkeit selbst ist geheimnisvoll, ihr Wahrnehmen wie das Wahrgenommene.

Das Staunen heißt die vorletzte Geschichte der blochschen *Spuren*; voran steht ihr ein Dialog aus Knut Hamsuns *Pan*: „Und zuweilen sehe ich das Gras an und das Gras sieht mich vielleicht wieder an; was wissen wir?" sagt hier ein Mann zu einer Frau. „Die Wissenschaft", notiert der Kommentator, „ermattet erst recht das fragende, das bodenlose Staunen, ‚erklärt', wie dieses oder jenes entstanden sei, wie dieses wieder zu jenem komme, macht mit *post hoc* und *propter hoc* (lateinisch für „danach" und „deswegen") ihr abstraktes Rennen."[1]

Das Inkognito des Menschen ist das untergründige Hauptthema des Buchs, sein – mit Bewusstsein – roter Faden. Aber auch der Metaphysiker erscheint hier inkognito, es ist seine angemessene Gestalt. Er verkleidet sich in den Naturbetrachter, den Café-Besucher, den Zimmerbewohner, und seine stärkste Gestalt ist die des weisen Rabbi, des Baalschem, der dem um einen Talisman ersuchenden Kaufmann achtlos, fast widerwillig einen alltäglichen Gegenstand in die Hand drückt, der sich, im Bund mit der heiligen Sprache, die auch zu anderm nütze ist, als der rettende herausstellt: „Die glückliche Hand". Oder jenes andern Rabbi, der in dem armen Sünder den Begnadeten erkennen lernt: „Motive der Verborgenheit". Ein dritter Rabbi, „ein wirklich kabbalistischer", hinter dem man Gerhard Scholem erkennt, dementiert alle geschichtsphilosophische Vergötterung des Umsturzes durch den Hinweis auf das, was wirklich nottut, „die glückliche Hand", die mit geringer, aber treffsicherer Bewegung die Dinge ins Rechte setzt: „Um das Reich des Friedens herzustellen, werden nicht alle Dinge zu zerstören sein und eine ganz neue Welt fängt an; sondern diese Tasse oder jener Strauch oder jener Stein und so alle Dinge sind nur ein wenig zu verrücken." Auch für diese differentiale Richtigstellung braucht es das Wunder: „Weil aber dieses Wenige so schwer zu tun und sein Maß so schwierig zu finden ist, können das, was die Welt angeht, nicht die Menschen, sondern dazu kommt der Messias."[1]

„Die Wissenschaft", sagt Goethe, ein anderer Gewährsmann des Weltgeheimnisses, „hilft uns vor allem, daß sie das Staunen, wozu wir von Natur berufen sind, einigermaßen erleichtere; sodann aber, daß sie dem immer gesteigerten Leben neue Fertigkeiten erwecke zu Abwendung des Schädlichen und Einleitung des Nutzbaren."[2] In demselben Abschnitt der *Maximen und Reflexionen* beschreibt der Autor einen zuvor nur in der Fantasie vorstellbaren Triumph der Wissenschaft über die Schwerkraft als epochale Steigerung der Lebenskräfte: „Wer die Entdeckung der Luftballone miterlebt hat, wird ein Zeugnis geben, welche Weltbewegung daraus entstand, welcher Anteil die Luftschiffer begleitete, welche Sehnsucht in so viel tausend Gemütern hervordrang, an solchen längst vorausgesetzten, vorausgesagten, immer geglaubten und immer unglaublichen, gefahrvollen Wanderungen teilzunehmen."[2]

Die Weltbewegung, die aus dieser wunderbaren physischen Erhebung entstand, war die Französische Revolution, die Entbindung des Menschen aus den Schwerkräften der alten, feudalmonarchischen Gesellschaft; auch sie galt den Zeitgenossen in ihrem ersten Gelingen als ein wirkliches Wunder. Goethes Satz über die Luftschiffer steht jene kantsche Feststellung an der Seite, wonach „die Teilnehmung dem Wunsche nach", die im Blick auf diese „Revolution eines geistreichen Volkes" selbstlos, im Bewusstsein eigener Gefährdung, „in den Gemütern aller Zuschauer" hervorgetreten sei, ein moralischer Vorgang ersten Ranges und insofern ein Indiz für das Fortschreiten der Menschheit zum Besseren sei.[3] Alle wollten aufsteigen, wollten fliegen, und das war nicht nur das Schöne, es sollte auch das Gute sein.

Fliegen, das ist, seit die am Vogelflug orientierten Steifflügler die Ballone verdrängten, etwas beinahe Alltägliches geworden, das Wunderbare ist in eine Normalität entglitten, die ein Loriot-Sketch auf den Punkt innewohnender Trivialexzentrik brachte, indem der Ansager konstatierte, der Mensch sei das einzige Lebewesen dieser Erde, dem es gelinge, während des Fluges eine warme Mahlzeit zu sich zu nehmen. Mit dem politisch-sozialen Fortschritt, wenn er sich denn nach mannigfachen Katastrophen stabilisiert, steht es ähnlich, er wird Gewohnheit, wird alltäglich. Im Utopischen angelangt, wird alsbald der Ruf nach Utopien laut, und mit Recht. Denn die Dämonen, scheinbar gebändigt, lauern allerorten.

Das Wunderbare als das Absurde, das Exorbitante in den Komfort verwandelt – wo bleibt da ein Raum für

Geheimnisse oder gar für *das* Geheimnis, das um Welt und Leben und Bewusstsein steht? Die Wissenschaft hat uns die Lösung eines Haupt- und Primärgeheimnisses beschert, der Frage, wie es zu dieser Welt kam, eine Lösung jenseits aller Vorstellungskraft, die die Weltentstehungsmythen aller Zeiten und Zonen in den Schatten stellt, indem sie den Schöpfungsakt wissenschaftlich verifiziert. Das alltägliche Leben geht über solche Sensationen zur Tagesordnung über und lässt sich nicht davon tangieren, dass dieses Weltall in seiner detonierenden Unfassbarkeit einem energetischen „Urknall" seine Materialisierung verdankt, einer Urzeugung, die in Bruchteilen einer Sekunde den Keim zu jener raumgreifenden Veranstaltung legte, in der der Erde eine ebenso unscheinbare wie exzeptionelle Rolle zukam: auf dem Weg kausaler Weggabelungen von äußerster Unwahrscheinlichkeit, also wahrscheinlicher Einzigartigkeit Wesen hervorzubringen, in denen sich das Ganze und seine Teile selbst anschauen.

Indem die Wissenschaft das Staunen rationalisiert, rückt sie es nur immer weiter ins Geheimnisvolle. Aber den Befunden des mathematisch-kausalen Ergründens haftet ein Ungenügen an, ihnen fehlt jenes Auratische, das den Menschen bestimmen könnte, mit ihren Ergebnissen anders als trivial-utilitarisch zu verfahren; ihre fantastischen Ergebnisse haben keine Anziehungskraft. Erschrocken steht der Mensch vor seiner Weltverlorenheit und hält sich ans Vordergründig-Fassbare, den erreichbaren Nutzen. Goethe erschienen die Mathematiker als Köche, die, was man ihnen auch in die Küche bringt, „mit Formeln spicken und nach Belieben zurichten". Indem sie alles „aufs Quantitative" reduzieren, „auf alles, was sich durch Zahl und Maß bestimmen läßt", vereinseitigen sie die Welt, in der „Quantität und *Qualität* ... die zwei Pole des erscheinenden Daseins" bilden.[2] Was sich hier ausspricht, ist die Furcht vor der Verflachung der Weltwahrnehmung, vor einer Entsinnlichung, der das Wundersame teils zur Formel und andernteils zum Profitobjekt wird. Wo im Märchen das Drehen eines schwer errungenen Zauberrings dienende Geister bebend auf den Plan rief, genügt heute ein mehrmaliges Wischen über eine gläsern schimmernde Oberfläche, um die neuen Schuhe oder das neue Fernsehgerät ins Haus zu bringen. Wir leben im wahrgewordenen Märchen und fallen darüber unsichtbaren Gewalten anheim, die jede unserer Regungen mit göttlicher Allwissenheit registrieren, um die schädlichen mit einem Bann zu belegen und die förderlichen mit Wunscherfüllung zu belohnen. Kein Mensch versteht noch, womit er hantiert; es müsste ihm geheimnisvoll erscheinen, wenn er nicht wüsste: es ist konstruiert, also kann kein Geheimnis darin wohnen.

Da lobe ich mir den alten Freund, vom Jahrgang der Flakhelfergeneration, der mir auf Büttenpapierschnipseln etwas anders Geheimnisvolles schickt, zartfarbene Fabelwesen, die filigran strukturierte Flügel spreiten und sich, so scheint mir, selbst erzeugt haben, indem der Schöpfer dieser imaginären Schmetterlinge Farbtupfer, in einen Papierknick gepresst, sich symmetrisch ausbreiten ließ. Das Ergebnis ist von einer stillen Dämonie, Natur spricht hier auf andere Weise als unter dem Joch des Nutzbaren; indem der Urheber sie spielen ließ, half er sich über die Verdüsterungen und Beschwernisse des Daseins.

Die Kunst, wo sie gelingt, ist Geheimnis per se, das gilt für die Schöpfer wie für die Interpreten. Ich sitze in dem Klavierabend einer namhaften älteren Pianistin von gewaltiger Fingerfertigkeit, sie nimmt Platz, sie hebt an, und nach drei Minuten wird mir klar: sie spielt nur die Töne, nicht die Musik, ein Alptraum. Zu Hause erhole ich mich, indem ich das gleiche Stück in einer Aufnahme von Swjatoslaw Richter auflege, und so vermittelt und eingeschränkt der Klang ist: er ist erfüllt, beseelt, geistdurchdrungen – ein Wunder, wie die bannende Vergegenwärtigung längst vergangenen Spiels. Wir sind von Wundern umstellt. Wie werden wir ihrer Herr?

Friedrich Dieckmann lebt als Schriftsteller in Berlin-Treptow.

Anmerkungen:

1. Bloch, Ernst: Spuren. Berlin und Frankfurt am Main 1959, Seite 285, 260
2. Goethe, Johann Wolfgang: Berliner Ausgabe. Berlin und Weimar 1984, Seite 536f., 534, 662f.
3. Kant, Immanuel: Werke. Herausgegeben von Rolf Toman. Band 6, Köln 1995, Seite 103

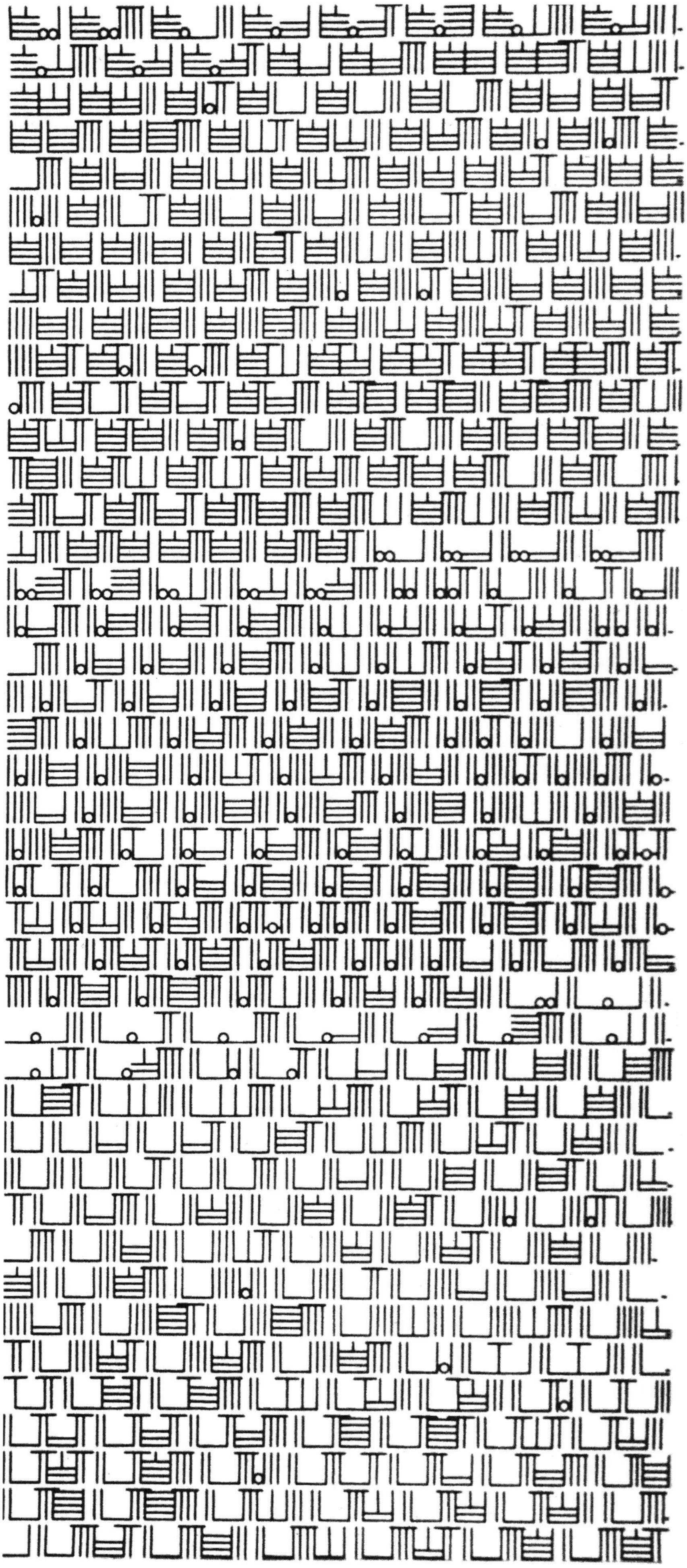

Abbildung: **Sanju-Primzahlen 4.** Rune Mields, 1976; Tusche auf Leinwand, 332x145 cm. Um den Zahlwert visuell sichtbar zu machen, hat die Künstlerin alle Primzahlen bis 120 000 im chinesisch-japanischen Sanjusystem, dessen Ziffern nur aus Strichen und der (indischen) Null bestehen, auf Leinwände geschrieben (niedrige Zahlen ergeben in der Abfolge hintereinander helle, hohe Zahlen dunkle Zonen). Insgesamt fand Rune Mields weltweit 96 unterschiedliche Zahlensysteme.

Hans-Willi Weis

Denken, Schweigen, Übung

Das beredte Schweigen der Philosophen

***Si tacuisses philosophus mansisses*: Hättest du geschwiegen, du wärst ein Philosoph geblieben! In diesen Worten des spätantiken Philosophen Boetius findet sich das Schweigen aufs Engste mit der Philosophie liiert. Während die Schwätzer und Blender reden und doch nur Peinlichkeiten oder heiße Luft produzieren, schweigt der Philosoph und denkt sich seinen Teil.**

Dass der Philosoph schweigt, darf nicht so verstanden werden, dass er stets und allerorten schweigt. Dann wäre er entweder nicht vom Stummen zu unterscheiden oder von einem Schweigenden, der bloß schweigt, weil er nichts zu sagen weiß. Ob zu Recht von einem philosophischen Schweigen gesprochen werden kann, lässt sich allein aus der Situation heraus beurteilen, bei der es sich naturgemäß um eine Gesprächssituation handelt.

Wie verhält es sich mit der Liaison zwischen Schweigen und Philosophie auf der Ebene der philosophischen Profession? In der akademischen Philosophie steht die verbale Mitteilung höher im Kurs als das Schweigen. Geschwiegen wird auch hier, wenngleich eher im Vorfeld mündlicher oder schriftlicher Mitteilung. Dann nämlich, wenn gedacht und nachgedacht wird. Der schweigende Philosoph ist in diesem Fall derjenige, der konzentriert über seiner Sache brütet. Die Regel lautet: Wenn der Philosoph schweigt, denkt er besonders heftig. Darf man deshalb Denken und Schweigen in ihrer Relation zueinander schon so ansehen, als wäre es ein und derselbe Zustand, mal von innen, mal von außen betrachtet?

I

Auf fachphilosophischem Terrain stößt man beim Stichwort Schweigen unweigerlich auf Martin Heidegger. Der Philosoph, der Denker, der Schweiger: in archetypischer Ausprägung verkörpert er die drei Charaktere in einer Person. Heideggers geschickte Selbstinszenierung hat dazu maßgeblich beigetragen. Beispielsweise seine Freiburger Antrittsvorlesung *Was ist Metaphysik?* von 1929, zwei Jahre nach Erscheinen von *Sein und Zeit*, mit dem er berühmt wurde. Im Vorlesungstext wird dem Schweigen ein sehr spezieller Richtungssinn verliehen. Es heißt dort: „Aus der lange gehüteten Sprachlosigkeit und aus der sorgfältigen Klärung des in ihr gelichteten Bereichs kommt das Sagen des Denkers." Heideggers Pointe in puncto philosophischen Schweigens besagt demnach: Der Philosoph schweigt, um schlussendlich zu reden. Schweigen dient dem Zweck der gehaltvollen und wahrhaften Rede. Dem Denker oder Philosophen ist Schweigen geboten, auf dass er hernach seine Worte nicht an Unwesentliches oder Belangloses vergeudet, sondern, wie es bei Heidegger heißt, das Sein sagt, und nichts sonst.[1]

Und wie bewerkstelligt solches Schweigen das „Sagen des Seins"? Wodurch bewirkt es ein wesentliches Sprechen oder das Sprechen von Wesentlichem? Mit Bedacht spricht Heidegger vom Denker anstatt vom Philosophen. Denn der Denker *denkt* und er bleibt ein Denker auch, wo er schweigt. Mehr noch, wo der Denker schweigt, denkt er besonders intensiv; da erst wird sein Denken beziehungsweise Nachdenken im heideggerschen Sinne „gründlich".

Aber, so fragt Heidegger in einer anderen legendären Vorlesung: „Was heißt denken?" Heideggers Antwort: auf die Sprache hören. So unwillkürlich wie zunächst mit dem Denken verbindet man das Schweigen mit dem Hören, vor allem dem aufmerksamen Zuhören. Wer beim Reden nicht immer wieder innehält und schweigt, hört nicht zu und ist ein miserabler Gesprächspartner. Freilich ist das von Heidegger gemeinte Hören nicht so sehr auf das Zuhören im Gespräch als vielmehr auf „die Sprache" selbst gemünzt. Mit diesem „unpersönlichen Anderen" der Sprache und ihrer „Sage" hat es Heideggers einsamer Denker während des schweigenden Hörens zu tun. „Die Sprache spricht" und sagt so *was ist* – primär von ihr und erst in zweiter Linie von den ihr „nachsprechenden" Menschen erfährt der Denkende die Wahrheit.

Die um die Mitte des vergangenen Jahrhunderts von Heidegger beschworenen Tugenden – Denken, Schweigen, Hören – sind in der heutigen digitalen Welt allem Anschein nach nicht vorgesehen. Wo beispielsweise wäre der Blogger, der einem anderen twittert: Hättest du geschwiegen, du wärest Philosoph geblieben? Die Frage ist: Kann man dennoch etwas von jenen Tugenden in die Medienwelt des 21. Jahrhunderts herüberretten? Und wie müsste man, damit das Unterfangen gelingt, die Idee des philosophischen Schweigens neu und zeitgemäß „konzeptualisieren"?

Die Frucht des besinnlichen Denkens ist ein Geringes.

Martin Heidegger

II

Herkömmlicherweise verbindet man mit dem philosophischen Schweigen eine besondere Nachdenklichkeit, die Umsicht des behutsamen Abwägens von Für und Wider, eine kluge Zurückhaltung gegenüber dem raschen und endgültigen Urteil über einen Gegenstand. Der philosophisch Schweigende befleißigt sich eines, wie Theodor W. Adorno gesagt hätte, „nichtidentifizierenden Denkens" oder, mit Heidegger gesprochen, des „besinnlichen Denkens". Gleichviel ob in einer Gesprächssituation mit anderen oder in der Situation des Alleinseins – der des einsamen Denkers.

Wie vollzieht sich nun das schweigende Denken des Philosophen? Wie alles Denken dadurch, dass der Denkende lautlos zu sich und mit sich selber spricht. Oder wie es bei Platon heißt: „Denken ist das stille Gespräch der Seele mit sich selbst." Womit klar wäre, dass das philosophische Schweigen in dieser wesentlichen Hinsicht gar nicht wirklich schweigt, dass es sich bei ihm vielmehr um ein subtiles Sprechen handelt. Der denkend Schweigende, sei er nun Philosoph oder nicht, schweigt nur äußerlich, er enthält sich lediglich der für die Ohren vernehmbaren Rede, es unterbleibt bloß, wie Heidegger sagen würde, das „verlautende Wort". Im Innern jedoch, gleichsam unter dem Mantel des Schweigens, wird geredet und gewiss nicht zu knapp.

Schließlich noch: Wie sind während des Sprechens und folglich auch im stillen Selbstgespräch des schweigsam denkenden Philosophen das Dasein und die Wirklichkeit dem Bewusstsein gegenwärtig? Sie sind es nicht unmittelbar, sondern mittelbar, transformiert in das Wort oder, wie Friedrich Nietzsche sagt, in ein „bewegliches Heer von Metaphern". Mittels der Sprache ist es den Menschen seit Anbeginn gelungen, den sie sonst schier überwältigenden „Absolutismus der Wirklichkeit" abzubauen, wie es Hans Blumenberg in seinem Buch *Arbeit am Mythos* ausdrückt. Infolge ihrer Identifikation und Benennung heben sich Einzeldinge und Ereignisse vom Hintergrund einer diffusen Gesamtwirklichkeit ab, werden erkennbar, durch schlussfolgerndes Denken berechenbar und für menschliche Zwecke handhabbar.

Metaphysik
von altgriechisch *tà metà tà physikà*: das, was „hinter" der Natur beziehungsweise „jenseits" der Physik steht. Philosophische Lehre von den über die sinnlich erfahrbaren Naturerscheinungen hinausgehenden Fragen des Seins, wie zum Beispiel dem An-sich-Sein der Dinge, dem Urgrund des Seins, dem Dasein Gottes, der Unsterblichkeit der Seele, der Willensfreiheit und so weiter. Mitunter auch als abwertende Bezeichnung für spekulative, nur auf unbeweisbaren Glaubenssätzen beruhende, in der Erfahrungswelt nicht überprüfbare Theorien gebraucht.

Einerseits ist so das Medium Sprache imstande, die Bedrohung durch vor allem äußere, manchmal aber auch innere Wirklichkeitsmächte wirksam zu reduzieren und das Ur-Misstrauen gegenüber einem stets ungesicherten Dasein in Schach zu halten. Andererseits jedoch halten die Sprache und das Denken das Bewusstsein steter Gefährdung auch wieder wach. Als Designer unseres Begehrens und unserer zahllosen Wünsche werden sie sogar ihrerseits vielfach zur Quelle von Besorgnis und Ängsten. Darum vermag auch das mitunter Beglückende der Erfahrung gerade des reinen, zweckfreien Denkens und also des hergebrachten philosophischen Schweigens – für Hannah Arendt das Optimum menschlichen Tätigseins – allenfalls für flüchtige Momente von der Daseinsschwere zu entlasten. Es vermag uns aber nicht aus dem erneut zupackenden Würgegriff der existenziellen Sorge zu befreien.

III

Lösen wir uns vom vertrauten Paradigma des philosophischen Schweigens. Sehen wir zu, was geschieht, sobald geschwiegen und einmal *nicht* gedacht wird, wenn – vorübergehend, versteht sich – *gedanklich geschwiegen* wird und im Schweigenden, der selbstverständlich wach und bei Bewusstsein ist, das „stille Gespräch der Seele mit sich selbst" eine Zeit lang aussetzt. Den Wahrnehmungszustand des schweigend Nicht-Denkenden kann man folgendermaßen charakterisieren: Die sinnlich wahrnehmbare Wirklichkeit wird nicht von den Koordinaten der Sprache zerschnitten; es durchziehen sie noch nicht die Demarkationslinien begrifflicher Abgrenzung und semantischer Hierarchisierung nach „wichtig" und „unwichtig" etc. Kein logischer Riss geht durch das Sein, die Ur-Teilung in die tausenderlei Seienden hat noch nicht stattgefunden, noch ist es ein „nahtloses Gewand", ein makelloses Vlies, so das für eine solche „Einheitswirklichkeit" in der indischen Mythologie gebräuchliche Bild.

> *Denken ist das stille Gespräch der Seele mit sich selbst.*
> Platon

Die Andersheit der Wirklichkeitsanmutung bekommt zusätzlich eine frappierende Komponente, wechselt der gedanklich Schweigende den dominanten Sinneskanal, sodass die Wahrnehmung nicht mehr primär über das Auge, sondern das Ohr geschieht. Nunmehr ist die Wirklichkeit Klang, ohne dass dieser wie ein Klangteppich oder eine Klangtapete, getrennt vom Hörenden, ihn als das Geräusch der Welt oder deren Hintergrundrauschen umgeben würde. Vielmehr geht der Klangraum mitten durch den Hörenden hindurch. Er fühlt sich eins mit der räumlichen Ausdehnung.

Gleichviel, ob der gedanklich Schweigende mit dem Auge auf die Wirklichkeit blickt oder in ihre räumlichen Tiefen hineinlauscht, der ausschlaggebende Punkt dürfte die Frage sein, wie es sich anfühlt, was diese Erfahrung mit dem Schweigenden macht. Wem

Ernüchterung ist nicht weniger
ansteckend als Begeisterung.

Sterben heißt,
den Augenblick zu verpassen,
da man *verstanden* hätte.

Leicht vergisst man den Menschen,
der täglich an seine Anwesenheit erinnert.

Der Mensch an deiner Seite
soll dich nicht reich machen,
sondern dich die Reichtümer
der Welt spüren lassen.

Jürgen Große

es gelingt, auch nur für eine kurze Weile derart schweigend zu verharren, den versetzt sie in jene Gestimmtheit, die bei den Griechen „Eudämonie" genannt wurde, schlicht übersetzt: ein Zustand außerordentlichen Wohlbefindens, bewirkt oder bedingt von nichts anderem als dem Nachlassen der Gedankentätigkeit. Vor allem derjenigen des in eine Art Latenz zurücksinkenden Ich-Gedankens, dem Impulsgeber des subjektiven Wünschens und Wollens, der Ursache wiederum eines ewigen Hin und Hers zwischen Bangen und Hoffen. Kurz, was im gedanklich Schweigenden zu jenem eminenten „Stimmungsumschwung" führt, ist die Empfindung von Leichtigkeit oder Schwerelosigkeit, wie sie augenblicklich einhergeht mit dem Wegfall der existenziellen Sorge.

Vorausgesetzt selbstverständlich, dass solche Sorglosigkeit nicht auf ein bloß subjektiv „schönes Gefühl" hinausläuft, das über kurz oder lang an einem unbarmherzigen Realitätsprinzip zu Schanden ginge; dass sie vielmehr insoweit objektiv gerechtfertigt erscheint, wie sie existenzieller Belastung tatsächlich standhält. Es wäre dann der Verdacht ausgeräumt, die Eudämonie des gedanklich Schweigenden sei lediglich die Folge eines Nicht-Denkens im schlechten Sinne, mithin Folge von Gedankenlosigkeit oder gar Verdrängung. Ihre Wirklichkeitserfahrung unterscheidet sich aber dennoch von der uns alltäglich vertrauten. Das während der gedankenfreien Aufmerksamkeit des Schweigens „im erlebenden Vollzug Hinzutretende" ist so etwas wie ein das Bewusstsein aufhellendes „überweltliches Scheinen", ein die Seele und den Geist innerlich erleuchtendes Licht, mit dem jenes Entlastungsgefühl von der existenziellen Sorge unmittelbar einhergeht.

IV

Das in die Aufmerksamkeit des Nicht-Denkens scheinende Licht ist wie das uns vertrautere Aufklärungslicht seitens des Denkens mit Erkenntnis verbunden. Mit einer Einsicht indessen, die keine mitteilbaren Sachverhalte in der Welt aufklärt. Die Erleuchtung des gedanklich Schweigenden lässt einen nicht kommunizierbaren *Sinn* aufscheinen, welcher tragender ist als aller Sinn in der Welt und daher auch verhindert, dass wir an den Sinnwidrigkeiten der Welt verzweifeln. Was sich dem gedanklich Schweigenden wortlos mitteilt – um noch einmal von der Licht- oder Augenmetaphorik zu der des Ohrs und des Hörens zu wechseln – ist das leise Versprechen eines letzten In-Ordnung-Seins, einer schlussendlichen Güte, die zwar nicht die Unordnung und Schlechtigkeit in den Angelegenheiten der Welt annulliert, sie aber so weit relativiert, dass einem die Kraft zuwächst, „es mit denselben aufzunehmen". Für die Sinn-Intuition und die Güte-Anmutung, die hier gemeint sind und die als einzige wohl ein Urvertrauen rechtfertigen, finden sich kaum Anhaltspunkte *in* der Welt. Was aber keineswegs heißen muss, dass sie einem Jenseits entstammen, wie es sich die Religionen vorstellen. Man sollte stattdessen von immanenter Transzendenz sprechen (siehe Erläuterung).

Durch die quasi metaphysische Erfahrung des gedanklichen Schweigens erfährt der Schweigende inmitten der Welt die Geborgenheit eines „überweltlichen" In-Seins (siehe Erläuterung). Man kann es getrost auf sich beruhen lassen, ob dieses In-Sein mit dem „Sein", von dem Heidegger spricht – „der Denker sagt das Sein", heißt es bei ihm – irgendetwas gemein hat. Handelt es sich bei Letzterem doch so oder so um ein *gedachtes* Sein. Und mit einem nicht unmittelbar erfahrenen, sondern bloß gedachten Sein wäre in existenzieller Hinsicht rein gar nichts gewonnen. Es ist ein in der abendländischen Philosophie immer wieder anzutreffendes grandioses Missverständnis, mit dem Denken oder der Reflexion etwas ausrichten zu wollen, was deren Kraft prinzipiell übersteigt. Über die der unmittelbaren Seins-Erfahrung des gedanklich Schweigenden verwandten Augenblicke „profaner Erleuchtung", von denen bei Walter Benjamin die Rede ist und um derentwillen er den „Versuch einer Technik des Erwachens" ins Auge fasste, liest man bei Adorno folgende Worte, die darauf hindeuten, dass auch diese beiden, Adorno und Benjamin, jener Überschätzung der Macht des Denkens erlegen sind: „Alle Macht des

Auspizien
von lateinisch *avis* für „Vogel" und *spectare* für „schauen". Wörtlich: Vogelschau. Ursprüngliche Bezeichnung für die Erkundung und Deutung des göttlichen Willens aus dem Flug von Vögeln und deren Fressverhalten durch römische Priester (*Auguren*). Heute vor allem im Sinne von „unter jemandes (An)Leitung" oder „Schirmherrschaft" verwendet.

Denkens versammelte sich in Benjamin, um solche Augenblicke (profaner Erleuchtung) zu bereiten, und an sie allein ist übergegangen, was einmal die Lehren der Theologie verhießen."[2]

V

Wenn „alle Macht des Denkens" gerade *nicht* dazu imstande ist, „solche Augenblicke zu bereiten", weil diese sich allein bei gedanklichem Schweigen und dort ganz wie von selbst einstellen, muss man dann nicht in analoger Weise fragen: Wie lässt sich alle Macht des Nicht-Denkens und seiner von Gedankenaktivität unbeeinträchtigten Aufmerksamkeit in uns versammeln? Wie bringt man das zu Wege: alle Macht des Nicht-Denkens und der reflexionsfreien Aufmerksamkeit in sich zu versammeln? Die Antwort lautet: einzig auf dem Weg der *Übung*.

Allerdings bedarf der Begriff in diesem Zusammenhang einer Erläuterung. Mit seinem zu Recht viel beachteten Buch *Du musst dein Leben ändern* hat Peter Sloterdijk den Übungsbegriff in die intellektuelle Debatte eingebracht. Bedauerlich nur, dass er ihn maßlos überdehnt, wodurch Übung am Ende beinahe für alles und jedes steht, was ein uns nicht schon von Natur aus in die Wiege gelegtes Können erfordert und ein konzentriertes Bei-der-Sache-Sein-und-Bleiben zur Bedingung hat. Zu allem Überfluss wird auch noch der Eindruck des artistischen Spektakels erweckt. Das im Kontext dieses Essays ausschlaggebende Übungsparadigma dagegen bezeichnet eine ausgesprochen unspektakuläre Angelegenheit: regungslos mit aufgerichtetem Oberkörper auf einem stabilen Polster sitzen, den Blick gesenkt und mit möglichst gedankenfreier Aufmerksamkeit den gleichmäßig ein- und ausströmenden Atem verfolgen. Dies ohne äußere Störung für eine fest umrissene Zeitdauer (etwa eine halbe Stunde), Tag für Tag an einem dafür geeigneten ruhigen Ort. Sozusagen Minimalismus als Prinzip: Schlichtheit, Gleichförmigkeit, Wiederholung, Regelmäßigkeit beim Befolgen einer durch Beginn und Abschluss klar umrissenen leiblich-mentalen Praktik.

Transzendenz, immanente
von spätlateinisch *transcendentia* für „das Überschreiten". Das jenseits des Bereichs der sinnlichen Erfahrung Liegende. Hier: Bezeichnung für einen Bereich (beziehungsweise einen Sachverhalt respektive ein „Sein"), dessen Geltung nicht aus der sinnlichen Erfahrungswelt ableitbar ist, ihm vielmehr selbst innewohnt, das heißt diesem immanent ist.

Anstelle von Übung von *Training* zu sprechen, erscheint unpassend. Training ist mit Aufwand verbunden, der Leistungswille steht im Vordergrund. Man trainiert *um zu*... Das rechte Üben beim achtsamen Schweigen jedoch erfolgt wie absichtslos. So betrachtet könnte auch die Frage, wie „alle Macht des Nicht-Denkens in uns zu versammeln sei" missverstanden werden. Sie ist aus der beschreibenden Perspektive der dritten Person gestellt. In der Perspektive der ersten Person Singular des Übenden verhält es sich vielmehr so, dass es weder um Macht noch um ein Machen geht. Gedankliches Schweigen, das sich in der alltäglichen Bewusstseinseinstellung äußerst selten ereignet – wann schweigen schon einmal die Gedanken in uns – stellt sich in der Praxis des zielfreien Wegs der meditativen Übung nicht durch zielstrebiges Tun, sondern allenfalls bei geduldigem Lassen ein. Darum auch empfiehlt sich der altertümliche Begriff des „Exerzitiums" (von lateinisch *exercitium* für Übung, zumeist im religiösen Zusammenhang im Sinne innerer Einkehr gebraucht) mit seiner Konnotation der Bescheidenheit, sprich der Zurücknahme des Eigenwillens, sowie der Enthaltung von Eitlem und Überflüssigem.

VI

Spätestens an dieser Stelle drängt sich eine Frage auf: Wodurch unterscheidet sich die vorangehend skizzierte Rekonzeptualisierung des philosophischen Schweigens gemäß der gedankenfreien Achtsamkeitsübung vom „geistlichen" Exerzitium, das von alters her zum Kanon der Religion – präzis gesprochen der Hochreligionen – zählt? Als entscheidende Differenz wäre hervorzuheben, dass im Fall der traditionell religiös konnotierten Meditation das Exerzitium mit einer weltanschaulichen, sprich theologischen Rahmung versehen ist, die ihrerseits die Erfahrungsgehalte der Übung von vornherein in ein bestimmtes interpretatorisches Licht rückt.

Die Rahmung besteht zum einen, vor Antritt der Übung, in der Prämisse, bei aller Demut den Versuch einer Gotteserfahrung zu unternehmen; zum anderen nachträglich, indem an der Schweigeerfahrung begriffliche Attribuierungen anhand theologischer Interpretationsraster vorgenommen werden. Also: Es schweigt der Philosoph und es schweigt der Gläubige. Beide haben wir sie als still Dasitzende vor Augen. Was unterscheidet diese Schweigenden voneinander, außer dass der Gläubige, wenn er auch sonst nichts denkt, doch an Gott denkt? „Das unendliche Geheimnis, das wir Gott nennen", lautet eine vom gläubigen Schweiger Karl Rahner häufig verwendete Formel. Dieses Ansinnen, nur ein Name zu sein, hat es allerdings in sich: Der Gottesname bedeutet für den gläubig Schweigenden das Alpha und Omega, den Anfang und das Ende seines geistlichen Exerzitiums. Sobald er es beendet, steht der Gottesname nicht mehr für ein in Worten unausdrückbares Geheimnis, sondern für eine ganze Offenbarungstheologie und das Wort der Heiligen Schrift. Beim Schweigen als einzigen Gedanken den Gottesgedanken in sich zu tragen, macht, verglichen mit dem philosophisch Schweigenden, der auch noch den Gottesgedanken fallen gelassen hat, bei aller sonstigen Ähnlichkeit der unmittelbaren Schweigeerfahrung einen Unterschied ums Ganze.

Der Philosoph lässt im Schweigen auch noch den Gedanken an Gott fallen.

Auch wenn die Philosophie nicht mehr die Rolle der *ancilla theologiae*, der willfährigen „Magd der Theologie", einnimmt, verschwimmen immer noch leicht die Grenzen, sobald es um die „letzten Dinge" und um höchste Wertigkeiten geht.

Eine analoge Abgrenzung gilt es bezüglich der weltanschaulich gerahmten Meditationspraktiken östlicher beziehungsweise fernöstlicher Provenienz vorzunehmen. Man denke an den Hirnforscher Wolf Singer, der mit seinem die buddhistische Vipassana-Meditation praktizierenden Fachkollegen Matthieu Ricard über Achtsamkeit diskutiert; oder an den Mainzer Neurophilosophen Thomas Metzinger, der Zen-Meditation übt, um sich aus der Enge des „Ego-Tunnels" und dessen endlosem Selbstgespräch zu befreien. Beide Male bleibt die Weltanschauung des Buddhismus mit seinem rituellen Brimborium außen vor. Was verkopfte Westler seit jeher an asiatischer Philosophie und Spiritualität vorrangig interessiert, ist die Betonung von Praxis oder Übung, die Akzentuierung der Bewusstseinsschulung. Heidegger hatte seinerzeit „das notwendige Gespräch mit der ostasiatischen Welt" angemahnt; doch bei Gesprächen (insbesondere mit Japanern) ist es dann auch geblieben. Zur Praxis ist es bei Heidegger und den unter seinem Einfluss Stehenden nicht gekommen. Fürchtete der Meisterdenker den Verlust der Lufthoheit über den Köpfen seiner Anhängerschaft, falls in denselben einmal nicht angestrengt nachgedacht, sondern gedanklich geschwiegen würde?

Der Philosoph schweigt, um schlussendlich zu reden.

VII

Immanuel Kant unterscheidet zwischen „Schulbegriff" und „Weltbegriff" von Philosophie. Dem Schulbegriff entspricht die wissenschaftliche oder theoretische Philosophie. Ihren Weltbegriff illustriert heute am ehesten, was ziemlich diffus als philosophische Lebenskunst im Schwange ist. Ein dritter Begriff scheint fällig, man könnte ihn den Weisheitsbegriff nennen. Eine Weisheitsübung, bei welcher der Übende gleichsam seine tägliche Weltpause einlegt, bildete einen wohltuenden Kontrast zur Diskurslastigkeit beider konventioneller Zweige der Philosophie. Und bei der Frage, was philosophische Lebenskunst für die Gegenwart bedeuten könnte, hilft der Weisheitsbegriff prompt aus der Verlegenheit: Der Philosoph schweigt, so die bündige Antwort. Die so verstandene philosophische Lebenskunst bleibt nicht im Ungefähren, sie realisiert sich als konkrete, klar konturierte und im wörtlichen Sinne *leibhaftige* Praxis.

Was das philosophische Schweigen, seiner sichtbaren Ausdrucksform wie der inneren Haltung nach, vorstellt, ist fast nichts. Heidegger nannte gelegentlich das gesprochene Wort – aufgefasst als die Frucht des „besinnlichen Denkens" – ein „Geringes". Als ein noch Geringeres ließe sich demgegenüber das Schweigen – im von uns fokussierten Sinne des gedanklichen Schweigens – apostrophieren. Wie Heidegger dem Geringen des Worts, so ist dem „Noch Geringeren" dieses Schweigens nicht wenig zuzutrauen, in bestimmter Hinsicht mehr als dem Denken und der Rede. Eine Andeutung soll genügen: Wie, wenn unter den Auspizien einer medialen, digitalisierten Zukunft die Übungspraxis des gedanklichen Schweigens und mit ihr eine gelassene und tiefe Aufmerksamkeit die Bedingung der Möglichkeit aller sonstigen Praxis und ihres Gelingens wäre, inklusive der Nachhaltigkeit des Denkens und Sprechens?[3]

Dr. phil. Hans-Willi Weis ist Philosoph und Kulturwissenschaftler und seit seiner Erblindung als freier Autor tätig. Er lebt in Staufen bei Freiburg.

Anmerkungen:

1. Siehe Heidegger, Martin: Was ist Metaphysik? Frankfurt 1998 (15. Auflage, die zitierte Textstelle im Nachwort). Im Weiteren vergleiche auch Heidegger, Martin: Unterwegs zur Sprache. Stuttgart 1959
2. Adorno, Theodor W.: Noten zur Literatur. Frankfurt 1974, Seite 582
3. Näher ausgeführt sind diese Überlegungen in: Weis, Hans-Willi: Denken, Schweigen, Übung – eine Philosophie des Geringfügigen. Freiburg 2012

Lexikon für den philosophischen Alltag

Esoterik

im 18. Jahrhundert vom altgriechischen Adjektiv *esoterikos* für „innerlich“ (lateinisch *esotericus*) abgeleitetes Substantiv: das „Innerliche“ oder das „Zum-inneren-Kreis-Gehörende“; die nur eingeschränkt zugängliche Geheimlehre, mit der sich, als Ausdruck der Grenze zwischen Innen und Außen, das heißt zwischen esoterisch und exoterisch, bestimmte Formen der rhetorischen, symbolischen und didaktischen Verschlüsselung sowie der sozialen und politischen Ein- und Ausgrenzung als Verfahren der Geheimhaltung verbunden haben.

Das historische Auftreten des Esoterischen ist streng zu unterscheiden von den heute als Formen spät- und postmoderner Religiosität begriffenen Phänomenen der Esoterik und des New Age. Zwar finden sich darin durchaus Adaptionen der historisch seit der Spätantike auftretenden Qualifizierung bestimmter Personengruppen, Lehrweisen und Lehrinhalte als „esoterisch“. Dennoch wäre es vermessen, das, was wir heute Esoterik nennen, leichtfertig mit der historischen Esoterik gleichsetzen zu wollen. Die heutige Esoterik ist zu Recht als sogenannte spätmoderne westliche Containerreligiosität begriffen worden, die sehr unterschiedliche und mitunter auch widersprüchliche Einflüsse aus verschiedensten Kulturen vermischt und relativ zusammenhanglos in sich versammelt hat (*container*, englisch für „Gefäß“, „Sammelbehälter“). Sie kennzeichnet offensichtlich ein religiöses Bedürfnis, das sich gerne von der Dogmatik der etablierten Kirchen distanziert.

Geschichte der Esoterik

Während die Begriffe „esoterisch“, „Esoterika“, „Esoterisches“ und „Esoteriker“ in ihren altgriechischen und lateinischen Wortformen eine lange, bis auf die Antike zurückgehende Geschichte aufweisen, ist das Substantiv „Esoterik“ eine Neuschöpfung des späten 18. Jahrhunderts. 1792 gab Johann Friedrich Gabler das mit *Urgeschichte* betitelte Werk seines Lehrers Johann Gottfried Eichhorn, Professor für Orientalische Sprachen an der Universität Göttingen, in einer neuen kommentierten Ausgabe heraus. In einem Kommentar zu einer Pythagoras-Passage der *Urgeschichte* findet sich die nach heutigem Kenntnisstand erste Verwendung der Substantivform „Esoterik“ in einer europäischen Sprache. Gabler schreibt, dass „die Nachahmung der ägyptischen und griechischen Mysterien auch das ihrige zu der bestimmten äußern Form des

PYTHAGORAS.

Abbildung: **Pythagoras** Kupferstich. Entnommen aus: Stanley, Thomas: The history of philosophy. 1655

Pythagoräischen Ordens beigetragen“ habe und „außer der Politik auch Physik ... und Mathematik zur *Esoterik* des Ordens gehört habe“.

Wie unschwer zu erkennen, bedeutet das Auftreten des Substantivs „Esoterik“ nicht, dass seine Bedeutung neu erfunden worden wäre. Vielmehr entstammt es einer langen philosophie- und religionsgeschichtlichen Tradition, die auf die antike Gestalt des Pythagoras zurückführt.

Anders als Platon, dessen ungeschriebene Lehre ebenfalls gerne als esoterisch bezeichnet wird, hat Pythagoras selbst keine Schriften hinterlassen. Kenntnisse über die pythagoreische Gemeinschaft sind meist nur über sekundäre Quellen vermittelt, unter anderem bei Aristoteles, Jamblich, Porphyrios und Diogenes Laertios. Es waren gerade die oft widersprüchlichen Überlieferungen zur pythagoreischen Schule, die Pythagoras zu einer der wichtigsten Projektionsflächen der vormodernen abendländischen Kulturgeschichte machten.

Innerhalb der langen Traditionsgeschichte des Pythagoreismus ist auch die Einteilung der Pythagoreer in Esoteriker und Exoteriker überliefert. Jamblich beschreibt den Werdegang eines von Pythagoras auserwählten Schülers vom Exoteriker, der den Meister nur von außen, in verfremdeter Form hören, aber nicht se-

der blaue reiter

hen durfte, zum Esoteriker, dem es nach langen Charakterprüfungen gestattet wurde, den inneren Kreis beziehungsweise das „Zelt" des Meisters zu betreten und ihn „innerhalb des Vorhangs" von Angesicht zu Angesicht zu hören.

Entscheidend für die weitere Karriere der pythagoreischen Esoteriker war dann jedoch die Einteilung der pythagoreischen Schule in Akusmatiker (von altgriechisch *akousma* für (nur) hörend wahrnehmend) und Mathematiker, die vermutlich schon auf Aristoteles zurückgeht.

Während die exoterischen Akusmatiker sich dogmatisch auf die Lehrsprüche und moralischen Postulate des Pythagoras festlegten, ohne deren Lehrgehalt infrage zu stellen, waren die esoterischen Mathematiker diejenigen, die die Lehren des Pythagoras mathematisch beweisen und auf eine wissenschaftliche Grundlage stellen konnten. Sie hatten also „innere" rationale Einsicht in die Systematik der pythagoreischen Universalwissenschaft und wurden deswegen als „esoterisch" qualifiziert. Aus der räumlichen Konnotation des Esoterikers („innerhalb des Vorhangs") wurde eine mathematisch-rationale.

Gottfried Wilhelm Leibniz griff auf diese Unterscheidung zurück, um die metaphysisch grundierte mathematische Methode der Pythagoreer als die wahre wissenschaftliche Denkweise zu privilegieren.

In der wissens-, philosophie- und religionshistorischen Geschichtsschreibung des 17. und 18. Jahrhunderts verwies das Adjektiv „esoterisch" auf altägyptisch-hermetische, brachmanische, hebräisch-kabbalistische, chaldäische, persische, pythagoreische, platonische und neuplatonische Traditionen, deren Besonderheit in ihrem mehr oder weniger ausgeprägten Charakter als Mysterien oder Weisheitslehren lag. Im Zuge der Renaissance dieser Traditionen in der frühen Neuzeit wurde Pythagoras zur entscheidenden Schaltstelle zwischen dem *lux ex oriente* (lateinisch, wörtlich: Licht aus dem Orient) und dem Abendland: Lange vor Platon galt er als Pionier, der dem Westen das Licht des Ostens in systematischer Weise zugänglich gemacht hatte.

Hinzu trat im Zuge des 18. Jahrhunderts ein enger Bezug zur Bildung von Geheimgesellschaften, insbesondere zur Freimaurerei – im obigen Zitat Gablers ist vom „pythagoreischen Orden" die Rede, gemeint sind aber aufgeklärte Freimaurerlogen und Geheimbünde, die sich aus politischen Gründen zur Geheimhaltung gezwungen sahen. Um ihr progressives Gedankengut in einem abgesicherten Milieu weiterentwickeln und -verbreiten zu können, schirmten sie sich durch eine ausgeklügelte innere, oft an Mysteriengraden ausgerichtete ritualisierte Hierarchie ihrer Mitglieder mehr oder weniger erfolgreich nach außen ab.

Noch der späte Immanuel Kant zitiert den politischen Aspekt des Esoterischen in dessen Bezug auf die Schule des Pythagoras in seinen Vorlesungen zur Logik: „Unter seinen Lehren gab es einige exoterische, die er dem ganzen Volke vortrug; die übrigen waren geheim und esoterisch, nur für die Mitglieder seines Bundes bestimmt ... Der Zweck seines Bundes scheint kein anderer gewesen zu sein, als: die Religion von dem Wahn des Volks zu reinigen, die Tyrannei zu mäßigen und mehr Gesetzmäßigkeit in die Staaten einzuführen."

Aus der „esoterischen" Philosophie und Theologie, die man in den oben genannten Traditionen anzutreffen meinte und die Gabler mit Pythagoras assoziierte, als er das Substantiv „Esoterik" aus der Taufe hob, ist am Ende des 19. Jahrhunderts der abstrakte Terminus „Esoterik" geworden, der zunächst nichts weiter bedeutete als Geheimlehre. Diese neue Esoterik basierte auf modernen Entwicklungen des 19. Jahrhunderts, wie der Gründung der Theosophischen Gesellschaft durch Helena Petrovna Blavatsky, dem französischen Esoterismus des Gérard Analect Vincent Encausse genannt Papus sowie dem Okkultismus, Spiritismus und der Anthroposophie. Auch hier berief man sich auf unterschiedliche Traditionen, unter anderem auf den berühmten Geisterseher Emanuel Swedenborg, über den Kant in seiner Schrift *Träume eines Geistersehers* in ironischer Brechung reflektiert hatte, oder im Esoterismus Papus' nebst vielen anderen Einflüssen wiederum auf Pythagoras. Obwohl Swedenborg bestimmten esoterischen Strömungen der Moderne als Gallionsfigur galt, muss in historischer Perspektive stark bezweifelt werden, dass er tatsächlich Esoteriker im modernen Sinn gewesen ist.

Mit Pythagoras scheint es anders zu stehen. Bedenkt man, dass Vegetarismus, Metempsychose (Seelenwanderung), die Weisheit aus dem Osten, Zahlensymbolik, religiöse und politische Aufklärung, ein metaphysischer, wissenschaftlich-mathematischer Rationalismus sowie eine integre philosophisch-religiöse Lebensführung zu Elementen des oft als Alternative zum Christentum verstandenen Pythagoreismus gezählt worden sind, könnte man den Eindruck gewinnen, als hätten wir es hier mit einer Vorprägung der heutigen Containerreligiosität der Esoterik zu tun. Doch der Schein trügt. Denn was heute als Esoterik bezeichnet wird, erweist sich als so disparates Angebot, dass man keine innere Systematik ihrer separaten Aspekte ausmachen kann. Der pythagoreischen Schule hingegen wurde genau eine solche Systematik unterstellt.

Der Reiz der Esoterik

Was macht den eigentümlichen Reiz des Esoterischen aus? Es ist die Dialektik zwischen geheimer Lehre, für die oft Textzeugen fehlen, und manifester historischer Erscheinungen ganzer esoterischer Bewegungen und Sozietäten, die den merkwürdigen Reiz der Esoterik umschreibt. Wir erfahren, dass eine an organisierte Bünde geknüpfte geheime Lehre existent war, von der wir per definitionem eigentlich nicht hätten erfahren dürfen; wollen wir diese aber ergründen, stoßen wir auf eine Fülle von Hindernissen und Widersprüchen, die eine objektive Rekonstruktion der geheimen Lehrinhalte sichtlich erschwert oder gar unmöglich macht. Hinzu kam die traditionelle Verschlüsselung von Lehrinhalten aus politischen Motiven oder aber deren Geheimhaltung aus Gründen des privilegiert-elitären Zugangs, den nur diejenigen erlangten, die in besonderer Weise zur Erkenntnis eines höheren Wissens begabt oder ausgebildet waren.

Und so erweist sich Esoterik als Pendel, das zwischen zugänglicher und verborgener Weisheit hin und her schwingt. Ihr moderner und postmoderner Stimulus liegt in der politisch-subversiven, kulturkritischen und/oder elitären Wertung ihres Wissens und ihrer Praxis, die nicht selten gegenüber den kanonisch etablierten Traditionen und kulturellen Praktiken des Westens als Alternative verstanden werden, die zur wahren Selbsterkenntnis und zur eigentlichen Erlösung zu führen vermag, gleich ob diese nun säkular oder transzendent verstanden wird.

Hanns-Peter Neumann ist Privatdozent am Interdisziplinären Zentrum für die Erforschung der Europäischen Aufklärung an der Universität Halle-Wittenberg.

Literatur:

- Neugebauer-Wölk, Monika: Der Esoteriker und die Esoterik. Wie das Esoterische im 18. Jahrhundert zum Begriff wird und seinen Weg in die Moderne findet. In: Aries 10.2 (2010), Seite 217–231
- Neugebauer-Wölk, Monika; Geffarth, Renko; Meumann, Markus (Hrsg.): Aufklärung und Esoterik: Wege in die Moderne. De Gruyter, Berlin 2013
- Neumann, Hanns-Peter: Atome, Sonnenstäubchen, Monaden. Zum Pythagoreismus im 17. und 18. Jahrhundert. In: Neugebauer-Wölk, Monika (Hrsg.): Aufklärung und Esoterik. Rezeption – Integration – Konfrontation. Max Niemeyer, Tübingen 2008, Seite 205–282
- Stengel, Friedemann: Aufklärung bis zum Himmel. Emanuel Swedenborg im Kontext der Theologie und Philosophie des 18. Jahrhunderts. Mohr Siebeck, Tübingen 2011

Judas

genauer: Judas Ischariot, einer der zwölf Jünger Jesu, die im Neuen Testament der Bibel erwähnt werden, und zwar derjenige, der ihn verriet und dessen Name deshalb für alle Zeiten zum Inbegriff des Verräters wurde; nicht zu verwechseln mit dem gleichnamigen Bruder Christi und auch nicht mit Judas Thaddäus, einem weniger bekannten Apostel. Judas ist die griechische Form des hebräischen Vornamens „Jehuda" und bedeutet: jemand aus dem Stamme Juda, einem der zwölf Stämme Israels; aus dem gleichen Wort leitet sich die Bezeichnung „Jude/Juden" her. Der Verrat von Judas Ischariot bestand darin, dass er Jesus gegen ein Handgeld von dreißig Silberlingen an die Hohepriester der damals vorherrschenden jüdischen Religionsgemeinschaft auslieferte, die ihn der Gotteslästerung beschuldigten und an den römischen Statthalter Pontius Pilatus auslieferten, der ihn zum Tode durch Kreuzigung verurteilte. Allerdings ermöglichte Judas auf diese Weise erst den Opfertod Christi und dessen Wiederauferstehung, weshalb kritische Geister immer wieder gefragt haben, ob Judas eigentlich nicht besser heiliggesprochen werden sollte: „Ohne Judas kein Kreuz, ohne das Kreuz keine Erfüllung des Heilsplans. Keine Kirche ohne diesen Mann; keine Überlieferung ohne den Überlieferer" – so schreibt beispielsweise Walter Jens ketzerisch in seinem letzten Roman *Der Fall Judas*.

War Judas also ein Verräter oder nur ein Werkzeug Gottes? Die Quellen sind in dieser Sache wenig hilfreich. Der Evangelist Matthäus führt Judas als letzten der zwölf Jünger auf, und sogleich mit dem Zusatz: „welcher ihn verriet". Bei Lukas und Johannes ist er gar vom Teufel besessen. Und auch schon zuvor war sein Image nicht das beste. Beim Besuch von Jesus bei den Schwestern Maria und Martha soll er vorgeschlagen haben, die äußerst wohlriechende Salbe, mit der Maria Jesus die Füße gesalbt hatte, doch besser zu verkaufen: Man würde sicherlich 300 Groschen bekommen, für die Armen natürlich. Der Berichterstatter Johannes ergänzt: „Das sagte er aber nicht, dass er nach den Armen fragte; sondern er war ein Dieb und hatte den Beutel und trug, was gegeben war." Judas war dieser Geschichte zufolge also auch der Kassenverwalter unter den Jüngern, was Heinrich Heine zynisch kommentierte: „So hat das Evangelium auch symbolisch, in der Geschichte des Bankiers unter den Aposteln, die unheimliche Verführungsmacht, die im Geldsacke lauert, offenbart und vor der Treulosigkeit der Geldgeschäftsleute gewarnt. Jeder Reiche ist ein Judas Ischariot."

Dazu passt, dass Judas Christus der berühmten dreißig Silberlinge wegen verriet, dem bis heute sprichwörtlichen „Judaslohn" – nicht wenig Geld im Übrigen, wie nachträgliche Berechnungen auf der Basis der Angabe, dass die Hohepriester von dem Geld später einen Acker kauften, ergeben haben. Dem Bericht bei Matthäus zufolge jedoch war Christus selbst von dem Verrat nicht überrascht, sondern kündigte ihn vor dem letzten Abendmahl mit den Jüngern bereits an: „Wahrlich ich sage euch: Einer unter euch wird mich verraten." Und auf Nachfrage von Judas – „Bin ich's Rabbi?" – antwortete er reichlich lakonisch: „Du sagst es." Skeptiker haben sich gefragt, wozu es eigentlich nötig war, dass Judas Christus für die Schergen der Hohepriester identifizierte, wo dieser doch eine stadtbekannte Persönlichkeit war und kein terroristischer Schläfer. Zudem gibt der Kuss dem Verrat noch eine besonders pikante Note: Ausgerechnet mit einem Zeichen der Liebe wird der zum Tod Verurteilte verraten! Allerdings ist der Kuss nicht in allen Quellen überliefert. Und erst Martin Luther, der Judas aus verschiedenen Gründen nicht wohlwollte, hat das griechische Verb *para-didomi* mit „verraten" übersetzt; es könnte aber genauso gut und neutraler gemeint sein, dass Judas Christus „auslieferte" oder „übergab".

Wenigstens könnte man mildernde Umstände für Judas geltend machen, nicht zuletzt aus christlicher Barmherzigkeit mit reuigen Sündern. Als Judas nämlich die Folgen seines Handelns erkannte, soll er zu den Hohepriestern gegangen sein und ihnen den Judaslohn mit den Worten vor die Füße geworfen haben: „Ich habe übel getan, daß ich unschuldig Blut verraten habe." Den Hohepriestern jedoch war das ziemlich schnuppe: „Was geht uns das an?" „Und Judas ging hin", wie es weiter heißt, „und erhängte sich selbst." Die Hohepriester hingegen sammelten das Geld ordentlich auf, wuschen sich dabei aber die Hände genau wie Pontius Pilatus in Unschuld: „Es taugt nicht", so sprachen sie, „daß wir sie in den Gotteskasten legen, denn es ist Blutgeld. Sie hielten aber einen Rat und kauften den Töpfersacker darum zum Begräbnis der Pilger. Daher ist dieser Acker genannt der Blutacker bis auf den heutigen Tag." Eine gute Immobilieninvestition also; Judas aber, der Verräter und Selbstmörder noch dazu, „ist abgestürzt und mitten entzweigeborsten, und all sein Eingeweide ausgeschüttet", wie es in der Zusammenfassung der Apostelgeschichte heißt. Recht geschehen – oder?

Es gibt nämlich noch eine weitere, besonders aktuell anmutende Deutung des „Verrats". Dieser zufolge gehörte Judas zu den Zeloten, einer paramilitärisch organisierten Widerstandsgruppe seiner Zeit. Die Zeloten spekulierten darauf, dass der populäre Jesus sich zum Anführer eines politischen Aufstands der Israeliten gegen die römische Besatzungsmacht entwickeln würde, und waren dementsprechend enttäuscht, als der Heiland penetrant friedfertig blieb; Judas handelte deshalb in ihrem Auftrag als Provokateur. Das Szenario ist all denen wohlvertraut, die Monty Pythons Film *Life of Brian* gesehen haben, in dem die unterschiedlichen jüdischen Widerstandsgruppen mehr gegeneinander als gegen die Römer agieren. Und auch Goethe hat sich, wie er in seiner Autobiografie *Dichtung und Wahrheit* berichtet, Judas' Handeln in seiner Jugend ganz ähnlich erklärt: Dieser sei nämlich, „so gut als die klügsten der übrigen Anhänger, fest überzeugt gewesen, daß Christus sich als Regent und Volkshaupt erklären werde, und habe das bisher unüberwindliche Zaudern des Herrn mit Gewalt zur Tat nötigen wollen, und deswegen die Priesterschaft zu Tätlichkeiten aufgereizt, welche auch diese bisher nicht gewagt".

Eine abschließende Bewertung des Falls ist angesichts einer so lückenhaften Beweislage außerordentlich schwierig. Eindeutig scheint nur, dass Judas deshalb zum Urverräter stilisiert wurde, weil in seiner Geschichte alle bitteren Aspekte des Verrats aufs Schönste zusammenkommen: Es ist ein Liebesverrat, vollzogen an einem verehrten Meister mittels eines Liebeszeichens; es ist ein niederer Verrat um des schnöden Geldes willen; es ist ein politischer Verrat an einem gemeinsamen großen Ziel, dem Sturz der Unterdrücker, der einen frühen israelischen Frühling hätte einleiten können. Und es ist, in der Sichtweise, die schon die frühen Kirchenväter und später dann Martin Luther durch seine Übersetzung geprägt haben, sogar ein religiöser Verrat: Man macht Judas schon dem Namen nach klammheimlich zum Stammvater der Juden, die damit zum Mörder des Heilands werden. Mehr Verrat in einer einzelnen Figur geht einfach nicht!

Deshalb ist es aber erstaunlich schwierig, würdige Nachfolger zu finden. Noch vor Judas hat der Grieche Ephialtes in der Schlacht bei den Thermopylen sein Volk an dessen Erzfeinde, die Perser, verraten, indem er diesen einen Weg um die strategisch heikle Engstelle herum zeigte und es ihnen damit ermöglichte, die wackeren Spartaner einzukesseln – auch er wahrscheinlich um des Geldes willen, und auch er fand kein gutes Ende; er wurde wenig später ermordet. Ein weiterer antiker Judas-Kandidat ist der Cherusker Arminius: War er doch von Römern erzogen, ausgebildet und gefördert worden, hatte eine vielversprechende Karriere im römischen Heer begonnen, das römische Bürgerrecht erhalten und war sogar in den römischen Adel aufgenommen worden – eine scheinbar unaufhaltsame Karriere, bis er, wahrscheinlich unterstützt von römischen Hilfstruppen, den Aufstand der germanischen Stämme gegen Varus anführte. Noch am Vorabend der Schlacht war der römische Statthalter vor Arminius gewarnt worden, aber er wollte es einfach nicht glauben. Am nächsten Tag verlor er die Schlacht – und brachte sich um. Der Verräter hingegen wurde zum Gründervater der germanischen Nation.

Je weiter man jedoch in der Weltgeschichte vordringt, desto schwammiger wird es mit der eindeutigen Bewertung von Verrätern. Der Heerführer Wallenstein siegte im dreißigjährigen Krieg für den Habsburger-Kaiser und die katholische Liga gegen die protestantischen Schweden – so lange jedenfalls, bis er das Elend des Krieges nicht mehr mit ansehen konnte und gegen seinen Dienstherren heimlich versuchte, einen Frieden vorzubereiten. Seine Bemühungen kamen ans Licht, er wurde wegen Hochverrats verurteilt und in Böhmen von kaisertreuen Offizieren ermordet. Ein Verräter im Dienst des Friedens? Claus Schenk Graf von Stauffenberg plante mit anderen Offizieren der Deutschen Wehrmacht das misslungene Attentat auf Hitler – ganz klar ein Hochverrat für Hitlerdeutschland, aber für die Nachgeborenen eindeutig ein Held! Edward Snowden ist aus amerikanischer Perspektive ebenso ein Hochverräter, zweifellos – aber ein Held der neueren Aufklärung für den Rest der Welt! Und vielleicht war ja, siehe oben, noch nicht einmal der echte Judas ein richtiger Verräter?

Bleibt der Liebesverrat. Ist man jedoch nicht (mehr) gewillt, einfache Untreue, sei es mit oder ohne Trauschein, für Verrat zu halten – und wo kämen wir damit schließlich auch hin? –, werden auch hier echte Verräter selten. Ein schönes, wenn auch etwas entlegenes Einzelbeispiel ist die Fabel *Inkle und Yariko* des aufklärerischen Fabeldichters und Moralphilosophen Christian Fürchtegott Gellert, die auf einem in zeitgenössischen Quellen überlieferten realen Vorfall beruht. Inkle, ein englischer Kaufmann, strandet bei einem Schiffbruch auf einer exotischen Insel. Während seine Leidensgenossen von den „Wilden" hingemeuchelt werden, erbarmt sich ein reizendes Indianermädchen – Yariko – des ebenfalls recht hübschen jungen Mannes. Man versteht zwar anfangs die Sprache des jeweils anderen nicht, aber es entwickelt sich eine allseits befriedigende Beziehung; die Dame besorgt den Haushalt und zeigt die Schönheiten der Insel, der Herr des Hauses erzählt Wundergeschichten von seinem verlorenen Vaterland und den Wonnen der Zivilisation – und macht der armen Yariko damit den Mund wässrig. Als auf einmal ein Schiff auftaucht, machen sich beide deshalb wohlgemut auf den Weg in seine Heimat. Bei einer Zwischenlandung in Barbados jedoch kommt Inkle ins Nachdenken: „Er kam mit leerer Hand aus Indien zurück; / dies war für seinen Geiz ein trauriges Geschick." Leere Hände? – Nein, er hat ja die liebreizende Yariko! „Er stillt in kurzer Zeit den Hunger nach Gewinn, / und führte Yariko zum Sklavenhändler hin." Alles Bitten und Flehen von Yariko – sie ist inzwischen schwanger – kann seinen Handelsgeist nicht mehr bremsen; schwanger ist sie doch noch einmal so viel wert! „Noch drei Pfund Sterling mehr! Hier, spricht der Brite froh, / Hier Kaufmann ist das Weib, sie heißet Yariko." Es hätten genauso gut dreißig Silberlinge sein können. Wie sagte schon Heine? „Jeder Reiche ist ein Judas Ischariot."

Sein philosophisches Schwergewicht schließlich bekommt Judas dadurch, dass an ihm die bekanntlich überaus heikle Frage des freien Willens diskutiert werden kann; so beispielsweise in der *Theodizee* von Leibniz. Der eine Gesprächspartner in diesem philosophischen Dialog, Antonius, führt aus: „Die Schwierigkeit ist folgende: Wenn Gott den Verrat des Judas vorausgesehen hat, so war es notwendig, dass Judas verriet, und es war unmöglich, dass er nicht verriet. Nun gibt es keine Verpflichtung zu dem Unmöglichen. Er hat also nicht gesündigt und verdiente keine Strafe. Dies zerstört aber die Gerechtigkeit, die Religion und die Furcht vor Gott." Der andere, Laurentius, hält dagegen: „Gott hat die Sünde vorausgesehen, aber er hat den Menschen nicht gezwungen, sie zu begehen; die Sünde war eine freiwillige." Darauf Antonius: „Dieser Wille war aber notwendig, weil er vorausgesehen war." Der Streit zieht sich noch längere Zeit hin, und es gelingt Antonius nur mit einigen Verrenkungen, Laurentius zu überzeugen, dass Judas gleichzeitig aus freiem Willen zum Verräter wurde und im großen Plan der besten aller möglichen Welten trotzdem so handeln musste, da es aus Judas' Perspektive ja nicht ersichtlich war, dass er keine Wahl hatte.

Das bleibt zwar argumentativ wenig befriedigend, macht aber zum Schluss deutlich: In jeder wirklichen Welt muss es das Schlechte geben, damit es das Gute geben kann. Es gibt den Verrat, wenn es den Glauben an die Liebe gibt und wenn es die Treue zu einem Ideal gibt, sei es das Vaterland oder die Idee oder Gott. Aber auch umgekehrt: Wenn es keinen Glauben an Ideale, an die Liebe, an Gott oder wenigstens das Wahre-Schöne-Gute mehr gibt – gehen auch die Verräter aus. Judas, im Übrigen, darf noch heute kein Kind in Deutschland genannt werden.

Dr. phil. habil. Jutta Heinz ist Literaturwissenschaftlerin.

Offenbarung

von althochdeutsch *offenbaeren* für „offen zeigen, enthüllen, kundtun" und mittelhochdeutsch *offenbarunge* für „Kundgabe, Bekenntnis". Altgriechisch *apokalypsis* (Enthüllung), *epiphaino* (in Erscheinung treten) und *diasapheo* (verkünden); lateinisch *manifestatio*. Grundbegriff der Philosophie und Theologie: was sich zeigt, wie es sich zeigt.

Die Vernunft ist außerstande, die Spontaneität der ursprünglichen Offenbarung zu begreifen. Der Ursprung als Wille und Freiheit liegt vor aller Bestimmtheit und Logizität. Erst im Sprung vom unbestimmten Einen zum bestimmten wird Definition und Logizität denkbar. In dieser Ursprünglichkeit trennen sich Unbestimmtes und Bestimmtes, und jedem Bestimmten hängt die Frage an, wie es bestimmt wurde und so zum Sein kommen konnte. Denn das Indifferente lässt, solange es indifferent bleibt, die entscheidende Differenz, die zwischen Sein und Nicht-Sein, nicht zu. Deshalb gibt es für das, was geworden ist – insofern es geworden ist – keine logische Antwort.

Wenn man weiß, dass sich etwas zeigt, ist das der Prozess der „Phänomenologie". Phänomenologie (von altgriechisch *phainómenon* für „Sichtbares", „Erscheinung" und *lógos* für „Geist", „Lehre") ist ein hegelsches Kunstwort und meint: Zur-Erscheinung-Kommen des Geistes. Es zeigt sich der Geist, der *logos* wird Phänomen. Offenbarung ist in diesem Sinne Phänomenologie; aber die Bedeutung von Offenbarung ist damit nicht völlig abgedeckt: Offenbarung ist nicht Entdeckung. Ein Entdecker zieht die Decke weg, und dann zeigt sich, was verborgen war. Offenbarung verläuft genau umgekehrt: Nicht ein Entdecker oder Erfinder ist tätig, sondern im Prozess der Offenbarung ist eine Instanz aktiv, die das Offenbarte zeigen will. In diesem Prozess ist der Rezipient der Offenbarung nur Adressat. Die Vorstellung, dass ein Wille dahinter steht, ist für die Offenbarung konstitutiv. Der Prozess der Offenbarung ist spontan und unverfügbar, frei von inneren und äußeren Zwängen. Das heißt, man kann nicht nach Offenbarung(en) suchen, sie nicht heraufbeschwören.

Der absolute Anfang, das Eine

Offenbarung ist ein Moment eines im genauen Sinne ursprünglichen Prozesses, des Über-sich-Hinausgehens des Anfangs als eines unbestimmten, ursprünglichen Willens. Dieser Wille, der sich offenbart, wird sich in diesem Prozess selbst zum Objekt, er sieht sich als Objekt seines eigenen Wollens: und das ist die Offenbarung seiner selbst.

Ehe sich der Wille selbst zum Objekt wird, ist er sich selbst unerkennbar. Ein Anfang ist nur ein bestimmbarer Anfang, wenn er etwas zeigt, das angefangen hat – aber dann ist er bereits vorbei, und somit von seiner Anfänglichkeit different. Davor ist ein unbestimmter Anfang, das Eine, das, weil es noch keine Differenz kennt, im genauen Sinne indifferent ist. Ein solches unbestimmtes „Eine" wurde erstmals von

Plotin (205–270) bedacht. Das unbestimmte Eine wird in dem Prozess seiner Teilung, in dem es sich selbst different und zu seinem eigenen Objekt wird, zum bestimmten Einen. Es wird durch seine Negation im Andern zum Bestimmten. Dieser ursprünglichste Prozess der Entäußerung als Offenbarung seiner selbst ist die Differenzierung seiner selbst in ein Selbst und „das andere seiner selbst".

Der Wille ist, solange er nur will, noch nicht sein eigenes Objekt. Er muss sich wollen: Das „sich" macht deutlich, dass der Wille in dem Moment, in dem er das Objekt, das er will, erkennt, dieses Wollensobjekt auch zum Erkenntnisobjekt umwidmet. Damit werden Subjekt (das Selbst) und Objekt (das andere seiner selbst) zugleich konstituiert; aus dem ursprünglichen Willen wird das Zugleich von Wollen und Erkennen von etwas. Aus dem Unbestimmten wird ein Bestimmtes. In diesem Prozess der Entäußerung liegt das Moment der Offenbarung. Dieser Prozess der Selbst-Offenbarung verläuft vom unbestimmten zum bestimmten Einen – und wenn das Eine bestimmt und deshalb erkennbar ist, ist das davorliegende unbestimmte Eine nur negativ erkennbar, es ist das „Vor" jeder Bestimmung.

Das Denken ist, weil es immer schon Differenz voraussetzt – zwischen Subjekt und Objekt, zwischen Identität und Differenz, zwischen Unbestimmtem und Bestimmtem – außerstande, die Ursprünglichkeit zu begreifen, die aus sich selbst als Wille hervortritt. Dieser absolute Ursprung ist unbegreiflich. Würde er begriffen, wäre er schon als Objekt konzipierbar und nicht unvorgänglich im Sinne des unbestimmten Einen, absolut Anfänglichen. Deshalb kann Wille nur unbegrifflich empfunden und exekutiert werden. Das unbestimmte Eine, der Ungrund, bleibt das im Hintergrund Stehende, das Unberechenbare, eben das Indifferente, Unbestimmbare, absolut Negative, das Geheimnis.

Offenbarung für wen?

Wenn Offenbarung kein rein selbstbezüglicher Prozess sein soll, muss das Eine, das sich selbst konstituiert hat, über sich hinausgehen. Es ist dann keine Selbstoffenbarung mehr, sondern eine Offenbarung für andere. In der christlichen Theologie: das, was Gott von sich aus die Menschen wissen lassen will. Dafür muss der Rezipient, der Empfänger der Offenbarung (als passives Moment der göttlichen Kraft), „geschaffen" werden: Der Mensch kann als Abbild Gottes dessen Offenbarung teilhaftig werden – dann wird das Unverstehbare offenbar. Die Offenbarung geschieht mit dem Menschen und es zeigt sich: Offenbarung hat etwas überwältigend Autoritäres. Man kann sich gegen die Offenbarung nicht wehren.

Die Verwaltung der Offenbarungsgewalt

Offenbarung ist als Prozess des freien, spontanen Sich-Zeigens unverfügbar. Sie hat für den Rezipienten ein Moment des Gewaltig-Überraschenden in dem Moment, wo sie sich als das über alle Erwartungen hinaus Mächtige zeigt. Dieses Mehr-als-zu-erfassen-ist wird im Pulsieren von Ankunft und Verschwinden des Überraschungsmoments deutlich. Die Einmaligkeit ist das Indiz dafür, dass das anfängliche Moment der Offenbarung – wenn sie sich denn zeigt – in dem Moment vorbei ist, in dem sie Begrifflichkeit wird und als Urteil erfasst werden kann. Sobald die Prozessualität verschwindet, wird die Offenbarung von einem Prozess zum Objekt. Als natürliche Offenbarung wird sie Welt und als Kosmos, der wissenschaftlich, das heißt logisch erforscht werden kann, fassbar.

Die Offenbarung konstituiert die Zeitlichkeit, weil mit ihr die Zeit als vorher und nachher wichtig wird. So wird sie historisch. In religiösen Zusammenhängen konstituiert sie wegen ihrer Unberechenbarkeit auch die bange Zukunftserwartung, in der man sich die Offenbarung als endgültig vorstellt. Mit der endgültigen Offenbarung, mit der Apokalypse (im Sinne von Gottesgericht/Weltuntergang) glaubt man, werde die Zeit der Offenbarungen beendet. Aber bis die Apokalypse eintritt, muss die vergangene Offenbarung verwaltet werden in der Hoffnung, dass die zukünftige für den Menschen bekömmlich, gnadenhaft und als ein mildes Gericht erscheint. Deshalb muss die schon geschehene Offenbarung kundgetan und als geschichtliche Erzählung verwaltet werden: als Erzählung und als Kult mit dem Anspruch, dass es so gewesen sei.

Geheimnis

Als Verwaltung der Offenbarung entstehen Kult, Gesetz und Lehre. Diese Kombination von geschichtlicher Repräsentation in Erzählung und Kult sowie die Interpretation der Erzählung als Gesetz verlangen Glaube: das heißt Akzeptanz, Gehorsam und Praxis. Das ist erheblich mehr als die erbauliche Theorie des Himmels, die der aristotelische Philosoph im zehnten Buch seiner *Nikomachischen Ethik* und Immanuel Kant bei der Betrachtung des gestirnten Himmels empfinden.

Abbildung:
Empyreum. Gottes überkosmische Offenbarung
Kupferstich in: Khunrath, Heinrich: Amphiteatrum sapientiae aeternae. 1610. Entnommen aus: Gilly, C.; Hallacker, A.; Neumann, H.-P.; Schmidt-Biggemann, W.: Faksimile: Amphitheatrum Sapientiae Aeternae – Schauplatz der ewigen allein wahren Weisheit. frommann-holzboog, Stuttgart 2013

Die Abbildung zeigt die Selbstoffenbarung des dreieinigen Gottes. Hinter der zentralen Figur des gekreuzigten Christus strahlt Gott als „das Eine". Im Prozess der Selbsterkenntnis setzt Gott sich seinen Sohn entgegen. Dieser Offenbarungsprozess findet seine Fortsetzung in der Entäußerung der göttlichen Macht und Herrlichkeit in die überkosmischen himmlischen Sphären des Empyreums (von altgriechisch *empyros* für „im Feuer befindlich": höchster Teil des Himmels).

Weil aber das unbestimmte Eine, das sich ursprünglich als Wille offenbart, zunächst noch unbestimmt ist und die Offenbarung erst im Nachhinein in ihrer Faktizität interpretiert werden kann, bleibt hinter jeder Offenbarung ein Verdacht – der nämlich, es könnte sich ja noch etwas ganz anderes offenbaren. Dieser Verdacht im Offenbarungsprozess ist das Geheimnis. Dass sich etwas offenbart hat, ist evident (von lateinisch *evidentia* für „augenscheinlich", „selbsteinsichtig"). Aber es ist auch evident, dass das, was sich offenbart hat, in der menschlichen Offenbarungsverwaltung nicht restlos aufgehoben ist. Es bleibt der Überschuss, der unberechenbar ist und sich im einmaligen, unwiederholbaren Überraschungsmoment zeigt.

Da das Überraschungsmoment, wie jede Überraschung, auch bei der Offenbarung positiv und negativ sein kann, da es beim Rezipienten Schrecken wie Entzücken erregen kann, muss die unbekannte Instanz hinter der Offenbarung berechenbar gemacht werden. Die unberechenbare Instanz wird beschworen durch Opfer und Kult in der Hoffnung, dass ihr Überschussmoment für den Menschen bekömmlich werde. Darin liegt der Grund für die Kirche als Rechtsinstitution zwischen Himmel und Erde: Sie hat die Aufgabe, die Versöhnung mit Gott zu stabilisieren. Es geht um die verwaltende Beschwörung des Geheimnisvollen, es gnädig zu stimmen.

Das Geheimnis ist nicht nur eine Frage der Bekömmlichkeit des Vergangenen für den Menschen, sondern es ist zugleich das Wunder der Existenz, die selbst Offenbarung ist. Denn die Unerklärlichkeit der Existenz selbst, die in der spontanen Entäußerung des Indifferenten, des Ungrundes, in die Differenz zwischen Sein und Nichts geschieht, ist definitionsgemäß als Vernunftakt nicht zu begreifen. Deshalb gehören Offenbarung und Geheimnis zusammen, nicht allein wegen der Unmöglichkeit, die ursprünglichen göttlichen Prädikate zu bestimmen, sondern auch, weil noch die Frage nach der Existenz die Ursprünglichkeit des Absoluten nicht erreicht. Es ist die Dialektik des hauchdünnen, durchscheinenden Schleiers, welche die lateinische Fassung von Offenbarung *revelatio* darstellt: Der Schleier zeigt, was er verbirgt und verbirgt, was er zeigt und es bleibt doch unklar, wie der Schleier Sein oder Nichtsein verschleiert und entschleiert. Ein verratenes Geheimnis ist keines mehr, und eine vollständige, zu Ende gekommene Offenbarung wäre die Apokalypse. Bis dahin, hofft man, könne man mit Offenbarung und Geheimnis leben.

Wilhelm Schmidt-Biggemann ist Professor für Philosophie an der Freien Universität Berlin.

Zur Vertiefung empfohlen:

– Schmidt-Biggemann, Wilhelm: Geschichte der christlichen Kabbala. Band I–IV, Verlag Frommann-Holzboog, Stuttgart

Peepshow

von englisch *to peep* für „verstohlen schauen" und *to show* für „zeigen, darbieten, zur Schau stellen": auf sexuelle Stimulation zielendes Sich-zur-Schau-Stellen sich entkleidender beziehungsweise nackter weiblicher Personen gegen Bezahlung in vom Zuschauer einsehbaren aber nicht betretbaren Räumlichkeiten.

Das Geheimnis ist kaum mehr als eine Unbekannte in einer Gleichung. Mancher Geheimnishüter scheut allerdings die Aufklärung, weil es sich ungünstig auf die eigene Rechnung auswirken kann. Das zeigt sich besonders deutlich an der Peepshow. Bei der klassischen Peepshow betritt der Besucher eine Kabine, aus der er die Darstellerin bei ihrer Darbietung betrachtet. Er selbst lässt sich aber nicht blicken, weil ihn zum Beispiel einseitig durchlässiges Spiegelglas deckt.

Im Englischen bezieht sich der Ausdruck *peep show* auf die Situation des geschützten Blicks, hat aber eine allgemeinere und unverfänglichere Bedeutung: Gemeint ist damit vor allem der Guckkasten, eine beliebte Unterhaltungsform auf Jahrmärkten, lange bevor es das Kino gab. Im Guckkasten sind vor einer Lichtquelle Bilder fixiert, die der Betrachter durch ein oder zwei mit Linsen versehene Gucklöcher sehen kann. Konvexe Linsen vergrößern die im Kasten sichtbaren Darstellungen. Dem zahlenden Betrachter offenbaren sich Szenerien – exotische Landschaften, fantastische Kreaturen, Naturkatastrophen – oder einfache Bildergeschichten, die der Besitzer des Guckkastens erzählend belebt. Und weil das *peephole* (Guckloch) an den heimlichen Blick durchs Schlüsselloch erinnert, gab es zuweilen auch verbotene Dinge zu schauen: erotische Darstellungen, die heute – angesichts einer Erotikindustrie, die noch die ausgefallensten Spielarten und Fantasien menschlicher Sexualität für jedermann leicht zugänglich bedient – wenig raffiniert oder skandalös wirken.

Die Peepshow vermittelt zwischen Konvention und Verbot. Von außen eine *black box* (wörtlich: schwarze Kiste), welche die in ihr stattfindenden Geschehnisse verbirgt, gewährt sie im Innenraum den sonst durch mehr oder weniger strikte Moralvorstellungen geahndeten Einblick in fremde Intimität. Ein nicht geringer Reiz für den Voyeur ist es, dass sich der Betrachter beim Betrachten nicht zeigt. Sein Moralverstoß, das Ausleben seines voyeuristischen Verlangens bleiben den Außenstehenden und dem begehrten Objekt verborgen. Der Voyeur positioniert sich in sicherer Distanz zum Geschehen, zum Gesehenen. Er ist in die erotische Szenerie nicht integriert. Einseitige Einsicht, die unsichtbare Wand zwischen begehrtem und begehrendem Subjekt, schützt den Voyeur. Nur das Objekt ist den Blicken ausgeliefert. Der Voyeur fürchtet den Blick zurück und vermeidet den direkten Kontakt. Denn dann entstünde Scham, der Voyeur verlöre die Kontrolle über die Situation.

Von einer ähnlichen Gefahr berichtet der antike Mythos. Als Aktäon auf Pirsch nicht einen Hirsch erspäht, sondern eine Göttin beim Baden, bezahlt er die Begegnung mit seinem Leben. Zaubermächtig bespritzt

Was ein Liebender von seiner Liebe sagt,
wäre wahr,
wenn er es nicht sagen würde.

Wenn sie Ehrgeiz entwickelt,
bringt es die Unschuld
oft bis zur Dummheit.

Pessimismus ist ehrlich,
wenn der Pessimist ihm auch
an schlechten Tagen huldigt.

Jürgen Große

Jürgen Große lebt als freier Autor in Berlin, seine aphoristischen Arbeiten wurden mehrfach ausgezeichnet. Im Verlag der blaue reiter veröffentlichte er die Essaybände *Die Philosophen* (2007), *Durch Tag und Nacht. Lehrstunden der Schlaflosigkeit* (2008) und *Die Arbeit des Geistes* (2013). Im Frühjahr 2014 erschien sein Aphorismen- und Anekdotenbuch *Philosophendämmerung*.

Diana ihn mit Wasser, er wird vom Jäger zur Beute. In einen Hirsch verwandelt, fallen ihn seine eigenen Hunde an und töten ihn. Macht dies Aktäon, dessen Geschichte auch Ovid in den *Metamorphosen* erzählt, zum mythischen Vorläufer des Voyeurs? Bilden Grotte, Gewässer und Unterholz hier die urwüchsige Form der Peepshow? Der lüsterne Blick, die Begierde, die den Mann zum Tier macht, der, von seinen Leidenschaften gehetzt, den Trieben unterliegt – postfreudianisch ließe sich der Mythos entsprechend deuten. In Ovids Darstellung geht es allerdings um die Wahrung eines anderen Geheimnisses als das der schuldhaften Begierde. Es ist auch nicht die Ächtung des unkeuschen Blicks. Ovid betont die Schuldlosigkeit Aktäons: „Doch wenn Du genau nachforschst, liegt hier ein Vergehen des Schicksals vor, wirst Du keinen Frevel entdecken; denn was für ein Frevel war das Versehen?“ Wahrscheinlich kannte Aktäon das göttliche Gebot, gegen das er sündigt, und hätte es vielleicht geachtet, aber gegen den Zufall ist niemand gewappnet. Er wird bestraft, weil er die Keuscheste der Göttinnen versehentlich unbekleidet gesehen hat. Kein Sterblicher darf und kann die Götter sehen, das Heilige bleibt dem Sterblichen Geheimnis und vernichtet alle, die es entweihen. Die Götter allein bestimmen, wem und wie sie sich zeigen. Die Göttlichkeit des Gesetzes bezieht ihren erhabenen Anspruch gerade aus seiner Gleichgültigkeit gegen die Frage nach individueller Schuld. Unerbittlich stellt die Ächtung des unabsichtlichen Frevels die Hierarchie zwischen Gott und Mensch wieder her.

Bei der Peepshow als institutionalisiertem Voyeurismus ist es umgekehrt; der Betrachter bleibt ungesehen, der oder das Betrachtete ist ausgestellt, Blicken und Begehren unterworfen. Für den Voyeur kehrt sich das Machtverhältnis um, wenn er sich Einblick ins Intimste verschafft. So wie beim sprichwörtlich gewordenen *peeping Tom*, einer Nebenfigur in der angelsächsischen Legende der Lady Godiva. Unbekleidet muss sie durch Coventry reiten, um die Einwohner von drückenden Steuern zu befreien. Sie bittet die Bewohner, während des Ritts in ihren Häusern zu bleiben und die Fensterläden zu schließen. Nur Tom bohrt ein Loch in seinen Laden und verweigert der Herrin damit seinen Respekt, wird aber für seinen Frevel an der tugendhaften Lady mit Blindheit geschlagen. Hier, in der christlichen Legende, sind wir einen Schritt näher an der Urszene des Voyeurismus: Godiva nimmt ihren Beobachter nicht wahr. Also muss sie ein Voyeur mit unbeschränkter Blickweite – früher war es Gott, heute wäre es wohl irgendetwas zwischen Google und Geheimdienst – rächen, der den Sünder für seinen Tabubruch straft.

Die Macht, die sich der Voyeur ersehnt, enthüllt bis zur letzten Konsequenz das Alte Testament an Susanna, einer treuen Ehefrau. Sie wird von zwei mächtigen Freunden ihres Mannes heimlich beim Baden beobachtet. Schon lange haben sie die schöne Frau begehrt. Jetzt ist Susanna allein und ihre Blöße macht sie verdächtig. Das Objekt der Begierde ist den Betrachtern damit ausgeliefert, aus Voyeuren werden versuchte Vergewaltiger. Sie wollen sexuelle Handlungen von ihr erpressen und stellen Susanna, die sich weigert, in der Öffentlichkeit als Ehebrecherin bloß. Ihre Nacktheit spricht gegen sie. Letztlich ist es auch hier Gott, der die verleumdete Tugend retten muss.

Die Peepshow dagegen sichert Betrachter und Objekt vor der letzten Konsequenz. Zwar ist der beobachtete Körper schutzlos ausgestellt und agiert im Bewusstsein, beobachtet zu werden. Aber die Glasscheibe verschiebt die nackte Physis ins Virtuelle, schützt sie vor der Aggressivität des Triebs, der sich auf den ungeschützten Körper richtet. Am Spiegelglas materialisiert sich die unsichtbare, aber unüberschreitbare Grenze der Scham. Sie ist wie der durchsichtige Schleier der Venus auf Lucas Cranachs Gemälde *Venus und Amor* Aufhebung und Anerkennung des Tabus zugleich.

Der Aspekt des Virtuellen und die Beispiele aus Mythos, Legende und Bibel weisen darauf hin, dass die Grenzen dieses Tabus der Körperlichkeit fließend bleiben. Eigentlich kann auch ein Museum zur Peepshow werden. Alle geschilderten Szenen wurden in der bildenden Kunst ja auch zu geläufigen, von der Tradition gedeckten Sujets der Nacktheit. Fast jedes Museum zeigt Kunstwerke von Diana und Susanna im Bad. Wie Aktäon wird der unvorbereitete Betrachter schuldlos zum Voyeur gemacht, muss aber – bis aufs Eintrittsgeld – nicht dafür bezahlen. Kunst entkräftet die Konvention, hier ist selbst der schamlose Blick gestattet. Im Museum ist das schutzlos Nackte zumindest theoretisch allein den Normen der Ästhetik und nicht der Moral unterworfen. In den Kunstakademien wird bei

Aktstudien aus Voyeurismus sogar Pflicht – und dies eignet sich dazu, die Peepshow umzudeklarieren. So verriet in den Sechzigerjahren ein ironischer Reisebericht Manfred Schmidts den Trick einer Londoner Peepshow: Sie gab sich als Ort des Kunststudiums aus und bot dilettantisches Aktstudium an. Die ausgestellte Nacktheit wird legitimiert, wenn Begehren sublimiert als Liebe am Schönen erscheint, das als Idee das Stoffliche transzendiert. Die bildende Kunst hat uns alle damit schon lange vor der Einrichtung von Peepshows zu Voyeuren gemacht.

Genau besehen dient die Peepshow aber als alles Geheimnisvollen bare Schwundstufe des Begehrens. Sie enthüllt zwar Verborgenes, raubt aber in der kristallinen Helle des Schauraums dem Geheimnis seinen Nimbus, zumal die Exklusivität des Voyeurs nicht garantiert ist; weisen doch zumeist mehrere Kabinen auf eine Darstellerin. Darüber hinaus wird die Erscheinung auf bloße Körperlichkeit reduziert und die verbotene Handlung in einem „Kasten" versteckt, um der Konvention Genüge zu tun. Der Preis der Grenzüberschreitung lässt sich durch kühles Taxieren des Triebstaus auf den Cent genau berechnen. Ein banales Transfermittel übersetzt schließlich Schuld und Sühne in Soll und Haben: Die Allmacht des Geldes wird dabei zum eigentlichen Geheimnis, das sich in seiner diskreten Gewöhnlichkeit dem abgelenkt Staunenden nicht preisgibt.

Dr. Peter-Henning Haischer ist wissenschaftlicher Mitarbeiter am Wieland-Forschungszentrum in Oßmannstedt.

Whistleblower

Der englische Begriff ist zusammengesetzt aus *whistle* (Pfeife, Pfiff, Signal) und *to blow* (blasen, pusten). Wörtlich lässt er sich mit Pfeifenbläser beziehungsweise Signalgeber übersetzen. Der Ausdruck *Whistleblower* wird oftmals mit den ehemaligen Londoner Schutzpolizisten in Verbindung gebracht, weil diese sogenannten *Bobbies* ein von ihnen wahrgenommenes Verbrechen mittels einer Trillerpfeife signalisierten. Aber auch Schiedsrichter werden im englischen Sprachraum als Whistleblower bezeichnet. Diese unterbrechen das Spiel bei einem Regelverstoß durch einen Pfiff und machen damit das Foul für alle Mitspieler sowie die Zuschauer akustisch deutlich. Außerdem bezeichnet das Verb *to whistle* das Verraten von geheimen Informationen. William Shakespeare ist einer der Ersten, die *to whistle* in dieser Bedeutung verwendet haben. In seinem 1611 uraufgeführten Stück *The Winter's Tale* (*Das Wintermärchen*) heißt es: „Is there no manners left among maids? ... Is there not milking-time, when you are going to bed, or kiln-hole, to whistle off these secrets, but you must be tittle-tattling before all our guests?" („Gibt es denn keine Manieren mehr unter Mädchen? ... Gibt es denn nicht die Melkzeit, (oder) wenn ihr ins Bett geht oder das Backofenloch, wo ihr diese Geheimnisse loslassen könnt, sondern müsst ihr es vor all unseren Gästen austratschen?")[1] Damit wird ein direkter Zusammenhang zwischen *to whistle* und dem Preisgeben von Geheimnissen in der Öffentlichkeit hergestellt.

Die heute gebräuchliche Bedeutung des Ausdrucks Whistleblower ist auf den amerikanischen Verbraucherschützer Ralph Nader zurückzuführen, der 1971 erstmals von *Whistleblowing* sprach. Bis heute liegt jedoch keine anerkannte Definition vor. Weitverbreitet ist diejenige von Janet P. Near und Marcia P. Miceli. Die Autorinnen beschreiben im *Journal of Business Ethics* 1985 Whistleblowing als Mitteilung rechtswidriger und/oder unmoralischer Handlungen eines Arbeitgebers durch einen seiner (ehemaligen oder aktuellen) Mitarbeiter an eine Person/Organisation, welche in der Lage ist, Maßnahmen zur Behebung dieser Missstände zu erwirken. Unterschieden wird weiterhin zwischen internem und externem Whistleblowing: Meldet ein Angestellter entdecktes Fehlverhalten innerhalb der Firma, Organisation beziehungsweise Institution, in welcher er beschäftigt ist, spricht man von internem Whistleblowing. Externes Whistleblowing liegt hingegen vor, wenn sich der Angestellte an außenstehende Personen beziehungsweise Organisationen wendet. Solche außenstehenden Instanzen können staatliche Meldebehörden oder auch journalistische Medienvertreter sein. Externes Whistleblowing hat damit in der Regel die öffentliche Enthüllung der entdeckten Missstände zur Folge.

Aktuelles Beispiel für externes Whistleblowing ist der Fall um den ehemaligen Mitarbeiter der *National Security Agency* (NSA) Edward Snowden. Snowden enthüllte im Sommer 2013 die Existenz von Programmen, mit denen der amerikanische Geheimdienst NSA die elektronische Kommunikation eines Großteils der Weltbevölkerung ausspäht. Diese Programme unterlagen höchster Geheimhaltung. Snowden floh aus Angst vor drastischen Sanktionen für sein Whistleblowing über Hongkong nach Moskau. Dort wird ihm zurzeit Asyl gewährt. Ein weiteres Beispiel ist die Veröffentlichung der sogenannten *Pentagon-Papiere* durch Dr. Daniel Ellsberg im Jahre 1971. Die Dokumente belegten die systematische Täuschung der amerikanischen Bevölkerung über die Notwendigkeit einer militärischen Intervention in Vietnam durch die amerikanische Regierung. Ellsberg wurde deswegen von der amerikanischen Regierung angeklagt und sollte laut Anklageschrift für 115 Jahre ins Gefängnis gehen. Doch er wurde freigesprochen. Auch in Deutschland ist Whistleblowing kein unbekanntes Phänomen. Anfang der 90er-Jahre stellte die Veterinärmedizinerin Margrit Herbst in einigen Fleischproben Anzeichen für eine BSE-Erkrankung der Rinder fest. Trotz ihrer Warnung wurde das Fleisch für den menschlichen Verzehr freigegeben. Um die Öffentlichkeit darüber zu informieren und zu alarmieren, gab Margrit Herbst 1994 ein Fernsehinterview. Daraufhin wurde sie von ihrem Arbeitgeber entlassen, da sie gegen ihre Treuepflicht als Angestellte verstoßen habe.

Diese Beispiele zeigen, dass durch die Weitergabe von internen Informationen durch Whistleblower an außenstehende Instanzen ein rechtliches beziehungsweise moralisches Spannungsfeld eröffnet wird. Denn um einen entdeckten Missstand innerhalb eines Betriebs, einer Organisation beziehungsweise einer Institution melden zu können, ist es für Whistleblower unausweichlich, Betriebsgeheimnisse (lateinisch *arcana domus*) beziehungsweise in bestimmten Fällen auch Staatsgeheimnisse (lateinisch *arcana imperii*) zu verraten. Solche Geheimnisse sind meistens durch vertragliche Bestimmungen in Form von Verschwiegenheitsklauseln geschützt. Die Weitergabe an außenstehende Instanzen ist damit gleichbedeutend mit einem Vertragsbruch. In diesem Sinne handelt es sich bei Whistleblowing um Geheimnisverrat. Doch Geheimnisverrat ist nicht gleich Geheimnisverrat. An dem Geheimnisverrat durch Whistleblower ist entscheidend, dass dadurch Informationen öffentlich bekannt werden, die Missstände von allgemeiner Bedeutung beziehungsweise eine Gefährdung des Allgemeinwohls belegen. Es besteht also ein hohes öffentliches Informationsinteresse an diesen Geheimnissen. Whistleblowing hinterfragt demnach die Daseinsberechtigung bestimmter Geheimnisse. Denn durch den Geheimnisverrat wird deutlich, dass mittels eines Geheimnisses versucht wurde, eine Rechtsverletzung beziehungsweise eine unmoralische Handlung von allgemeinem Interesse zu verbergen. Geheimnisse sind zwar nicht allgemein gleichbedeutend mit dem Verbergen unlauterer Handlungen, im Falle von Whistleblowing wird jedoch besonders dieser mögliche Wesenszug des Geheimnisses deutlich.

Um solche geheim gehaltenen Rechtsüberschreitungen anzuzeigen, überschreiten Whistleblower notwendigerweise selbst eine juristische Grenze. Diese Grenzüberschreitung bleibt nicht ohne Risiken für Whistleblower. Meist müssen sie mit der Kündigung ihres Arbeitsverhältnisses, einer Gefängnisstrafe oder im äußersten Fall mit der Gefährdung ihrer persönlichen Existenz rechnen. Whistleblower riskieren also ihr eigenes Wohlergehen, um das der Allgemeinheit zu schützen. Aufgrund dessen werden Whistleblower in der Öffentlichkeit nicht nur als Verräter beschimpft, sondern ebenso als Helden gefeiert.

Auch wenn Whistleblower oftmals vonseiten ihrer Arbeitgeber als Verräter bezeichnet und behandelt werden, zeigen derzeitige wirtschaftsethische Entwicklungen den Versuch, Whistleblowing in bestehende Unternehmensstrukturen einzufügen. Dies geschieht in Form von internen Hinweisgebersystemen. Solche Systeme sollen es Arbeitnehmern ermöglichen, Missstände innerhalb der Firma, Organisation beziehungsweise Institution, in der sie beschäftigt sind, anonym anzuzeigen. Es soll gewährleistet werden, dass nicht nur betriebsinterne Vorschriften, sondern ebenso die allgemein verpflichtenden Gesetze eines Staats eingehalten werden. Daraus können sich sogar verschiedene Vorteile für ein Unternehmen ergeben. Effektive Hinweisgebersysteme ermöglichen es zum Beispiel, Missstände intern früh zu erkennen und ohne Verlust des öffentlichen Ansehens zu beheben. Dadurch kann ein Unternehmen durchaus Verluste durch Strafzahlungen, Anwaltskosten ... vermeiden und auch seine Position gegenüber Konkurrenten verbessern.

Die steigende Zahl von unternehmensinternen Hinweisgebersystemen resultiert jedoch nicht ausschließlich aus diesen ökonomischen Gründen. Eingeleitet wurde die Entwicklung vielmehr durch den amerikanischen Gesetzgeber selbst, der 2002 ein entsprechendes US-Bundesgesetz erlassen hatte (den sogenannten *Sarbanes-Oxley Act*). Dieses Gesetz verpflichtet alle Unternehmen am amerikanischen Aktienmarkt unter anderem zur Etablierung von Hinweisgebersystemen. Auslöser dafür war der wirtschaftliche Zusammenbruch der amerikanischen Aktiengesellschaften *Enron* und *Worldcom* im Jahre 2002. Die Führung beider Unternehmen fälschte ihre Bilanzen, um ihren Gewinn am Aktienmarkt zu maximieren. In beiden Fällen haben Whistleblower zum einen dazu beigetragen, dieses Fehlverhalten aufzudecken. Zum anderen haben sie versucht, die Unternehmensleitung auf den möglichen Zusammenbruch des Unternehmens hinzuweisen. Ihre Warnungen wurden jedoch ignoriert und insgesamt 40 000 Mitarbeiter verloren durch den Kollaps der Unternehmen ihre Anstellung sowie ihre Pensionsansprüche. Whistleblowing kann also nicht nur für das Wohl der Allgemeinheit, sondern auch für die Unternehmen, in denen Missstände entdeckt werden, von Nutzen sein. Dennoch sei abschließend mit den (leicht variierten) Worten Galileo Galileis im gleichnamigen Drama von Bertolt Brecht gesagt: „Unglücklich das Land, das Whistleblower nötig hat!"

Jean-Marie Schaldach studierte Philosophie und Literaturwissenschaft an der Universität Erfurt.

Anmerkung:

1. Shakespeare, William: The Winter's Tale. Das Wintermärchen. Englisch-deutsche Studienausgabe. Francke Verlag, Tübingen 1986, Seite 201 (4. Akt/4. Szene), für die Übersetzung siehe Seite 200 ff.

Stefan Baur

Bücherrätsel

Warum wir Geheimnisse brauchen? Man möchte antworten: Weil wir sonst nicht leben können! Aber vielleicht ist das eine schlechte Antwort, oder wenigstens zu kurz gesprungen und im Selbstverständlichen verhaftet. Denn beim zweiten Nachdenken kann doch allerhand Verschiedenes gemeint sein, wenn über *verborgene Wirklichkeiten* philosophiert wird.

Es ist einleuchtend, dass Philosophen gerne über Verborgenes nachdachten und es auch heute noch tun. Die einfachsten Begriffe und Feststellungen geben einen guten Ausgangspunkt für die Reise in die Philosophie ab, wie die bei Kindern beliebten, nie enden wollenden Warum-Fragen zeigen. Trotzdem waren die verborgenen, unklaren, fantastischen Fragen immer schon die zweite Quelle: Das Leben nach dem Tod, der Anfang aller Dinge, das Ende allen Seins – wann immer Begriffe und Vorstellungen bis an ihre Grenzen und darüber hinaus strapaziert wurden, ließ sich trefflich philosophieren. Daran hat sich bis heute nichts geändert. Aber das ist nicht die Spur, der das heutige Rätsel folgen will, es soll um eine andere Art des Verbergens gehen.

Mancher Denker dachte im Verborgenen nach über Dinge, die offen zu bedenken nicht opportun schienen – allem voran freies und rücksichtsloses Denken über religiöse Anschauungen, das die meiste Zeit unserer Geschichte hindurch lebensgefährlich war. Aber auch wer den Stein der Weisen suchte und sich von der Alchemie Reichtum und Glück erhoffte, pflegte dies im Verborgenen zu tun (die Habgier ist schließlich noch ausgeprägter als die Bigotterie). Isaac Newton ist für beides gleichermaßen exemplarisch, weswegen ihn John Maynard Keynes als *the last of the magicians* (den letzten der Alchemisten) bezeichnete. So reizvoll es sein könnte – auch diese Spielart des Verborgenen ist heute nicht Gegenstand des zu erratenden Textes.

Manchmal ist es das Produkt des Philosophierens selbst, das geheimnisvoll und seinen Sinn verbergend erscheint. Oft einfach deshalb, weil Zufall, Zerfall und Zeit aus komplexen Gedanken kurze Fragmente gemacht haben, wie es etwa für die Werke der Vorsokratiker typisch ist. In solchen Fällen wundert es nicht, dass der ursprüngliche Sinn verborgen und das Rätselraten um das Gemeinte ein ewiges Spiel bleibt. Gar nicht so selten allerdings ist der Sinn dunkel, obwohl alle Worte klar und deutlich zu lesen sind. Diese Art Geheimnis kann nun wiederum darin begründet sein, dass das Beschriebene einfach schwer zu verstehen ist. Oder aber darin, dass der Autor nicht willens oder in der Lage war, das Gedachte einfacher darzulegen. Ein kleiner Auszug aus einem für das heutige Rätsel passenden köstlichen Gedicht von Klaus Höfer illustriert den Unterschied:

Noch immer spukt es hegelhaft
durch die Geisteswissenschaft.
Da kann es absolut nichts schaden,
die dialektischen Tiraden
dieses größten Geist-Phantasten
und monströsen Wort-Bombasten
mal nach Herzenslust zu dämpfen
und, falls möglich, zu bekämpfen.
…
Verbales Imponiergehabe
wird so zur höchsten Denkergabe.
In ihren Theorienwelten
ist Klarheit deshalb äußerst selten.
…
Kurz und gut, die Denker-Gilde
(und dieses Urteil ist noch milde)
ist selber schuld, dass ihre Schriften
nicht die geringste Klarheit stiften.
Sie versiegeln ihre Thesen
mit nebelhaften Wörterwesen
und schützen sich mit diesem Trick
vor der nötigen Kritik.

Nicht zu überlesen, dass hier ein gutes Stück Polemik mitschwingt, genau wie im gesuchten Text. Dieser geht nämlich dieselbe Variante von Geheimnis oder Unverständlichkeit an, die im Gedicht verspottet wird: Unverständlichkeit aus Unvermögen oder Absicht. Schreibt womöglich einer geheimnisvoll, weil er nichts Rechtes zu sagen hat, gar nur interessant wirken möchte?

Es gibt eine Reihe aktueller Beispiele dafür, wie sich Philosophen gegenseitig genau das vorwerfen, und dabei geht es weder besonders fair noch allzu freundlich zu: Martha Nußbaum aus Chicago zerriss ihre Kollegin Judith Butler auf ganz ähnliche Art wie Noam Chomsky gleich eine ganze Reihe bekannter europäischer Philosophen, nämlich Jacques Derrida, Jacques Lacan und Slavoj Žižek. John Searle wiederum machte sich über Jacques Derrida her. In allen Fällen wird den attackierten Autoren vorgeworfen, sie schrieben absichtlich obskur und in unverständlichem Jargon, um sich sachlicher Argumentation und damit Kritik zu entziehen.

Keiner dieser Autoren hat den heute gesuchten kurzen Text verfasst. Aber die geschilderten Attacken sind keine tagesaktuelle Erfindung; auch nicht der konkrete Vorwurf an die gescholtenen Autoren. Der gesuchte Autor nahm vor nicht allzu vielen Jahren an einer ähnlichen Auseinandersetzung teil, die mit bekannten deutschen Philosophen zu tun hat (von denen einer auch schon im Bücherrätsel vertreten war). Jene Diskussion war durchaus gehaltvoll, vergleichsweise zivilisiert und etwas länger andauernd als die geschilderten aktuellen Beispiele. Die ursprünglich sachlichen Differenzen traten jedoch irgendwann in den Hintergrund: Der gesuchte Philosoph zog sich aus dieser Sache zurück und schrieb lediglich noch einen recht bösen Brief – der es wiederum in die Zeitung und später in einen Sammelband brachte. Dieser Brief ist heute zu erraten, genauer gesagt der am Ende veröffentlichte Text, der auch einen Titel trägt. Darin heißt es etwa: „Wer's nicht einfach und klar sagen kann, der soll schweigen und weiterarbeiten, bis er's klar sagen kann." Durchaus eine gute Idee! Und wer diese Worte wo auf diese Art formulierte, ist heute die Frage – die richtige Antwort ergibt auch den Titel des zitierten Gedichts.

Lösung des Bücherrätsels der 34. Ausgabe

Gesucht war die *Apologie des Raymond Sebond aus den Essais des Michel de Montaigne* von 1580. Darin ist ein umfangreicher Teil der Betrachtung von Tieren und ihren Verhaltensweisen enthalten.

Dr. B. Reiter

Haben Sie Probleme philosophischer Art?

Dr. B. Reiter sorgt für Aufklärung!

Es gibt keine Frage, zu der er nicht die passende Antwort hätte. Wenden Sie sich vertrauensvoll an unseren Spezialisten für philosophische Aufklärung.

Sehr geehrter Herr Dr. B. Reiter,

können Sie mir ein Buch empfehlen, mit dem ich schnell und einfach philosophieren lernen kann?

W. Fester

Sehr geehrter Herr Fester,

mit dem Denken ist es wie mit dem Schwimmen: Trockenübungen helfen nicht viel, man muss ins kalte Wasser springen! Entsprechend lernen Sie am einfachsten und schnellsten zu philosophieren, wenn Sie Georg Wilhelm Friedrich Hegels *Enzyklopädie der philosophischen Wissenschaften* lesen. Heißt es dort doch im § 10 mit Recht: „Erkennen wollen aber, ehe man erkenne, ist ebenso ungereimt als der weise Vorsatz jenes Scholastikus, *schwimmen* zu lernen, *ehe er sich ins Wasser wage.*" (Hervorhebungen von Hegel)

Sehr geehrter Herr Dr. B. Reiter,

vor Kurzem habe ich in einer Buchhandlung Ihr Journal zum ersten Mal gesehen. Bei der Lektüre ist mir aufgefallen, dass sich manche der Texte, die doch von Philosophieprofessoren verfasst wurden, widersprechen. Seit meiner Pensionierung belege ich regelmäßig Philosophiekurse an der Volkshochschule. Der Philosophiestudent, der uns unterrichtet, sagte gestern, dass Philosophie die Liebe zur Weisheit wäre. Wie aber kann etwas als Weisheit gelten, wenn sich die Philosophen beständig widersprechen?

K. Wille, per E-Mail

Sehr geehrter Herr Wille,

auch Ihnen empfehle ich die Lektüre der Werke des unübertroffenen Meisters anschaulicher Beispiele: Georg Wilhelm Friedrich Hegel. Schreibt dieser bezüglich Ihrer Frage doch in der *Enzyklopädie der philosophischen Wissenschaften* unter § 13: Eine solche Ansicht „würde bei Gegenständen des gemeinen Lebens von selbst als unangemessen und ungeschickt auffallen, wie wenn z. B. einer, der Obst verlangte, Kirschen, Birnen, Trauben usf. ausschlüge, weil sie Kirschen, Birnen, Trauben, *nicht* aber Obst seien. In Ansehung der Philosophie aber läßt man es sich zu, die Verschmähung derselben damit zu rechtfertigen, weil es so verschiedene Philosophien gebe und jede nur *eine* Philosophie nicht *die* Philosophie sei, – als ob nicht auch die Kirschen Obst wären." (Hervorhebungen von Hegel) Letztlich ist es mit der Weisheit wie mit den Frauen: Nur weil man sie begehrt, wird man ihrer nicht teilhaftig!

Noch Fragen? Fragen Sie Dr. B. Reiter!

Abbildung: CANIA

Jutta Heinz

Ich habe ein Geheimnis!

Jetzt hat dieser unverschämte Kerl mich doch glatt nach meinem Gewicht gefragt! Ja ist es denn zu glauben! Angeblich wegen dieses neuen Charity-Events gegen Fettleibigkeit: Jedes Kilo, das wir abnehmen, wird in Euro umgerechnet, die Firmenleitung gibt für jeden noch einen drauf, und irgendwo freuen sich kranke Erdhörnchen oder misshandelte Meerschweinchen! Nee, das geht gar nicht, auch nicht für einen guten Zweck. Das ist ja wie beim Beichten! Gott, was haben wir uns als Erstkommunikanten nicht alles ausgedacht! „Ich habe gesündigt in Worten und Taten." Da kommen einem doch erst die verwerflichsten Ideen! Wenn man ausnahmsweise mal brav war, ja, das musste man dann wirklich geheimhalten! Das gehört sich ja nicht als anständiges Kind. Andererseits: Das größte Geheimnis der Pastoren ist ihre Neigung zum Kindsmissbrauch. Das hält man schon besser geheim! Hat aber auch nichts genützt.

Einmal haben wir haben wir damals auch einen Geheimbund gegründet, mit geheimen Namen, geheimen Zeichen und Brimborium. Wie hieß der nur noch mal? War natürlich alles Blödsinn, hatte irgendjemand in einem Roman gelesen oder so. War aber klasse, weil wir damit Petra und Ursula – und Sibylle erst, die Zicke! – so gut nerven konnten: „Nee, wir können heute nicht kommen, wir haben eine Geheimbund-Sitzung!" „Nee, ist irre geheim und total wichtig, können wir gar nicht sagen!" Wie hießen wir denn nur noch? Mist, alles vergisst man, sogar seine Geheimnisse!

Jetzt klingelt das blöde Telefon, ist ja, als wäre man bei der Arbeit! Nummer unterdrückt, blöde Geheimnistuerei, wahrscheinlich eine Umfrage oder irgendeine arme Sau aus dem Callcenter. Das könnte man ja nun wirklich niemand erzählen, wenn man da arbeiten müsste; tagaus, tagein unschuldige Leute nerven. Oder Telefonsex! Ich wüsste ja gern, wer da so alles anruft. Überhaupt, um Sex wird das größte Geheimnis gemacht, wirklich lächerlich. Heutzutage kann doch jeder alles sehen, zu jeder Zeit, auf jede Art, mit jedem und im Kreis und noch mal von vorn. Nee, geradezu oberlangweilig ist das geworden, und wenn dann wieder einer mal „geoutet" wird, hat man es doch eh schon geahnt.

So ein Scheiß, jetzt muss ich mich schon wieder neu einloggen! Dämlicher Computer! Wie war noch das neue Passwort? Würde ja auch lieber „123456" nehmen, wie die meisten, ist aber verboten. Also muss man so was Tolles machen wie „13hasenjagen?" oder „777lotto!" Das kann sich kein Mensch merken, die meisten schreiben's auf ein Post-it am Telefon oder hinten in den Kalender. Als gäb es hier irgendein Geheimnis zu schützen; weiß doch eh jeder, was der andere macht und mit wem er es treibt – na gut, vielleicht nicht, was er wiegt oder verdient, aber selbst da wäre ich mir nicht immer ganz sicher. Kaum hat man es der besten Freundin verraten, weiß es der ganze Schuppen.

Genauso wie mit der „großen Liebe"! Gott, was war ich damals verliebt, und keinem konnte ich es erzählen, war ja viel aufregender so. Wenn ich seinen Namen auf die beschlagene Scheibe im Schulbus geschrieben hatte und schnell wieder weg wischte, war das schon kaum auszuhalten. Und was ist der heute für ein Langweiler! Nicht auszudenken, wenn damals was draus geworden wäre! Nee, schon besser, dass ich es keinem erzählt habe. Heutzutage wäre es sowieso egal, wahrscheinlich fotografiert die NSA auch beschlagene Busscheiben und sammelt sie in einer riesigen Fotodatenbank in der Wüste, so geheim, dass noch nicht mal die kranken Erdhörnchen was davon wissen! Aber was soll's, wir machen ja selbst das gleiche, und nur gut, dass von den ganzen Handy-Schnappschüssen keine Papierabzüge gemacht werden, wir würden in Selfie-Müllbergen ersticken.

Das gleiche mit den Handys. Die braucht man doch gar nicht abhören, das kriegt man doch eh alles in voller Lautstärke präsentiert, ob man will oder nicht! Nee, Geheimnis ist gar kein Wort dafür. Beziehungskrisen ohne Ende, „und dann hat er gesagt, und dann hab ich gesagt, aber er versteht mich eben nicht, aber er ist doch soooo süß!" „Schick ihn zum Teufel, Mädel!", würde ich am liebsten schreien, zuviel *Verbotene Liebe* gesehen, kommt davon, aber nützt ja nix. Oder Krankheiten – von wegen Arztgeheimnis! Nach einem Jahr S-Bahn-Fahren kennt man alle Frauenkrankheiten samt Untersuchungsmethoden und Nebenwirkungen, vor allem die ekligen. Tabus waren ja eigentlich eine ganz praktische Angelegenheit, das hat man nun von all der „Transparenz", gläserne Psycho-Mülltonnen! Das darf man so bloß nicht sagen, ist nämlich geheim!

Alle echten Geheimnisse sind sowieso gelöst, wozu haben wir schließlich die Wissenschaften und den Fortschritt! Und wenn wir irgendwann endlich auf dem Mars ankommen, werden wir finden, dass die Marsmännchen genauso aussehen, wie wir sie uns immer schon vorgestellt haben und den ganzen lieben langen Marstag darüber reden, wo es die billigsten Mars-Schokoriegel gibt. Nix Neues unter der Sonne, und auch nicht darüber und dahinter, und wenn doch, steht es morgen in der BILD-Zeitung!

Dr. phil. habil. Jutta Heinz ist freie Autorin. www.jutta-heinz.de

Stefan Reusch

Die DOSI – Weil es noch Geheimsucht gibt

Die Stasi – die gibt es nicht mehr. Die Stasi – die konnte noch zuhören. Seufzen viele. Was es noch gibt, geheim – ist die DOSI. Wissen wenige. Klingt nach geheimer Terrororganisation, ich weiß. Was aber hat es wirklich mit der geheimnisumtwitterten Organisation auf sich?

Abbildung: **An der Wand** Fritz Arnold, 3.2.2014; wasserlösliche Kreide auf Papier, 29,7 x 21 cm. Fritz Arnold lebt als freischaffender Künstler in Stuttgart.

Die DOSI, die Dorfsicherheit, ist für alle da, hört zu, kümmert sich. Sie kümmert sich um die Einhaltung der Ladenöffnungszeiten, sie sorgt für eine harmonische Vorgartenbepflanzung und achtet in vielen Regionen darauf, dass alle Männer Schnauzbärte tragen.

Ich bin bei der DOSI, habe sie in meinem kleinen Sprengel (Ortsname ist der Redaktion bekannt) mit etabliert, und ich darf sagen: Das ist die Zukunft. Die DOSI leistet in überschaubarem Rahmen das, was in großem Rahmen so vielen Unwohlsein bereitet. Denn was man dort als Über-DOSI(s) hat, also über sich, manifestiert sich in der DOSI im übersichtlichen Unter-sich-Sein. „Man fühlt sich im Ungeborgensein geborgen", hat mal ein kluger Kopf gesagt. Ich glaube, meiner war's.

Das ungute Gefühl des von irgendwem von irgendwoher Beobachtetwerden wird – jeder kennt jeden – durch das sichere Gefühl persönlichen Misstrauens ersetzt. – Dieses „von irgendwo da oben" kann es nicht sein. Denn man fühlt sich trotz Beobachtung alleingelassen. Von denen da. Da oben.

Im Großen und Ganzen wie im Kleinen und Nachbarschaftlichen achtgeben – das geht heute nicht mehr. Die katholische Kirche hatte diesen Spagat einmal mühelos geschafft. Sie war hoch oben und nah dran, ganz weit weg, aber bei den Menschen. Die Kirche hängte sich dafür mächtig ins Zeug, auch finanziell, und bekam dafür aber auch viel von den Gläubigen zurück, auch finanziell.

Endgültig vorbei. Der aktuelle Papst Franziskus wünscht sich die Kirche – „verbeult, verletzt und beschmutzt". Er will eine arme Kirche. Eine Kirche, zu der man nicht mehr aufschauen muss. Also: eine Kirche, zu der man nicht mehr aufschauen kann. Denn wenn sie sich gemeinmacht, verliert sie beides: Höhe und Nähe.

Der Staat, unser Staat, will die Lücke schließen. Vergeblich. Denn sein Dilemma, die Anonymität, kann er nicht verbergen. Zugegeben, sein „Stellenangebot" ist nicht ohne: „Auf Prämien und Honorare, die staatliche Geheimdienste zahlen, sind weder Steuern noch Sozialabgaben fällig und auch eine Anrechnung auf ALG-II-Leistungen ist nicht vorgesehen."[1]

Dennoch: Es funktioniert nicht. Weil eine Einbindung lokal begrenzten Spionierens fehlt; eine Stadtteilbinnenüberwachung ist nicht vorgesehen.

Fakt ist: Wir wollen nicht, dass andere Bescheid über uns wissen, sind aber gleichzeitig stolz darauf, selbst über möglichst viel Bescheid zu wissen. Für uns dürfte Informationsgesellschaft streng genommen nur etwas sein, was uns und nicht über uns informiert. Das ist Utopie fürs große Ganze. Die DOSI ist es für das Kleine. Vice versa wird hier der Beobachtete zum Beobachter. Der kleine Mann von der Straße überwacht den kleinen Mann von derselben Straße.

Da beobachtet einer was, mault „das darf doch nicht wahr sein", was es möglicherweise auch ist, aber er darf es in die Welt setzen, und – NEU! – er bürgt dafür. Das ist das Ende vom Geheimnisumtwitterten, Unkonkreten, vom unwohlmachenden Normalzustand: Man weiß, dass man nichts weiß, was für ruhigen Schlaf zuviel ist, verglichen mit der schönen Zeit des Urzustands, als man noch – ohne es zu wissen – nichts wusste.

Das Beste ist: nicht zu wissen, dass man nichts weiß.

Bald, wer weiß, wird man gar nichts mehr wissen: Geheimdienste – waren die so überflüssig wie Wetterberichte und Notstandsgesetze oder so notwendig?

Es wird immer mehr Snowdens geben, immer mehr Späh-Aussiedler.

Der Geheimdienst als tumber Sammler von Informationen – das Modell geht nicht mehr auf.

Geheimdienste sorgten mal dafür, dass Dinge nicht an die Öffentlichkeit kamen. Diese Dinge sammelten sie nicht etwa – wohin denn auch damit? In den Keller? (Speicher hatten damals ja noch nicht die Kapazität wie heute.)

Geheimdienste sorgten mal dafür, dass die Dinge nach Kenntnisnahme vernichtet wurden. Man erinnere sich an die Schwarz-Weiß-Filme, da gab es wackere Geheimagenten, die geheimes Papier lasen, zusammenknüllten, es in den Mund zwangen und – runter damit!

Verdaut und ausgeschieden. Wobei das Wort „ausgeschieden“ in aller Endgültigkeit zu akzeptieren war. Keine Spezialisten versuchten etwas wiederherzustellen. Was weg war, war weg. War unknackbarer Code, der sich in nichts von dem merkwürdigerweise auch Kot genannten unterschied.

Netter gesagt: Man liebt den Käse wohl, indessen man deckt ihn zu.

Die DOSI liebt und deckt zu. Der Staat, die NSA, die Stasi – die schlucken nix runter, schleudern nichts mehr in den Orkus, auf dass es dem kollektiven Gedächtnis erspart bleibe – die sammeln. Getrieben. Wissenssüchtig.

Der Staat (wie auch seine private Konkurrenz es tut) wartet darauf, dieses Wissen gegen uns einsetzen zu können. Klar: Er muss uns alle vor Verbrechen schützen, und vor uns, falls es mal nötig werden wird. Wir können es ihm ja nicht garantieren.

Aber in unserer kleinen Umgebung, da muss es Geheimnisse geben. Geheimnisse, die jeder kennen darf, aber von denen keiner wissen möchte, wer sie außerdem kennt.

Warum das so ist? Wegen der „Geheimsucht“. Das Wort finden wir nicht mehr in der deutschen Sprache, nur noch im Deutschen Wörterbuch der Brüder Grimm. So schnell aber ist die Evolution in den letzten 150 Jahren nicht vorangeschritten, dass mit dem Wort auch die „Geheimsucht“ als ein elementares Bedürfnis verschwand.

Wir brauchen das Geheime, wir wollen es wissen. Dass es das gibt. Hier. Gleich. Unmittelbar. Selbstaufpassend. Als DOSI. Danke.

Stefan Reusch ist freier Autor für Funk und Bühne. Zu hören ist er unter anderem auf SWR3 (*Reuschs rigoroser Rückblick*) und beim DLF (*Is' was? – Kulturrückblick*). Auf WDR5 moderiert er die Sendung *Spielart*. Zuletzt erschien von ihm das Buch *Zusammenstöße* (Entenfuß-Verlag, Berlin 2013). www.stefanreusch.de

Anmerkung:

1. Regierungsantwort auf eine Anfrage der Bundestagsfraktion der Linken vom März 2013

Rolf Siller

Der grundlose Grund

Meister Eckhart: Porträt eines Mystikers

Mystik zielt auf die Vereinigung mit einer absoluten Wirklichkeit, die dem alltäglichen Blick verborgen bleibt. Meister Eckhart, der bedeutendste Vertreter der mittelalterlichen Mystik, suchte die Vereinigung mit dem Göttlichen, das, wie er sagte, im Innersten der Seele immer schon verborgen liege. Eine Orientierungshilfe aber, wie das letzte Geheimnis menschlicher Existenz individuell erfahrbar gemacht werden könne, gab er nicht, sie schien ihm nicht erforderlich. Gängige Wege zu ekstatischen Gotteserfahrungen – Askese, Geißelung, Meditation, Kontemplation – lehnte Eckhart ausdrücklich ab.

Meister Eckhart lebte an der Wende vom 13. zum 14. Jahrhundert, also in einer Zeit des religiösen Aufbruchs im abendländischen Christentum. Er selbst setzte in seinem Bekenntnis zu Gott auf Vernunft und intellektuelles Erkennen. Der Mensch bewege sich nicht auf Gott zu, so Eckhart, weil er immer schon bei ihm angekommen sei. Alles Empfinden der Seele sei in die menschliche „vernüftichheit" eingebettet, die nicht mit analysierender Rationalität verwechselt werden dürfte. Das auf dem Grunde der Seele verborgene Geheimnis menschlicher Existenz (lateinisch: *abditum mentis*) verlasse unter Vermittlung der Vernunft das schützende Gestrüpp, in dem es sich seit je verberge, und biete sich im vernünftigen Erkennen als offenbare Wahrheit an, die weit, offen und empfänglich genug sei, um sich auf den „grunt âne grunt" (mittelhochdeutsch für „Grund ohne Grund") ohne Vorbehalt einzulassen.

Alle Weltreligionen kennen spirituelle Erfahrungen, die objektiven Zugängen verborgen sind. Ein solches Erfahrungswissen ist meist nur für einen ausgewählten Personenkreis bestimmt, wird streng vertraulich gehandelt, geheim gehalten, steckt voller Geheimnisse, gilt als unerklärbar, nicht zu deuten, ist ein Mysterium, so die gängige Bezeichnung. Der Mensch übersteigt unendlich den Menschen (Blaise Pascal), auf das Unbegreifliche hin.

Die Forschung spricht in diesem Zusammenhang von Mystik, ohne jedoch eine einheitliche, klare und deutliche Begriffsbestimmung vorlegen zu können. Meist übt sich der Mensch in einem langen asketischen Weg (lateinisch *itinerarium*), Schritt für Schritt, in die absolute Wahrheit Gottes ein. Zunächst geht er den Weg der Reinigung (*purificatio*), dann den der Erleuchtung (*illuminatio*) und gelangt schließlich in der Einheit mit Gott (*unio*) zur Vollendung.

Ein langes Leben lang sucht der Mensch allem, was sich ihm verbirgt, auf den Grund zu gehen, den Dingen, anderen Menschen, sich selbst, womöglich sogar dem Ursprung des Seins. – Kinder können sich meist nur kurz zurückerinnern, nur wenige Tage, an besonders eindrückliche Erlebnisse. Es ist, als säßen sie, von

Abbildung:
Meister Eckhart
Antje Seemann, 2014; Linolschnitt, 44x28 cm.
www.antjeseemann.de

sich selbst überrascht, in einem Kahn, der über einen ruhigen See gleitet. Die Ufer liegen im Nebel verborgen. Die Kinder wissen nicht, wie sie auf das Boot kamen, welchen Weg es nahm und wohin die Reise führt. Sie fühlen sich sicher, weil ihnen die sie umgebenden Menschen vertraut sind, und doch gibt es da etwas Unvertrautes, Unheimliches, dem sie jederzeit, jetzt auf nachher, ausgesetzt werden könnten. Ihr Blick erreicht weder ihre Herkunft noch ihre Zukunft, und doch gibt es die Ahnung von dem Unheimlichen, dem Abenteuer, das unter der Wasseroberfläche und in den aufsteigenden Nebelwänden nur darauf wartet, endlich bemerkt und wahrgenommen zu werden. Gespannt wie ein Flitzebogen ist das Leben der Kinder, wachsam auf alles gerichtet, was es zu entdecken, begreifen und bestehen gibt. Noch ist wenig wirklich, aber unendlich viel möglich. Erstaunt blicken die Kinder über die Wasseroberfläche, als erwarteten sie ein plötzliches Aufbrausen, meterhohe Wellen, Sturm oder tödliche Strudel. Bang erwarten sie, dass sich etwas ereignet, vermuten Unwesen, die aus den Fluten auftauchen oder sich an den Ufern zeigen könnten.

Die Wirklichkeit verbirgt sich in einem Meer von Möglichkeiten.

Wenn die Kinder in die Jahre kommen, erwachsen oder gar alt werden, stellen sie überrascht fest, dass noch immer neue Überraschungen auf sie warten, an die sie nie und nimmer gedacht hätten, genauso gefährlich, genauso beglückend, wie bisher. Vieles wurde entdeckt, begriffen, bestanden, doch endgültig geklärt hat sich wenig. Es hat sich zwar eine Menge an Wirklichkeit angesammelt, im Laufe der Jahre, während die Möglichkeiten immer eingeschränkter wurden, doch die Wirklichkeit aller Wirklichkeiten verbirgt sich nach wie vor in einem Meer unendlicher Möglichkeiten.

Man fragt ohne Unterlass nach dem, was man nicht begreifen kann und sucht nach einem begehbaren Weg. Kann es einen solchen Weg überhaupt geben? Es gibt keinen Weg, nur die leichte Spur der Wellen, die der Kahn für kurze Zeit hinter sich herzieht. Wege zu weisen ist eine Quadratur des Kreises, so viel, wie einen eckigen Kreis zu zeichnen. Es fehlen die richtigen Vorstellungen und Worte. Sollte ein Ankommen überhaupt gelingen, dann in einem jähen Sprung in das anfängliche Wesen, das der Mensch schon immer in vollkommener Weise in sich trägt.

Für Meister Eckhart ist die vernünftige Seele der Tempel Gottes. In ihr übersteigt sich der Mensch immer schon auf das Unbegreifliche hin. Der Anfang des Menschen ist der Erinnerung verloren gegangen und mit ihm die sichere Orientierung der Lebensführung. Von sich aus findet der Mensch nie und nimmer den richtigen Weg, das Geheimnis sucht von sich aus den Menschen. Es gibt keinen Weg, der sicher zum Ziel hinführen könnte, vielmehr verhält es sich gerade umgekehrt – das Ziel zeigt sich unmittelbar selbst: Das Ziel ist der Weg! Das Einzige, was der Mensch wahrnehmen kann, ist unbegreifliche Unendlichkeit.

Der religiöse Aufbruch im frühen 14. Jahrhundert

Meister Eckhart wurde um 1260 als Sohn eines Vogtes als „Eckhart von Hochheim" in Tambach bei Gotha geboren. Schon in jungen Jahren trat er in den Erfurter Dominikaner-Konvent ein. Der Orden, 1216 von Dominikus als Prediger- und Beichtorden gegründet, etablierte sich, neben dem Franziskanerorden, als einer der großen Bettelorden. Er stellte schon bald nach seiner Bestätigung durch den Papst eine der stärksten spirituellen Kräfte des hohen Mittelalters dar: Albertus Magnus, Thomas von Aquin, Dietrich von Freiberg und nicht zuletzt Meister Eckhart selbst legen dafür Zeugnis ab. Doch schon zu Beginn des 13. Jahrhunderts erhielten mehrere Dominikanerkonvente den Auftrag, den kirchlichen Glauben bedrohende Häresien aufzuspüren und die Ketzer zu verfolgen, weshalb die Dominikaner auch als *domini canes* (lateinisch für „Hunde des Herrn") bezeichnet wurden.

Während sich die alten Orden der Benediktiner, Zisterzienser und Augustiner in abgeschiedene Klöster zurückzogen, fernab der Umtriebigkeit der Städte, und sich durch wirtschaftliche Autarkie absicherten, lebten die Dominikaner, der Armut verpflichtet, als Bettelbrüder in den Städten, mitten unter den Menschen, um die sie sich kümmern wollten.

Eckhart studierte zunächst in Erfurt, dann in Köln und Paris Theologie, aristotelische Naturphilosophie und die Sieben Freien Künste (lateinisch: *septem artes liberales*), die sich in besonderer Weise um die Kunst und den Umgang mit Sprache (Rhetorik) bemühten. In den Jahren 1302/03 und ein weiteres Mal 1311/12 erhielt Eckhart einen Ruf an die Sorbonne in Paris, der damals angesehensten Universität des Abendlands, und übte dort das Amt eines Professors aus (lateinisch: *magister actu regens*). Während dieser Zeit entstanden Eckharts bedeutende lateinische Werke, insbesondere das dreiteilige Werk (*opus tripartitum*), das theologisch-philosophische Thesen, Fragen und Problemstellungen, mehrere Schriftauslegungen und lateinische Predigten enthält. Dieses Werk ist nur noch in Teilen erhalten. In den Jahren vor und zwischen den Lehrtätigkeiten bekleidete Eckhart hohe Ämter und wurde schließlich selbst Provinzial der Ordensprovinz Saxonia, als der er drei neue Konvente gründete; und war zeitweilig auch Provinzialvikar für die Provinz Böhmen.

Bereits im Jahre 1295, als Eckhart Prior von Erfurt und Provinzialvikar von Thüringen war, verfasste er eine erste programmatische Schrift in deutscher Sprache, die *Reden der Unterweisung*. Ab 1313 dann, nach seiner Lehrtätigkeit in Paris, hielt sich Eckhart vor allem am Oberrhein und in Köln auf. Aus dieser Zeit stammen einige Traktate, unter anderem das *Buch der göttlichen Tröstung*, und vor allem Predigten, die er in deutscher Sprache hielt. Die Predigten wurden aufgezeichnet und zum Teil überliefert. Die über 700 Jahre lange Rezeptionsgeschichte Eckharts beschäftigte sich in erster Linie mit seinen deutschen Werken.

Die Zeit, in der Eckhart lehrte, forschte und predigte, war im Umbruch begriffen. Zunächst schrumpfte

Westeuropa aufgrund von Hungersnöten, Seuchen und Kriegen auf ein Drittel der Bevölkerung zusammen. Nach 1300 kehrte sich der Trend um, die Bevölkerung vermehrte sich rasant und stieg auf das Dreifache. Durch den europäischen Handel über die sogenannten „Salzwege" nach Osten, mit Venedig nach Süden und vor allem durch den aufblühenden Fernhandel mit Indien, der Mongolei und China wuchs der Reichtum der Handelshäuser und Handwerksbetriebe. Die Bevölkerungszahl der Städte stieg an, da die ärmlichen Fronarbeiter vom Land in die Metropolen zogen, wo sie sich bessere Lebensbedingungen und Aufstiegschancen erhofften, besonders aber ein unabhängigeres Leben: „Stadtluft macht frei!" Neue Städte wurden gegründet, erhielten das Marktrecht, wurden zu freien Reichsstädten. Sie putzten sich heraus, trieben den Bau von Kathedralen und repräsentativen Rathäusern voran, bauten monumentale Brunnenanlagen, pflasterten erstmals ihre Straßen, stellten öffentliche mechanische Zeituhren auf.

Ging zunächst die überkommene Sicherheit der Lebensführung und religiösen Gewissheiten verloren, so bildete sich mit der Zeit doch ein selbstbewusstes, weltoffenes Bürgertum heraus. Die Selbstständigkeit des Denkens und Handelns erstarkte, auch in Bezug auf die Fragen des Glaubens und der christlichen Lebensführung.

Laien aus vornehmen Häusern widmeten sich zunehmend der Bildung, lernten lesen, schreiben und manchmal sogar die lateinische Sprache. Sie interessierten sich für weltliche und geistliche Texte, nahmen erstmals selbst die Übersetzungen der Evangelien und Psalter zur Kenntnis, vertieften sich in fromme Traktate und sogen aufmerksam in sich auf, was mehr oder weniger vorgebildete Wanderprediger ihnen zu sagen hatten. Auch Eckhart und seine Schüler Tauler und Seuse predigten in deutscher Sprache, meist in Frauenklöstern, deren Gottesdienste öffentlich zugänglich waren und auch von Laien besucht wurden, besonders von frommen Frauen und Beginen.

Frauen war im Mittelalter der Zugang zu Schulen und Universitäten verwehrt, sie lernten aber, da sie oft aus vornehmen Häusern stammten, bei privaten Lehrern mit großem Eifer das Lesen und Schreiben. Ihr Selbstbewusstsein erstarkte, sie schlossen sich zu weltlichen Glaubensgemeinschaften zusammen, nannten sich Beginen, lebten allein in der Stadt oder in kleinen oder größeren Gruppen in sogenannten Beginenhöfen, legten ein Keuschheitsgelübde ab und ein Gelübde, das sie zu einem Leben in Armut verpflichtete. Sie beteten, engagierten sich in besonderer Weise für die Armen und Kranken und bildeten sich in religiösen Fragen weiter. Ihre Gemeinschaften unterschieden sich von kirchlichen Ordensgemeinschaften dadurch, dass sie sich nicht auf Dauer zu einem Leben als Beginen verpflichteten. Die Frauen konnten jederzeit die Gemeinschaften verlassen. Allein in Straßburg zählte man um das Jahr 1310 zehn Frauenklöster und 85 Beginenhäuser.

Nach modernen Schätzungen waren zu Beginn des 14. Jahrhunderts über hunderttausend fromme Frauen am Oberrhein unterwegs, Beginen und nicht an Gemeinschaften gebundene Laien. Sie zogen von Ort zu Ort, bettelten, predigten, unterwarfen sich harten Bußübungen, geißelten sich, vertraten oft eigenwillige Glaubens- und Irrlehren und leugneten die Autorität der Kirche. Es gab also eine gewaltige Bewegung frommer Frauen, die gegen die Verweltlichung der Kirche protestierten, für sich selbst Anerkennung einforderten, in religiösen Fragen mitreden wollten und einen Platz im öffentlichen Raum beanspruchten.

Für den Predigerorden stellte sich in dieser Situation die Frage nach einem vernünftigen Glauben. Der freie Vernunftgebrauch war aber nicht in der Theologie, sondern in den Schriften heidnischer Philosophen überliefert. Ist das philosophische Denken, so stellte sich die Frage, überhaupt in der Lage Glaubenswahrheiten zu erkennen? Kann die Philosophie gleichsam christlich getauft und theologisch diszipliniert werden, um Glaubenswahrheiten explizieren zu können?

Albertus Magnus suchte in der Auseinandersetzung zwischen Theologie und Philosophie zu vermitteln, indem er Aristoteles zur Autorität in der Naturphilosophie erklärte und die Theologie der Autorität der Kirchenväter anvertraute. So bot sich die Möglichkeit der Befreiung der Philosophie von Glaubensfragen. Thomas von Aquin definierte die Theologie als Wissenschaft im Sinne der Prinzipien des Aristoteles. Für ihn war die Philosophie die Magd der Theologie, ohne die diese nicht auskommen könne. Damit brach er mit der Tradition und erhöhte zugleich die Theologie zur Wissenschaft Gottes, im Sinne des zweifachen Genitivs: Als Gottes Wissenschaft (*genitivus subjectivus*) und der Wissenschaft über Gott (*genitivus objectivus*). Meister Eckhart wiederum sah sich während seiner Lehrtätigkeit an der Sorbonne mitten in diese Auseinandersetzung hineingezogen und hatte Position zu beziehen. Er suchte das Problem des Verhältnisses von Theologie und Philosophie durch die Frage nach dem Wesen und Grund der Vernunft zu unterlaufen, jenseits eines vorgeblichen Vorrangs einer Disziplin, beziehungsweise der Deutungshoheit derselben, und bezog so eine radikal neue Position.

Im Jahr 1324 erhielt Eckhart einen Ruf an das Generalstudium in Köln. Die reiche Lehr- und Predigttätigkeit in Köln wurde jedoch schon bald unterbrochen, als auf Initiative des Kölner Erzbischofs die Rechtgläubigkeit Eckharts überprüft wurde. Nach dem Freispruch hakte der Bischof nach und strengte ein formelles Inquisitionsverfahren gegen Eckhart an. Lange Listen häretisch beurteilter Einzelaussagen wurden erstellt. Eckhart bezog Stellung und verteidigte sich in einer öffentlichen Predigt. Er widerrief alles, was möglicherweise hatte falsch verstanden werden können, appellierte an den Papst und reiste hierfür eigens nach Avignon. Das Inquisitionsverfahren wurde nun in ein Zensurverfahren umgewandelt, in welchem nicht mehr die Rechtgläubigkeit Eckharts verhandelt wurde, sondern nur mehr die Verträglich-

Das Geheimnis sucht von sich aus den Menschen.

keit von 28 indizierten Sätzen mit der kirchlichen Lehre. Eckhart starb im Jahr 1328, noch vor Beendigung des Verfahrens.

Was wurde Eckhart vorgeworfen? Die Vernunft ist nach Eckhart eine Kraft der Seele, in der er, nach Vorgabe der zehn aristotelischen Kategorien, die Wirklichkeit versteht und begreift. In dem aristotelischen Diktum *forma dat esse* (lateinisch: „die Form bestimmt das Sein") steht die Vernunft für das kategoriale Begreifen, in dem die Wirklichkeit erfasst wird, um die Dinge und mit ihnen das Leben in Besitz zu nehmen. In der Kategorie der Substanz wird der Wirklichkeit „etwas", das dem Leben förderlich erscheint, entnommen. Solche Substanzen kennen immer ein Mehr oder Weniger. In Gott aber gibt es kein Mehr und kein Weniger, denn in ihm unterscheiden sich die Dinge nicht nach Werten.

In diesem Sinne fasste Eckhart die Abgeschiedenheit von der Welt entschiedener, als dies in der religiösen Praxis seiner Zeit üblich war: Es sind nicht die Dinge und es ist auch nicht der Leib, der an die Welt fesselt und unfrei macht, sondern das Streben, alle Dinge in Besitz nehmen zu wollen. Es ist die Selbstsucht, die an die Welt fesselt. Kasteiungen und Abtötungen des Fleisches machen nicht frei. Die Selbstsucht korrumpiert die menschliche Vernunft. Ihre Überwindung ist nur durch Gelassenheit möglich. Wenn sich der Mensch nicht selbst besitzen will, kann er über die Dinge der Welt ohne Vorbehalt verfügen, so wie sie sich von sich her zeigen.

Die menschliche Vernunft ist für Eckhart eine Kraft der Seele. Sie wird so wieder zum Tempel Gottes. Den Ursprung dieser Vernunft aber kann der Mensch nicht begreifen, denn an den Seelengrund reicht keine Kategorie. Die Vernunft ist eine immerwährende Quelle, ein Anfang, in den der Mensch nicht blicken kann.

Der grundlose Grund

Meister Eckhart gibt keine Wegbeschreibung, die zum grundlosen Grund hinführen könnte, aber er nennt in phänomenologischer Weise einige Befindlichkeiten des Menschen, die sich voneinander abgrenzen lassen: 1. Das Handeln der Kaufleute; 2. Die Freiheit der Abgeschiedenheit; 3. Die Perspektive der Gelassenheit; 4. Das Leben, das aus sich selbst lebt.

1. Das Handeln der Kaufleute

Was verbirgt sich in den Dingen, den Menschen, uns selbst? Wo befindet sich der Ursprung, wo das Ziel aller Wirklichkeit? Was suchst du genau, wenn du nicht einmal mehr weißt, was du vergessen hast, nur, dass du etwas vergessen hast? Wo sollst du suchen? Du irrst orientierungslos umher, arbeitest, mühst dich ab, suchst dich zu erinnern, sammelst Assoziationen, meditierst, redest, stellst tausend Fragen, bittest und betest.

„Was aber ist es", fragt auch Augustinus im zehnten Buch seiner *Bekenntnisse*[1], einem Buch, das Eckhart überaus schätzte. Er fragte die Erde und alles, was in ihr ist, das Meer und seine Tiefen und das Gekrieche seiner Lebewesen, die wehenden Winde, den Himmel und die Sonne, Mond und Sterne und alle Dinge, die sich vor den Toren seines Fleisches befanden. Und alles sagte ihm: „Ich bin es nicht."

Es ist etwas Wunderbares, die Geheimnisse der Natur zu entdecken. Wo auch sonst stünde der Mensch heute ohne die Wissenschaft der Physik, Mathematik und Medizin? Die naturwissenschaftlich-technischen Fragen nach den Ursachen finden gültige Antworten allerdings nur, solange sie durch Messungen bestätigt werden können. So lässt sich auf Schritt und Tritt erahnen, welches Ausmaß die Geheimnisse der Natur haben und wie tief die Abgründe sind, in die das Nicht-Wissen abstürzt, an deren Rand es sich bewegt.

> *Was sein könnte,*
> *ist nicht weniger wichtig*
> *als das, was ist.*
>
> Robert Musil

Anders als die Fragen nach den Ursachen, die aus beobachtbaren Wirkungen Rückschlüsse ziehen, richten sich die Fragen nach den Gründen der Dinge an die Möglichkeit ihrer Existenz. Wahre Gründe, soweit sie zu begreifen sind, leuchten auf Anhieb ein. Der letzte Grund jedoch ist nicht begründbar, nicht zu begreifen und lediglich in seiner Abgründigkeit evident.

Eine deutliche Spur hin zum Grund aller Dinge zeigt sich in der Begegnung mit anderen Menschen, dem „Du", das dir sein Antlitz zuwendet. Der Andere spiegelt deine Schwachheit, Nacktheit und Vereinzelung unverstellt wider und stellt dir das Ausgesetztsein in der „stillen Wüste Gottes"[2] unverblümt vor Augen. Blitzt im „Du", das so sehr an seiner Vereinzelung leidet, dass der fremde und eigene Tod unabweisbar nahetritt, ein Stück letzter Unbegreiflichkeit auf?

Du suchst schließlich nach dem Geheimnis, das sich in dir selbst verbirgt, durchforstest dein Gedächtnis, deinen Willen, dein Tun, schlicht deine ganze Seele. Doch, was ist das, die Seele? Meint sie dein eigentliches Selbst, den Reichtum deines Innersten, oder doch nur ein finsteres Loch, auf dessen Grund du nicht zu schauen vermagst?

In deiner Not verfängst du dich in einem Gespinst vager Vermutungen, frommer Wünsche, idealistischer Einbildungen und utopischer Träume, sprichst bevorzugt im Konjunktiv und argumentierst dich um Kopf und Kragen. Meister Eckhart spricht hier von Leuten, die sich gerne zurückziehen, immerzu allein sein wollen und ihren Frieden daran suchen, fleißig zur Kirche zu gehen. Sie hüten sich vor groben Sünden, wären gern gute Leute und tun gute Werke, fasten, wachen, beten und was es dergleichen gibt, alles Gott zu Ehren. Sie tun es, damit sie etwas dafür bekommen, was ihnen lieb und teuer ist. Sie handeln also wie Krämer, die Gott suchen und doch dabei nur an sich selbst denken.

Neben solchem Geschäftsgebaren, das Geheimnisse verdinglicht und dann, in Devotionalienbuden, als Handelsware billig feilbietet, richten wiederum andere ihre Aufmerksamkeit darauf, was sein sollte oder könnte, nicht nur darauf, was ist. Wer Wirklichkeit bequem von Möglichkeiten unterscheiden will, so führt

Robert Musil aus, braucht bloß an einen bestimmten Geldbetrag zu denken.[3] Alles was zum Beispiel tausend Mark an Möglichkeiten enthält, enthält sie ohne Zweifel, ob man sie besitzt oder nicht. Die Tatsache, dass wir sie besitzen, fügt ihnen so wenig etwas hinzu wie das Besitzen einer Rose oder einer Frau diesen etwas hinzufügt.

Wie aber verhält es sich mit dem Möglichen im digitalen Zeitalter der Computer- und Internetwelt? Das mächtige Konstrukt des Virtuellen hat eine Sphäre zwischen das Wirkliche und das Mögliche geschoben, die einerseits nicht ganz wirklich ist, aber andererseits doch mehr als nur möglich. Welches Virtuelle ist wirklich möglich und welches ist nur möglicherweise möglich? Ein dichter Schleier verbirgt die Frage nach Herkunft und Absicht, entwertet das Wirkliche ebenso wie das Mögliche und gibt sich, angeblich mit rationaler Beweiskraft ausgestattet, den Anschein universaler Gültigkeit.

Robert Musil dagegen kann dem Möglichen, wohlgemerkt nicht dem Virtuellen, die noch nicht erwachten Absichten Gottes zuschreiben, etwas Göttliches, ein Feuer, einen Flug, Bauwillen und bewussten Utopismus, etwas, das den Vergleich mit der Wirklichkeit nicht zu scheuen braucht. Was sein könnte, ist für ihn nicht weniger wichtig als das, was ist.

Noch immer schweift dein Blick suchend durch die Trostlosigkeit der Landschaft. Die alltäglichen Sorgen belasten: berufliche Abhängigkeit, Geldnöte, Anspannung, Niedergeschlagenheit, Einsamkeit. Du fühlst dich bei deinem Suchen in der Fremde ausgesetzt, hast die Mitte verloren, den letzten Halt. Wie kannst du dich deiner selbst versichern? Wie kannst du zu dir selbst finden? Die Hoffnungslosigkeit zwingt dich weiter zu suchen. Entschlossen machst du dich wieder auf den Weg, und doch ist es gerade diese Entschlossenheit, die dich blind macht.

Dennoch, plötzlich taucht eine Spur auf, die sich im Gestrüpp verliert. Wer oder was versteckt sich vor dir? Allmählich bemerkst du, dass dir alles Beten, Fasten, Wachen und alle äußerlichen Übungen und Kasteiungen nicht weiterhelfen. Was sollst du tun? Meister Eckhart[2] gibt den Rat: Du sollst dich zuerst selbst lassen, dann hast du alles gelassen. Manche Menschen wollen Gott lieber mit den Augen ansehen, mit denen sie eine Kuh ansehen, und wollen Gott so lieben, wie sie eine Kuh lieben. Die liebst du wegen der Milch und des Käses und um des Nutzens willen. So tun es alle Menschen, die um des äußeren Reichtums oder inneren Trostes willen lieben. Sie wollen ewige Dinge schauen und empfinden und im Lichte der Ewigkeit stehen, dabei flattert ihr Herz noch im Gestern und Morgen, im Erinnern und Hoffen.

2. Die Freiheit der Abgeschiedenheit

Wenn Meister Eckhart predigt, so pflegt er, nach eigenem Bekunden, von Abgeschiedenheit zu sprechen und dass der Mensch ledig werden soll seiner selbst und aller Dinge, ein armer, sprich abgeschiedener Mensch, der nichts will und nichts weiß und nichts hat.[2]

Soll der Mensch arm sein an Willen, so muss er so wenig wollen und begehren, wie er wollte und begehrte, als er noch nicht war. Soll der Mensch arm sein an Wissen, so muss er von nichts wissen, weder von Gott noch von Kreaturen noch von sich selbst. Soll der Mensch arm sein an Besitz, so haben viele Menschen gesagt, das sei Vollkommenheit, dass man nichts an materiellen Dingen der Erde besitze. Aber das ist nicht der Sinn, den Meister Eckhart meint. Der Mensch soll aller Dinge und aller Werke, innerer wie äußerer, so ledig sein, dass er eine eigene Stätte Gottes sein kann, darin Gott zu wirken vermag. Ja, noch mehr, er muss Gottes selbst und aller seiner Werke ledig stehen, dass Gott selbst die Stätte ist, darin er wirken will. Wo der Mensch noch eine Stätte in sich behält, da behält er noch Unterschiedenheit.

In der vollkommenen Abgeschiedenheit von allen Kreaturen, sich selbst und von Gott erst, bricht der

Mensch zur Ursache, zum Grund seiner selbst durch. Was er seinem Geborenwerden nach ist, stirbt und wird zunichte. Ich und Gott sind eins. Allhier ist Gott eins mit dem Geiste, und das ist die äußerste Armut, die man finden kann.

Liebst du Gott, wie er Gott, Geist, Person oder Bild ist? Alles das muss weg! Liebe ihn, wie er ein Nicht-Gott, ein Nicht-Geist, eine Nicht-Person, ein Nicht-Bild ist. – Gott ist Nichtes-Nicht.

Wer diese Rede nicht versteht, der bekümmere sein Herz nicht damit. Denn solange der Mensch dieser Wahrheit nicht gleicht, solange wird er diese Rede nicht verstehen; denn dies ist eine unverhüllte Wahrheit, die da gekommen ist aus dem Herzen Gottes unmittelbar.

3. Die Perspektive der Gelassenheit

Tugenden allein geben dem Leben keinen Halt, denn ihnen fehlen die Wurzeln. Der Mensch muss sich immer wieder neu positionieren und seinen aktuellen Standort je aufs Neue bestimmen. Tugenden, die er einmal erworben hat, sind nicht statisch vorhanden, ein für alle Mal, sie sind vielmehr unaufhörlich im Entstehen begriffen und müssen ständig neu gefunden werden.

Erst indem sich der Mensch diesem Durchbruch des Unendlichen in seinem Denken aussetzt und schließlich anvertraut, kann er loslassen, gelassen sein. Von nun an genießt er die Freiheit einer herausgehobenen Perspektive. Eckhart spricht aus Erfahrung: Plötzlich fühle ich mich erneuert und ganz verwandelt, und es beginnt ein Glücksgefühl, größer, als ich zu sagen vermag.[2] Das Bewusstsein heitert sich auf, in Vergessenheit gerät das ganze Elend vergangener Schmerzen, es jauchzt die Seele, es erstarkt der Geist, das Herz wird erleuchtet, das Sehnen gestillt.

Wenn jemand aller Dinge ledig ist, nichts will und nichts ist, dringt mit Notwendigkeit in ihn ein, was sich dem Zugriff und der Machbarkeit entzieht. Gott füllt die Leere der Seele aus, vollkommen. Der Vater gebiert seinen Sohn ohne Unterlass in der Seele. Er muss es tun, es sei ihm lieb oder leid. Die Seele ist nicht bei ihm und er nicht bei ihr, sondern er ist sie, sie sind ein- und derselbe. Die Vereinigung Gottes mit dem demütigen Menschen geschieht in einem innigen Kuss. Hier endet das Geschaffensein und Gott beginnt ein weiseloses Nichts zu sein, Verborgenheit, Finsternis, Stille, Wüste. Hier ist Gott nicht mehr Gott, hier ist er, der er ist.

In der Predigt *Intravit Jesus in quoddam castellum*[2] illustriert Eckhart sein Anliegen. Martha nimmt Jesus in ihr Haus auf, geht umher und dient ihm. Ihre Schwester Maria sitzt zu den Füßen des Herrn und hört auf seine Worte. Martha hat den Verdacht, dass Maria, während sie zuhört und sich trösten lässt, im wohligen Gefühl stecken bleibt und dem Leben ausweicht. Da tröstet sie der Herr: Maria müsse sich zunächst auf das, was ihr besonders gut tue, einlassen. Damit mahnt er Martha zu Zuversicht. Maria müsse erst in die Schule genommen werden und lernen, dass der Wille der Einsicht zu entsprechen habe und nicht umgekehrt. Indem Maria alles, was sie hindert zu sich selbst zu gelangen, losgelassen hat, alles was sie je wollte, wusste und hatte, ist sie eingekehrt in den geheimen Grund und Ursprung ihrer selbst. Ein Fest.

4. Das Leben, das aus sich selbst lebt

Entgegen der eindeutigen Intention des Lukasevangeliums geht Martha, in der Deutung Meister Eckharts, einen deutlichen Schritt über Maria hinaus. Martha verrichtet, während Maria zu Füßen des Herrn sitzt, den Haushalt. Sie ist älter als Maria, gereifter und in Haushaltssachen geübter. Sie weiß, was nottut und was sie ihrem Gast schuldig ist. Sie handelt umsichtig, vernünftig und weise. Sie steht kraftvoll im Leben, ohne sich vom Alltag tyrannisieren zu lassen, sorgt sich um die Dinge, lässt sich jedoch nicht von ihnen überwältigen.

Das beschauliche Wohlfühlen ist dem praktischen Handeln (lateinisch *vita activa*) gewichen, dem Sicheinmischen in den Alltag der Menschen. Marthas Barmherzigkeit ist völlig unbehindert, das heißt, weder moralisch noch religiös begründet. Wozu tut sie, was sie tut? Sie handelt, um zu handeln. Und wäre sie noch so sehr in Verzückung und wüsste einen kranken Menschen, der eine Suppe von ihr bedürfte, sie erachtete es für weit besser, sie ließe aus Liebe von der Verzückung ab und diente dem Bedürftigen in größerer Liebe.[2]

Die Kraft ihrer Seele grünt und blüht in herzlicher Freude, wie Gott in sich selber.[2] In dieser Kraft kann Martha nicht altern. Sie lebt, um zu leben. Das Leben lebt aus seinem eigenen Grunde und quillt aus sich selbst hervor, lebt ohne Wozu, indem es sich selbst lebt, hat den verborgenen Grund seiner Existenz unmittelbar vor Augen.

Rolf Siller ist emeritierter Professor für Schulpädagogik an der Pädagogischen Hochschule Heidelberg.

Anmerkungen:

1. Aurelius Augustinus: Confessiones/Bekenntnisse. München 1960
2. Meister Eckhart: Sämtliche deutsche Predigten und Traktate sowie eine Auswahl aus den lateinischen Werken. Band 1: Predigten, Texte und Übersetzungen; Band 2: Traktate und lateinische Werke. In: Bibliothek des Mittelalters. Texte und Übersetzungen. Herausgegeben und kommentiert von Niklaus Largier. Band I, 509, 22; Predigt 16b, Band I, 195; Predigt 53, Band I, 565; Predigt 52, Beati pauperes spiritu, Band I, 551–563; In Johannem, Band II, 535; Predigt 86, Intravit Jesus in quoddam castellum, Band II, 209–229; Reden der Unterweisung, Band II, 363; Predigt 2, Band I, 29
3. Musil, Robert: Der Mann ohne Eigenschaften, Hamburg 1962, Seite 16f.

Zur Vertiefung empfohlen:

– Siller, Rolf: Meister Eckhart – das Brennholz Gottes. Romanbiographie. Verlag Josef Knecht, Frankfurt 2010; Neuauflage als Herder-Taschenbuch im Januar 2015

Folgende Titel des *blauen reiters* sind lieferbar:

Eros des Denkens • Mythos Staat • Sinn – Unsinn • Naturlos • Geld • Schön sein • Welt-Bilder
Götter • Glück • „Ich“ • Sex • Das Böse • Erinnern • Was ist gerecht? • Gefühle • Freiheit
Wissen • Heimat • Echt sein • Wozu Philosophie? • Unser Körper • Metaphysik • Das gute Leben
In Bewegung • Philosophie & Wirtschaft • No Future! • Freundschaft • Denken Frauen anders?
Grenzpunkt Mensch • Philosophie im Gespräch • Was ist der Mensch? • Verborgene Wirklichkeiten

Presseschau · Presseschau
Leserbriefe · Leserbriefe

Presseschau

Zu *der blaue reiter* Nr. 33
Denken Frauen anders?

Jetzt soll die Quote kommen. Gut. Bei uns in Deutschland ist es ja so: 100 Prozent unserer Bundeskanzlerinnen sind bereits Frauen.

In: Reusch, Stefan: Zusammenstöße.
Entenfuß Verlag, Berlin 2013

Leserbriefe

Zu *der blaue reiter*

Obwohl ich bisher nur drei Ausgaben erworben habe, erlaube ich mir schon Ihnen mitzuteilen, dass Ihr Magazin toll ist. Anders als die (preisgünstigere) populärwissenschaftliche Konkurrenz wirkt das Magazin insofern deutlich professioneller, als dass keine Gesinnung oder ideologische Denkweise dominiert. Ich fühle mich als philosophisch Denkender ernst genommen und habe nicht das Gefühl, dass jemand versucht zu missionieren. Das ist es, was uns Studenten (zumindest in Bochum) so gut gefällt.

Leider kann man ja nicht alle älteren Ausgaben nachbestellen. Gibt es denn vielleicht Ihrerseits die Möglichkeit, die (also alle!) Ausgaben in digitaler Form für Abonnenten zugänglich zu machen? Ich wäre bereit diesen Service auch kostenpflichtig in Anspruch zu nehmen. Und mit Sicherheit würden sich viele andere Leser ebenfalls über ein derart zeitgemäßes Angebot freuen.

D. Arnolds, Bochum

Zu *der blaue reiter* Nr. 33
Denken Frauen anders?

Vielen Dank für diese interessante Ausgabe des *blauen reiters*, deren eher ärgerlicher Titel die Befragten zu sehr klugen Antworten provozierte. Große Freude bereitete mir die Lektüre des Artikels von Hannelore Schlaffer zu Simone de Beauvoir, der zu Recht darauf hinweist, dass das philosophische wie literarische Werk dieser großen Intellektuellen des 20. Jahrhunderts zu Unrecht in den Hintergrund gerückt wurde. Überrascht hat mich allerdings, dass Schlaffer den großen Roman Beauvoirs, *Die Mandarins von Paris*, mit keinem Wort erwähnt. Immerhin wurde Beauvoir dafür mit dem höchsten Literaturpreis Frankreichs, dem Prix Goncourt, ausgezeichnet. Dieses Werk ist aber nicht nur aus diesem Grund von Interesse. Wenn man sich daran erinnert, dass Virginia Woolf in ihrem bahnbrechenden Essay *A Room of One's Own* Schriftstellerinnen dazu aufforderte, den engen Kreis des Hauses zu verlassen und sich die Welt schreibend anzueignen, so kann dieser Roman Beauvoirs als beinahe vorbildliche Umsetzung dieser Forderung gelten. Denn in ihn gehen die Erfahrungen, die die Autorin im intellektuellen Frankreich nach Kriegsende machen konnte, ein, von der Welt des Theaters bis hin zu den Redaktionsstuben der neu entstandenen politisch-kulturellen Zeitschriften. Gerade deswegen gilt dieses Werk als der Roman einer Epoche.

Dr. U. Ramming, Stuttgart

Zu *der blaue reiter* Nr. 34
Was ist der Mensch? An der Grenze zwischen Mensch und Tier

Hier meine Kurzantwort zu Ihrer Frage: Was ist der Mensch?: DA!

E. Reineking, Schaumburg

Durch einen Zufall ist mir gerade die Nr. 34 von *der blaue reiter* mit dem Thema *Was ist der Mensch?* in die Hände gekommen. Weil ich als Nicht-Schulphilosoph darunter eigentlich Malerei erwartet hatte, möchte ich Ihnen gern meine Überraschung und meine Hochachtung über ein Philosophie-Journal von dieser Qualität ausdrücken. Als Journalist ist mir sofort die professionelle Machart aufgefallen, die ganz offensichtlich zum eigentlichen Medium der Philosophie hinführen soll, dem Gespräch. So auch auf Seite 85. Besonders hat mich gefreut, dass in einem der großen Artikel, dem von Ralf Becker, sogar des längeren von Arnold Gehlen gehandelt wird. Dessen Werk *Der Mensch* ist seit langem das Hauptbuch meiner Lebensauffassung. Allerdings ist die Maxime „Der Mensch muss sich selbst zu dem machen, der er ist" nicht ganz treffend. Gehlen: Der Mensch muss sich fertig machen, weil er unfertig ist. Die Konsequenzen daraus sind enorm. Aber alles in allem: Das Heft ist sehr lesenswert. Gratuliere.

A. Dobbertin, Lübeck

Bücher · Bücher Bücher · Bücher

Hans-Dieter Mutschler

Halbierte Wirklichkeit. Warum der Materialismus die Welt nicht erklärt

Butzon und Bercker, Kevelaer 2014.
344 Seiten, € 24,95

Thomas Nagel

Geist und Kosmos. Warum die materialistische neodarwinistische Konzeption der Natur so gut wie sicher falsch ist

Suhrkamp, Berlin 2013.
187 Seiten, € 24,95

Lange Jahre gaben in den Feuilletons der großen Tageszeitungen wie in populärwissenschaftlichen Fernsehsendungen Hirnforschung und Evolutionstheorie den Ton an. In deren Gefolge breiteten sich merkwürdige Redeweisen aus: So fühlte oder merkte man angeblich selbst gar nichts mehr, sondern es war jetzt nur noch das Gehirn, das etwas fühlte oder bemerkte.

Immerhin, es scheint, dass sich die Alleinherrschaft dieses Denkens ihrem Ende zuneigt, denn immer mehr Autoren wenden sich explizit gegen diese Art des Materialismus, das heißt gegen die Überzeugung, dass alle Phänomene der Welt durch naturgesetzlich bestimmte, materielle Vorgänge erklärbar sind. Zuletzt meldeten mit dem Amerikaner Thomas Nagel und dem Deutschen Hans-Dieter Mutschler zwei philosophische Schwergewichte ihre Bedenken an.

Nagel trägt einen konzentrierten, systematischen und gründlichen Angriff auf das Konzept der Emergenz vor. Er argumentiert gegen den Reduktionismus, worunter die Position zu verstehen ist, derzufolge allein Physik und Chemie eine Erklärung für buchstäblich alles, also auch für die Entstehung des Lebens und das Auftauchen des Bewusstseins, zu bieten vermögen. Erklärt wird dies mit der Kombination einzelner Elemente, die für sich noch einer unteren Ebene angehören, als Kombination aber etwas Höheres ergäben, was mit Emergenz bezeichnet wird. Umgekehrt könne man analytisch die einzelnen Elemente eines Komplexes voneinander trennen und fest glauben, es sei damit getan, das Höhere ganz allein auf das Zusammenwirken von Niederem zu reduzieren. In der Chemie, etwa bei der Analyse einer Flüssigkeit, gelingt das, aber kann man auf diese Weise die Entstehung des Lebens oder des Bewusstseins erklären? Nagel fühlt sich durch ein solches Erklärungsmuster an Magie erinnert. Statt in der Emergenz eine Erklärung zu sehen, findet er sie selbst „grundsätzlich unerklärlich" – eine Position, die von Mutschler geteilt wird.

Nagel und Mutschler treffen sich nicht allein in dem Ziel ihres Angriffs, sondern auch in einem betont sachlichen, ausgesprochen höflichen Ton mit viel Lob für die Gegenseite. Mutschlers Buch aber ist in seiner Argumentation breiter und systematischer angelegt, weil er nicht allein den Materialismus widerlegt, sondern zugleich jedem Versuch widerspricht, die Erklärung und Auslegung der Welt auf ein einziges Prinzip zu gründen. Solche monistischen Theorien (von lateinisch *mono* für eins) erscheinen Mutschler von vornherein verfehlt, weil sie in jedem Fall „zu einer Verarmung der Vielheit von Welt" führen und deshalb „durch eine pluralistische Ontologie" (Lehre vom Sein) ersetzt werden sollten. Es ist dieser Gedanke, der das Buch durchzieht und der nicht allein den Blick auf alle Phänomene des Lebens bestimmt, sondern auch die Sicht auf den Menschen, der als „eine Art Amphibium zwischen Geist und Materie" angesehen wird. Einem solchen Wesen vermag auch Hegel nicht gerecht zu werden, wie Mutschler in einem eigenen Kapitel zeigt.

Das Schöne an Mutschlers Buch ist die systematische, fast lehrbuchartige Form seiner Argumentation. So demontiert er in gesonderten Abschnitten die „drei Säulen des Materialismus" (Materieprinzip, Supervenienzprinzip, Prinzip der kausalen Geschlossenheit), indem er die Literatur zu diesem Thema vorstellt und einer vernichtenden Kritik unterzieht. Immer wieder gelingt es dem Autor, Selbstwidersprüche und logische Brüche aufzuzeigen oder zu demonstrieren, dass das Bekenntnis zum Materialismus selbst einem Glaubensbekenntnis gleichkommt, also keinesfalls rational begründet ist, wie uns die Vertreter dieser Richtung glauben machen wollen.

In seinem Kapitel über die Materie zeigt der Diplom-Physiker und Philosophie-Professor Mutschler, dass die Physik selbst nicht wisse, was Materie sei, und diese schon deshalb nicht in ihren Formeln auftauche. Das Supervenienzprinzip dagegen bringt die Überzeugung „zum Ausdruck, dass die Welt ‚von unten her' getragen wird", ist also ein materialistisches Glaubensbekenntnis, das allen folgenden Überlegungen vorausgeht. Es gehört zu den wichtigen Ergebnissen seines Buchs, dass eine philosophische Theorie der unfassbaren Vielfalt des Seins gerecht werden muss und diese nicht von vornherein reduzieren darf, wie es die verschiedenen Ausprägungen des Monismus tun.

Abbildung:
Ohne Titel
Hans Beck,
Tuschezeichnung

So kann Mutschler leicht zugeben, dass es Supervenienz wirklich gibt – nur könne sie nicht das Entstehen von Bewusstsein oder Leben erklären, weil sie nicht zu etwas Höherem führe, sondern nur zwischen einander ähnlichen Elementen funktioniere, also auf einer entsprechenden Stufe des Seins. Auch in diesem Argument trifft er sich mit Nagel. Sind „die beiden Ebenen, auf die sich dieses Prinzip beziehen soll, in ihrem Charakter sehr ähnlich“, schreibt Mutschler, „dann wird das Supervenienzprinzip plausibel. Sind sie kategorial verschieden, dann haben wir Gründe zu vermuten, dass das Prinzip verletzt sein könnte.“

Ein anderer wesentlicher Aspekt ist der Primat der lebensweltlichen Erfahrung vor der Wissenschaft – eine Einstellung, für die sich noch Nicolai Hartmann aussprach, als er eine „Rückkehr zur natürlichen Einstellung“ forderte, die aber unvereinbar ist mit allen monistischen Theorien und in der heutigen Philosophie auch sonst auf Ablehnung stößt. Mutschler zeigt, dass eine Argumentation, welche die Welt für Schein erklärt, in krasser Weise unserem Erleben widerspricht, und fordert eine Theorie, die einen solchen Widerspruch vermeidet, indem sie der Tatsache, dass wir sowohl Materie und Geist sind, gerecht wird. Eine philosophische Theorie soll nicht die Welt verarmen, sondern ihren Reichtum wie auch ihre innere Abgestuftheit abbilden, und sie kann das tun, indem sie versucht, „das Sein analogisch zu verstehen“. Hier deutet sich schon an, wie die Alternative aussieht, die Mutschler dem Materialismus entgegenstellt.

Auch Nagel sieht sich zu einer Alternative veranlasst. Er bringt eine „naturalistische Teleologie“ ins Spiel, derzufolge „Organisations- und Entwicklungsprinzipien … einen irreduziblen Teil der Naturordnung bilden.“ Er zeichnet das Bild eines Universums, das allmählich erwacht, allerdings ohne dass er hier auch nur an einer einzigen Stelle konkret werden und ins Detail gehen würde. Unter seinen „protomentalen (vorbewussten) Elementen“ kann man sich nur schwer etwas vorstellen. Nagel beschreitet hier einen Weg, den vor ihm schon viele Philosophen seit Aristoteles gegangen sind und der auch von Mutschler erwogen wird: Damit die Welt intelligibel (verstehbar) sein kann, muss sie von vornherein den Geist enthalten.

Mutschler stellt in einer weiterführenden Überlegung das Narrative, das „Erzählen“, der nüchternen Naturwissenschaft entgegen. Dieses Konzept knüpft an die Tatsache an, dass wir Menschen historische Lebewesen sind, und will entsprechend Fakten erzählerisch verknüpfen. Es „arbeitet nicht mit Naturgesetzen, sondern setzt Nichtnotwendiges in eine sinnvolle Beziehung. Im einen Fall sind wir beobachtend-distanziert, im anderen Fall betroffen und engagiert.“ Der Autor schlägt deshalb ein Zusammenspiel von Erzählung und Erklärung vor, das unserer psychosomatischen Doppelnatur, der uns auszeichnenden Verschränkung von Geist und Materie und damit unserer natürlichen Einstellung, gerecht werden kann. So gelangt er schließlich zu einer „narrativen Theologie der Natur“, die er aber nicht als Dogmatik, sondern lediglich als Angebot verstanden wissen will. Das Narrative versucht einen Sinn in all dem Zufälligen und Chaotischen zu entdecken.

Stefan Diebitz

Natalie Knapp

Kompass neues Denken. Wie wir uns in einer unübersichtlichen Welt orientieren können

Rowohlt Taschenbuch, Reinbek 2013. 336 Seiten, € 9,99

Mit ihrem *Kompass neues Denken* hat Natalie Knapp ein gut verständliches, informatives und kluges Buch vorgelegt, mit dem sie angesichts der Komplexität unserer Welt Hilfe zur individuellen und kollektiven Richtungsbestimmung und damit zur Herausbildung einer zeitgemäßen realistischen Lebenskunst bietet.

Bereits 1985 sprach Jürgen Habermas mit Blick auf die damalige politische Landschaft von einer „neuen Unübersichtlichkeit“. Für Knapp sind Unübersichtlichkeit und Komplexität nun zu Charakteristika unserer zeitgenössischen Situation überhaupt geworden. In Knapps Analyse unserer Zeit und ihre Wegweisung hinsichtlich des praktischen Lebens sind zentrale Gedanken der Stoa eingeflossen. Das gilt etwa für den berühmten Satz Epiktets: „Nicht die Dinge selbst beunruhigen die Menschen, sondern ihre Meinungen und Urteile über die Dinge.“ Das im Fortschrittsoptimismus üblich gewordene lineare Denken, das dann auch folgerichtig von der Berechenbarkeit der Zukunft ausgeht und in der Konfrontation mit unerwarteten Vorkommnissen mitunter in Angst und Panik einmündet, müsste dementsprechend von einer Einstellung abgelöst werden, die das erfahrene Chaos als eine fruchtbare Dynamik begreift. Dann könnte man auch die irrige Annahme aufgeben, dass ein glückendes Leben mit dauerhaften Glückszuständen und einer kontrollierenden Haltung, die sie zu bewahren sucht, einhergehen muss.

Wenn wir demgemäß erkennen, dass wir nicht nur unsere Umwelt gestalten, sondern auch von der von uns gestalteten Umwelt wiederum selbst gestaltet werden, können wir nach Knapp zu einem grundsätzlichen Perspektivwechsel gelangen: Nicht mehr unsere Ziele und Zwecke stehen dann im Mittelpunkt, sondern unsere Beziehungen: „Wenn wir alle unsere Fähigkeiten zur Verfügung stellen und mehr Gewicht auf die Gestaltung unserer Beziehungen legen, finden wir uns in einer unübersichtlichen Welt besser zurecht.“ Hinter dieser These steht die Überzeugung, dass Komplexität nur mit einer Pluralität von Ansichten bewältigt werden kann. An die Stelle vorschneller individueller Entscheidungen tritt folglich eine kollektive Problemlösungskompetenz, die mit der Fähigkeit einhergeht, Unbestimmtheit zu ertragen. Dies entspricht Erkenntnissen der Hirnforschung, nach denen nicht Konkurrenz, sondern Kooperation das Erfolgsrezept der menschlichen Spezies ausmacht. Wenn wir Erkenntnis in diesem Sinne wie die Synergetik als Beziehung begreifen, als Resultat ernsthafter gemeinsamer Reflexion, rückt die offen und gleichberechtigt geführte Kommunikation in den Mittelpunkt der Betrachtungen. Nicht eine vermeintlich optimale lineare Planung, die im Erreichen eines fixen Ziels Sicherheit gewährleisten will, ist dabei entscheidend, sondern das Sich-Einlassen auf das mit einer dynamischeren Form von Sicherheit einhergehende Prinzip der Selbstorganisation, die sich auch in der Natur immer wieder ereignet. Denn die Milliarden von Organismen in ihr bilden ja – so Knapp – „eine Nachrichtenagentur des Lebens, die den kommenden Generationen die Errungenschaften gelungener Selbstorganisationsprozesse vermittelt, ein Kommunikationszentrum durch Raum und Zeit“. Derartige Selbstorganisation lässt sich laut Knapp nicht einseitig – zum Beispiel im Rahmen einer durchgängigen Ökonomisierung unseres sozialen Miteinanders – ausbeuten, sondern stellt, aus der Perspektive der Evolution gesehen, ein lebendiges Gemeinschaftswerk dar.

Knapp plädiert für eine philosophische Gelassenheit, welche die Unsicherheit und die Möglichkeit des Scheiterns im kreativen Austausch erträgt und Instabilität geradezu als eine notwendige Voraussetzung von Entwicklung begreift. Unsere Werte, betont Knapp, vermehren sich, wenn man sie teilt: Nicht das, was wir haben wollen, eröffnet uns Lebenssinn, sondern das, was wir geben können. Im konkreten politischen Handeln bedeutet dies, dass jeder technischen Realisierung eines Gemeinschaftsprojekts ein gemeinsamer Denkprozess vorausgehen muss. Knapps *Kompass neues Denken* macht in diesem Sinne wissenschaftlich fundiert und gut nachvollziehbar transparent, dass nicht nur unsere Kultur, sondern auch unser Geist sozial strukturiert ist.

Martin Krieger

Andreas Hüttemann

Ursachen

de Gruyter, Berlin 2013.
229 Seiten, € 19,95

Kausalität, das Gefüge von Ursache(n) und Wirkung(en), wird manchmal als „Zement des Universums" (John Leslie Mackie) bezeichnet, zuweilen aber auch als unnützes, überkommenes Konzept abgelehnt, das in der fortgeschrittenen Wissenschaft keinen Platz mehr habe. Bis heute ist es ein „Dauerbrenner" in der Philosophie geblieben.

„Das Kausalgesetz, wie so vieles, das von Philosophen akzeptiert wird, ist ... ein Überbleibsel aus vergangenen Zeiten, das – wie die Monarchie – nur deshalb noch nicht verschwunden ist, weil es irrtümlich für harmlos gehalten wird", schrieb Bertrand Russell in einem berühmt gewordenen Artikel 1912/3. Er und Ernst Mach sahen unüberwindliche Probleme für eine physikalische Fundierung der Kausalität. So sind die Naturgesetze zeitsymmetrisch, unterscheiden also nicht wie die Kausalität zwischen Zukunft und Vergangenheit, und ersetzen Ursächlichkeit durch funktionale Beschreibungen; auch sind strikte Gesetze eine Abstraktion, denn Störfaktoren lassen sich nie ausschließen und die Welt ist „nur einmal da".

Dennoch blieb Kausalität grundlegend in den Wissenschaften. Nicht nur in der Physik ist nach wie vor von ihr die Rede, sondern sie ist beispielsweise auch in Medizin, Psychologie, Geschichte allgegenwärtig. Und sie spielt in vielen philosophischen Debatten und Theorieentwürfen eine wesentliche Rolle, etwa in kausalen Theorien der Bezugnahme, Wahrnehmung, Rechtfertigung und Eigenschaften sowie bei der Frage nach einer kausalen Wirksamkeit des Geistigen. Generell ist Kausalität wichtig für Erklärungen (dem Verständnis von Vorgängen) und Vorhersagen, aber auch für das praktische Handeln (dem zielgerichteten Eingreifen und Verändern von Prozessen) sowie für die Zuschreibung von Verantwortung (Lob, Tadel, Strafe). Was also ist Kausalität?

Diese schwierige Frage hat viele Facetten, und so ist es nicht einmal klar, ob es eine umfassende Theorie der Kausalität geben kann. Zum einen ist es nützlich, zwischen einer begrifflichen, epistemologischen und ontologischen Fragestellung zu differenzieren – also, was unter Kausalität verstanden wird, wie man sie erkennen kann und was sie ist. Zum anderen muss man zwischen singulären und generellen Ursachen unterscheiden – konkreten Einzelereignissen und einem gesetzesartigen Ereignistyp. Desweiteren ist es umstritten, was die „Relata" der Kausalbeziehung sind (Substanzen, Ereignisse, Sachverhalte, Variablen ...) und ob sich Kausalität ohne kausale Terminologie überhaupt ausdrücken lässt, ob man also Ursachen identifizieren kann, ohne auf Kausalwissen zuzugreifen, und ob kausale Tatsachen auf nichtkausale zurückführbar sind (etwa solche der Physik oder des menschlichen Verstands) oder gleichsam ontologisch primitiv und somit nicht weiter analysierbar sind. Und dann ist da noch das „Problem der modalen Kraft": Wie kann eine Ursache ihre Wirkung erzwingen (notwendig machen)? Andernfalls wäre es unverständlich, sich auf die Kausalbeziehung zu verlassen.

Die wichtigsten aktuellen Antworten und ihre Probleme hat Andreas Hüttemann, seit 2010 Philosophieprofessor an der Universität zu Köln, übersichtlich zusammengefasst. In seiner kurzen, aber inhaltlich differenzierten, didaktisch gut gegliederten und auch für philosophische Laien mit einiger Konzentration überwiegend verständlichen Einführung stellt er die Bedeutung und Probleme dieses zentralen philosophischen Themas dar. Er gibt einen konzisen Abriss der geschichtlichen Entwicklung der Kontroversen und diskutiert ausführlich die heute populärsten Theorien der Kausalität. Diese aktuelle Übersicht ist im deutschen Sprachraum konkurrenzlos.

Rüdiger Vaas

Hermann Detering

Die Lust der Welt und die Kunst der Entsagung

Gütersloher Verlagshaus,
Gütersloh 2013.
256 Seiten, € 19,99

„Kaufen ist Bürgerpflicht! Kauft, für die Wirtschaft, für das Wachstum, für Arbeitsplatzsicherheit und politische Stabilität!" – Angesichts dieses inzwischen global verbreiteten konsumistischen Imperativs trifft das Buch des Theologen Hermann Detering offensichtlich einen Nerv: Gelobt wird die Entsagung, das anti-konsumistische Prinzip schlechthin. Neu ist dabei nicht der konsumkritische Impuls – den hat es, das zeigt das Buch selbst geradezu hingebungsvoll, schon immer gegeben. Neu ist vielmehr die Betonung der positiven Aspekte von Entsagung, des sekundären Verzichtgewinns sozusagen: Askese muss nicht nur qualvoll sein. Wer sich bewusst und gezielt den Manipulationsmaschinen der Werbung und der Medien entzieht, gewinnt vielmehr im Neinsagen erst wirkliche persönliche Freiheit!

Das zeigt Detering anhand einer Art Geistes-, Religions- und Sexualgeschichte der Entsagung in insgesamt neun Kapiteln: Vom Buddhismus aus geht es mit einem kleinen Umweg über das Vegetariertum hin zu den Kynikern, einer antiken, Bedürfnislosigkeit vorlebenden Philosophenschule. Unterwegs begegnet der Leser wenig bekannten Gestalten des frühen Christentums, darunter Häretiker, Säulenheilige und Kirchenväter. Detering schlägt thematisch und historisch gewagt weite Bögen, von den Katharern und ihrem Armutsgebot hin zu Simone Weil und ihrem Hungertod, vom islamistischen Dschihad als Krieg gegen die eigene

Triebnatur bis hin zur „großen Verweigerung“ der 68er. Eine wichtige Rolle spielt dabei neben dem Konsumverzicht die Sexualität als Paradigma sinnlichen Begehrens schlechthin: Angesichts einer „akut um sich greifenden Pornografisierung“ zumindest in der westlichen Zivilisation kommt Detering auch hier zu bedenkenswerten Thesen, die sicherlich nicht dem politisch korrekten Mainstream des Sexualitätsdiskurses entsprechen, denen zufolge beim Sex – in genauer Analogie zum Konsum – nicht nur alles erlaubt, sondern geradezu alles geboten erscheint, und je mehr, desto besser!

Das alles ist mit reichlich vergnüglichen Anspielungen auf zeitgenössische Modephänomene gespickt; ein wenig liest es sich, sowohl vom Stil als auch vom flinken Sprung durch die Hintertüren der Geistesgeschichte, wie Sloterdijk für Anfänger. Sloterdijk selbst bekommt immerhin ein kleines Kapitel, in dem der Theologe Detering ihm dann doch nicht verzeihen kann, dass er die Religion so ganz und gar abgeschafft hat. Bei Detering hingegen ist die Aufforderung zur Entsagung, trotz aller Beteuerungen seiner weltanschaulichen Neutralität, deutlich religiös oder, allgemeiner gesprochen, metaphysisch geprägt: Ohne jeglichen Jenseitsbezug kann Askese für ihn nicht gelebt werden. Und ebenso ist sein Modell der Entsagung – wiederum: trotz aller Beteuerungen der Legitimität sinnlicher Bedürfnisse! – genuin sinnenfeindlich: „Sinnliches Erleben und geistig spirituelles Wachstum passen nun einmal nicht zusammen“, punktum. Und deshalb ist es schließlich auch nur logisch, dass er sich auf die Sonderlinge, den „Typus des Totalentsagers“ konzentriert: „Das Fremdartige, das Exotische ist immer anziehender als die Dinge, mit denen wir Tag für Tag zu tun haben.“

Dem wäre vielleicht doch entgegenzuhalten, dass Konsumverzicht und Entsagung auch ohne spektakuläre Opfer, einen metaphysischen Überbau und die prinzipielle Herabwürdigung sinnlicher Genüsse möglich sein könnten: nämlich als Philosophie des Maßes und der Mäßigung, wie sie beispielsweise im horazischen Konzept der „goldenen Mitte“ – die beileibe nicht zu verwechseln ist mit lauer Mittelmäßigkeit oder langweiliger Durchschnittlichkeit! – vorgedacht ist. Seine sinnlichen Leidenschaften zu beherrschen, und das jeden Tag aufs Neue und ganz unspektakulär, müsste dann nicht gleich bedeuten, sie aus einer einseitig geistig-transzendenten Perspektive zu verwerfen. Es könnte vielmehr geradezu der Schlüssel auch zur geistigen Weiterentwicklung des Menschen jenseits jeglicher Transzendenz-Konzepte sein. Deterings bewusst vieldeutiges Schlussbild ermöglicht auch eine solche Deutung: „Die ganze Lebens- und Überlebenskunst der im Meer schwimmenden Fische wäre dann wohl die: sich den Wurm schmecken zu lassen – ohne auf den Haken zu beißen‘ – sich den Wurm schmecken lassen also, wohlgemerkt, und nicht abzutauchen in eine dunkle metaphysische Tiefe!

Jutta Heinz

Heidemarie Bennent-Vahle

Mit Gefühl denken. Einblicke in die Philosophie der Emotionen

Verlag Karl Alber, Freiburg 2013. 315 Seiten, € 20,00

Was in einer Philosophischen Praxis den Gästen eines Praktikers einen neuen Abstand zu ihren Problemlagen möglich machen soll, ist die Erweiterung und Stärkung ihrer Kompetenz zur Selbstdistanzierung. Diese besitzt, wer eine innere Unabhängigkeit gegenüber den Problemen hat, die Mitmenschen und Sachverhalte machen. Sie entscheidet über die „Freiheitsgrade“ in unserem Handeln und Verhalten beziehungsweise über den „Spielraum“, der uns dafür zur Verfügung steht. Heidemarie Bennent-Vahle hat diese Befähigung nicht dem Begriff, sehr wohl aber der Sache nach auf gelungene Weise zu ihrem Thema gemacht.

Eine besondere Bedeutung kommt dabei der Besonnenheit zu. Diese ist für die emotionstheoretisch argumentierende Philosophin ein gutes Beispiel, „wie eng Verstand und Gefühl miteinander vernetzt sind“. Aufzuweisen, wie sehr unser Denken von unserem Fühlen immer schon „eingefärbt“ ist, macht sicherlich eines der Kernanliegen der Autorin aus. Aber an der Besonnenheit kann für Bennent-Vahle nicht nur die „Vernetzung“ von unseren Gefühlen und der Vernunft aufgezeigt werden, sondern auch deren gelungene Integration. Dass sie eben dafür ausdrücklich das Besonnensein der sogenannten „emotionalen Intelligenz“ (Goleman) vorzieht, hat für sie einen guten Grund: Sie erkennt, dass unsere lebenslänglich einzuübende Besonnenheit etwas leistet, was die emotionale Intelligenz nicht vermag. Denn diese Tugend versöhnt nicht nur Fühlen und Denken, sondern sie macht auch in unserem Handeln und Verhalten eben den Abstand möglich, der uns gegenüber Menschen und Sachverhalten eine innere Unabhängigkeit gibt. „Wer nach Besonnenheit strebt, sucht in ein ‚objektives‘ Verhältnis zur Welt zu treten.“ Man könnte auch sagen: Die Besonnenheit ist der „Stoff“, aus dem eine gelungene Selbstdistanzierungskompetenz gewebt ist.

Bennent-Vahle weiß aber auch um deren „Schatten“ und thematisiert ihn in ihrem Buch eindrücklich. Denn deren „Schattenseite“ begegnet man in unseren Tagen unter den nicht wenigen Zeitgenossen, die sie die „neuen Artisten der Selbstkontrolle“ nennt. Ihnen stehen für sie jene Menschen gegenüber, die sich „im Labyrinth der eigenen Gefühle“ verirrt haben.

Bennent-Vahle plädiert demgegenüber in ihrem kenntnisreichen und zeitdiagnostisch sensiblen Buch zwischen der emotionalen Abstumpfung und der „Gefühlsüberschwemmung“ für den „dritten Weg“. Dieser „dritte Weg“ wird dort gegangen, wo nicht unsere Vernunft den eigenen Gefühlen, aber auch nicht unserer Vernunft die eigene Emotionalität geopfert wird. Sie macht sich vielmehr auf überzeugende Weise für eine Besonnenheit stark, welche uns die Möglichkeit eröffnet, die unselige Spaltung von Fühlen und Denken zu überwinden. Deren Versöhnung macht auch ein Mitgefühl denk- und lebbar, das nicht mit der „Gefühlsansteckung“ (Scheler) verwechselt wird, sondern den „Anteil nehmenden Menschen“ meint.

„Mit Gefühl denken“ lautet deshalb ihr Imperativ. Aber sie plädiert auch für ein „vom Gefühl getragen(es)“ Handeln, wenn sie sich in ihrem letzten Kapitel für das Verzeihen starkmacht. Bennent-Vahle ist nicht nur dem Geist Athens, sondern auch dem Erbe Jerusalems verpflichtet. Sie macht mit ihrer philosophischen Diskussion unserer Emotionen eine Ethik stark, für welche die Besonnenheit ein mit sich versöhntes und das Verzeihen ein mit den Mitmenschen ausgesöhntes Leben möglich macht.

Thomas Polednitschek

Gudula Linck

Ruhe in der Bewegung. Chinesische Philosophie und Bewegungskunst

Verlag Karl Alber, Freiburg 2013.
280 Seiten, € 24,00

Gudula Linck ermöglicht es dem vom westlichen Denken geprägten Leser, in Philosophie und Wahrnehmungswelten alter chinesischer Kultur einzutauchen.

Dank ihrer profunden Kenntnis chinesischer Sprache, Kultur und Philosophie gelingt es Linck, dem interessierten Leser einen Einblick in die subtilen Erfahrungsräume alter östlicher Wissenschaften zu verschaffen. Die typisch östliche Betonung von Vernetzung, Verwobenheit, Dynamik, Stille und Impuls sowie der Verschmelzung von Raum- und Zeiterfahrung lässt den Leser in eine andere Form wissenschaftlicher Realität gleiten. Es ist ein durchaus intensiver Blick, der dem Leser zugemutet wird. Zitate, Geschichten und Gleichnisse alter philosophischer Literatur sollen altöstliche Erfahrungswelten begehbar machen.

Linck führt durch die Welt multidimensionaler östlicher Kunst- und Lebenspflege. Ob meditative Bewegungskunst, Kampfkunst, Musik, Poesie, Kalligrafie oder Haus- und Gartengestaltung, überall finden sich differenziert arrangierte und verwobene philosophische Verweise auf vielschichtige Wissenshintergründe. So wäre es altchinesischen Praktikern zum Beispiel völlig fremd erschienen, einzelne Lebensräume als isolierte Erfahrungswelten zu betreten. Die Autorin will aufzeigen, dass ganzheitlicher Wissensgewinn aus altöstlichen Traditionen – dem jegliche Teilheit wesensfremd ist – sich nur durch ein Sich-Einlassen in leiblich erfühlte Welt-Erkenntnis erschließen lässt.

Es wird nachvollziehbar, dass es sich zum Beispiel beim QiGong, wie bei allen östlichen Künsten, um geduldig zu erlernende Praxisformen handelt, die erst nach einem längeren Einlassen Vielschichtigkeit und Tiefe erkennen lassen. Derart ist das Buch auch ein wichtiger Beitrag, die meditative Praxis des QiGong als Kunst innerhalb vielschichtiger Künste auch in die zeitgenössisch westlichen philosophischen Diskurse einzuführen. Durchschreitet Linck das Tor zu altem östlichen Wissen doch über westlich geprägte philosophische Praxis und Sprache. Es gelingt ein Blick auf jene das „Ich" relativierende, kontemplative Bewusstseinserfahrung, die sich aus atmosphärischer, synästhetischer, das heißt die Sinne übergreifender Wahrnehmungserfahrung generiert. Es bleibt allerdings fraglich, ob die westlich-phänomenologischen Begrifflichkeiten für eine Annäherung an diese subtilen Wissenswelten ausreichen. Wenngleich Linck ausdrücklich klarstellt, dass ein rein intellektuelles Erfassen-Wollen scheitern muss, bleibt doch selbst bei phänomenologischer Interpretation einiges an jener typisch östlich-verwobenen Subtilität verborgen. Gerade am essenziellen Phänomen *Qi* wird deutlich, dass sich dessen Verstehbarkeit dem westlich geprägten Zugang entzieht.

Der lachende altchinesische, sich selbst vergessende, *niemals-Meister-sein-wollende* daoistische Künstler tritt leider nur in einzelnen Kapiteln in Erscheinung. Diesen dem Ansatz nach heiteren Aspekt vermehrt einzubringen, hätte dem Buch über weite Teile gutgetan. In Meditations- und Praxisanleitungen lässt die Betonung auf äußere Form und Ausführung konfuzianische Ritualtreue erahnen. Weniger Ritualtreue und mehr Einladung, tatsächlich in diese Welt des konkretismen-vergessen-machenden Ausdrucks einzutauchen, würde die Essenz östlicher Künste noch verstehbarer machen.

Gut gelungen ist der Blick auf eine Welt, der reiner Zweck, reine Bestimmung, reiner Nutzen fremd, beklemmend und sinnlos erscheinen. Es zeigt sich ein Spiel fühlbarer Sprache, spürbaren rhythmischen Wechsels von Andeutung und Auflösung, Stille, Impuls und – Bewegung in der Ruhe. Aufgrund des verständlichen Schreibstils ist Lincks Buch ein lesenswerter Beitrag für leibphilosophisch interessierte Theoretiker, Praktiker und Lehrende östlicher Lebenspflege (QiGong, Taichi, Kampfkünste, Fengshui und andere) sowie kulturgeschichtlich Interessierte.

Alexandra Gusetti

Dagmar Fenner

Was kann und darf Kunst? Ein ethischer Grundriss

Campus Verlag, Frankfurt 2013.
286 Seiten, € 24,90

Vittorio Hösle

Zur Geschichte der Ästhetik und Poetik

Schwabe Verlag, Basel 2013.
102 Seiten, € 16,50

Die Frage nach der Kunst im Besonderen und dem Schönen im Allgemeinen ist nicht erst seit den blutigen Schlachtorgien von Hermann Nitsch, den in Formalin eingelegten Haifischen von Damien Hirst oder den „sinnfreien" Gedichten der Dadaisten virulent. Für seine heute weltberühmten Sonnenblumen wurde Vincent van Gogh zu Lebzeiten ausgelacht und die zwischenzeitlich nicht weniger gerühmten Bilder Monets seiner Zeit als unfertige widerliche Schmierereien und Resultate einer „bedauerlichen Geistesgestörtheit" geschmäht. Eine Positionsbestimmung dessen, was das Schöne, was Kunst ist und was Kunst darf, scheint vonnöten.

„Ist das Kunst oder kann das weg?" Besser als mit dieser hilflosen, zwischenzeitlich zum geflügelten Wort avancierten Frage einer Reinigungsfachkraft in einem Museum lässt sich die Verunsicherung über den Kunstbegriff der Gegenwart nicht ausdrücken. Auch wenn schon Aristoteles darauf hinwies, dass sich Gedichte nicht zwangsläufig reimen müssen, stoßen bei der Beurteilung der Werke der modernen Kunst nicht nur Putzfrauen an die Grenzen ihres ästhetischen Empfindens.

So weiß Dagmar Fenner zu berichten, dass die Leverkusener Ortsgruppe der SPD in Ermangelung einer Kühlmöglichkeit für die Getränke der im Museum anberaumten Ortsgruppensitzung kurzerhand eine im Abstellraum des Museums lagernde Kinderbadewanne reinigte. Man mag sich den nervlichen Zustand des Museumsdirektors gar nicht erst vorstellen, als er den von Joseph Beuys für die nächste Ausstellung mit Schmieröl und Heftpflaster verzierten und solchermaßen zum Kunstwerk erhobenen Alltagsgegenstand fein säuberlich geputzt an seinem Platz vorfand. Marcel Duchamp hatte sich mit seinen als „Readymades" bezeichneten, durch museale Ausstellung zu Kunstwerken erklärten Alltagsgegenständen noch nicht einmal die Mühe der „Verzierung" beziehungsweise „Umgestaltung" gemacht. Sein zwischenzeitlich als Klassiker geltendes, handelsübliches Urinal hatte er lediglich mit einer Signatur versehen auf einen Podest gelegt.

Zu denken geben in diesem Zusammenhang auch die Kunsthistorikern vorgelegten, von Kinderhand angefertigten „abstrakten Kunstwerke“. Waren diese von den universitär ausgebildeten Kunstexperten in Unkenntnis von deren Urheberschaft doch überschwänglich als wertvolle Kunstwerke bewertet worden. Auch wenn von Pablo Picasso berichtet wird, dass er nach eigener Aussage mit zwölf Jahren schon ein Raffael gewesen sei, aber ein Leben gebraucht habe, um wieder wie ein Kind malen zu können, stellt sich nicht nur für Gerichte die Frage, was Kunst denn eigentlich sei beziehungsweise was einen Gegenstand zum Kunstwerk erhebt. In der Tat ist es für Gerichte, die nur allzu oft die grundrechtlich garantierte Freiheit der Kunst gegen nicht minder garantierte Grundrechte abzuwägen haben, bei manchen „Werken“ nicht immer einfach zu entscheiden, ob sie von Künstlern oder von Lebenskünstlern mit Lust an der Provokation hervorgebracht wurden. Der beuyssche Satz „Jeder ist ein Künstler“ gilt, solchermaßen aus dem Erläuterungszusammenhang gerissen, weder für objektive Kriterien fordernde Juristen noch für Beuys selber.

Will man beim philosophierenden Nachdenken der Kunst gerecht werden, muss man allerdings darauf achten, dass diese nicht nur als Medium der Selbstvergewisserung für die eigenen philosophischen Theorien dient, wie Fenner anmerkt. In der Tat unterliegt die Philosophie der Kunst immer einer Gefahr, die in den Athenäums-Fragmenten von Friedrich Schlegel treffend beschrieben wird: „In dem, was man Philosophie der Kunst nennt, fehlt gewöhnlich eines von beiden; entweder die Philosophie oder die Kunst.“ Bei der Frage nach dem Sinn und dem Nutzen von Kunst sollte man, wie Vittorio Hösle bemerkt, auch eines nicht vergessen: „Unter jenen Zügen, die Menschen von den anderen Tieren unterscheiden, ist das Ausmaß an künstlerischer Produktion seitens des Menschen einer der auffälligsten.“

Beide Bücher heben sich durch einen guten Schreibstil und große Kennerschaft der Materie überaus wohltuend vom weitverbreiteten und nur allzu oft ebenso sinnentleerten wie kenntnisfreien Vernissagengeschwätz über Kunst ab. Fenner, Philosophin und als ausgebildete Konzert-Cellistin selbst Künstlerin, schreibt verständlich und flüssig; Hösle, Professor für Philosophie, anspruchsvoll und stilistisch ausgefeilt. Fenners Buch ist allen, die sich schon einmal über Kunstwerke geärgert haben oder, schlimmer noch, nur unangeregt und ratlos von diesen zurückgelassen wurden, wärmstens zu empfehlen. Aufgrund der Fülle an hervorragend ausgewählten illustrativen Beispielen ist ihre Grundlegung zu einer Ethik der Kunst auch für nicht mit der Materie Vertraute überaus lehrreich. Es enthält unter anderem je eigene Kapitel zur grundsätzlichen Definition von Kunst und Ethik. Die Frage „Wozu Kunst?“, so Fenner, ist schon aufgrund der staatlichen Subventionen für den Kunst- und Museumsbetrieb unvermeidbar. Entsprechend müsse sich Kunst auch „mit Blick auf ihre außerästhetische Wirkung“ rechtfertigen lassen. Aufgabe der Kunstethik sei es, „in negativer Hinsicht das Konfliktpotenzial der Kunst“ zu untersuchen und zu fragen, „inwiefern Kunst zu einem besseren menschlichen Leben oder richtigen Handeln beitragen kann“. Dabei stellt sie auch unmissverständlich klar, dass die ästhetische Perspektive nicht der ethischen unterworfen werden dürfe. Das heißt, Kunst darf nicht „in den Dienst der Ethik gestellt und zu moralischen Zwecken instrumentalisiert werden“.

Während das Buch von Fenner auch mit gewöhnungsbedürftigen bis lästigen didaktischen Mitteln wie dem Fettdruck von Schlüsselbegriffen quasi als anwendungsorientierte Einführung in die Thematik geschrieben ist, wendet sich Hösle an Kenner. Obwohl dankenswerterweise die fremdsprachlichen Zitate von ihm übersetzt wurden (mit Ausnahme der englischen, „da heute jeder wissenschaftlich Interessierte die neue Weltsprache liest“, so Hösle), erfordert die Lektüre doch einige Kenntnisse der Terminologie von Ästhetik und Poetik sowie der altgriechischen und lateinischen Dichtung, insbesondere der von Homer und Horaz. Die Kenntnis der Lehrgedichte von Alexander Pope und Nicolas Boileau vereinfacht das Verständnis.

Hösle legt den Schwerpunkt seiner Schrift weniger auf darstellende Kunst denn vielmehr auf die Theorie der Ästhetik, wobei, dem Titel gemäß, die Poetik im Zentrum steht. Auch wenn die einführende Darstellung der „Hauptetappen der geschichtlichen Entwicklung ästhetischer Theorien“ aufgrund der Kürze manchem etwas zu eklektisch geraten scheinen mag, so ist sie doch überaus inspirierend zu lesen. Seinem theoretischen Anspruch entsprechend, räumt Hösle dem sinnlichen Empfinden respektive dem ästhetischen Gefühl allerdings keinen Raum ein. Phrasen wie die von der Poesie als Fenster aus dem Lazarett des Lebens (Jean Paul) oder der „Tiefe im Antlitz der Welt“ (Wilhelm Weischedel) sind theoretisch eben kaum zu fassen. Versmaße lassen sich leichter nachvollziehbar auszählen und über die Einhaltung formaler Anforderungen an Poesie und deren Einlösung, wie zum Beispiel die Verschränkung von Form und In-

halt bei Lehrgedichten, leichter Einigung erzielen. Hösles Rede von der normativen, das heißt wertsetzenden Dimension von Kunst dürfte ebenso zu Diskussionen Anlass geben wie seine im Rahmen der Diskussion um Nicolas Boileaus Ästehtik erhobene Forderung, eher die Grenzen von dessen Vernunftbegriff aufzudecken „als daran zu denken, sich von Vernunftmaßstäben bei der Bewertung von Kunst zu verabschieden“.

Hösles Schrift, der Versuch einer Ästhetik der Ästhetik, erschließt sich in seiner Gänze nur, wenn man sie im Zusammenhang mit dem Gesamtwerk des vielsprachigen Hegelkenners mit Hang zur Philologie liest. Sein hohes Lied auf Adorno als Theoretiker mit „Sinn für die Poetisierung der Poesie“ und letztem Ästhetiker, „der auch selbst Ehrgeiz als Künstler hatte“, dürfte all die „Künstler“ bestätigen, die in der Beschäftigung mit ästhetischer Theorie schon immer die Spielwiese gescheiterter Künstler erkannten. Fand Adornos Kompositionskunst, deren handwerkliche Seite er bei Alban Berg erlernt hatte, doch bis heute nur wenig Anerkennung unter Kunstschaffenden, Kunstkennern und Kunstgenießern.

„Ein Kunstgebild der echten Art. Wer achtet sein? Was aber schön ist, selig scheint es in ihm selbst“, lauten die letzten zwei Zeilen von Eduard Mörikes Gedicht *Auf eine Lampe*. Da man sich angesichts der Gegenwartskunst nicht mehr darauf verlassen kann, dass das Schöne von selbst scheint, ist eine praktische Schulung des Blicks auf Kunst ebenso unerlässlich wie die Auseinandersetzung mit den Grundlagen ästhetischer Theorie. Beide Bücher sind hierfür überaus hilfreich – jedes auf seine Art!

Siegfried Reusch

Bernd-Olaf Küppers

Die Berechenbarkeit der Welt

Hirzel, Stuttgart 2012.
307 Seiten, € 32,00

Dass komplexe Phänomene wie Leben, Sprache, Zeitlichkeit, aber auch die Geschichte und sogar Schönheit naturwissenschaftlich immer besser erklärt und verstanden werden, ist ein großes Verdienst von Selbstorganisations- und Informationstheorien. Die Fortschritte, Grenzen und Folgerungen hat der Naturwissenschaftler und Philosoph Bernd-Olaf Küppers in einer aktuellen Bestandsaufnahme auf hohem Niveau und zugleich gut verständlich zusammengefasst.

Grenzfragen der exakten Wissenschaften lautet der – auf dem Umschlag nicht abgedruckte – Untertitel des Buchs. Und nach diesen ist es auch gegliedert: Neben Vorwort, Literaturverzeichnis und ausführlichem Register besteht es aus neun Kapiteln, deren Überschriften alle solche Grenzfragen stellen und zugleich eine perfekte Inhaltsangabe liefern: Ist ein absolutes Weltwissen möglich? (nein) – Gibt es unlösbare Welträtsel? (ja, aber weniger als früher behauptet) – Wie ist das Leben entstanden? – Was ist Information? – Ist Sprache ein allgemeines Naturphänomen? (ja) – Ist das Naturschöne objektivierbar? (teilweise) – Kann man das Problem der Zeitlichkeit klären? (teilweise, und immer besser) – Lässt sich das Weltgeschehen in Formeln fassen? (nur sehr eingeschränkt) – Wohin führen die Wissenschaften? Über 50 farbige Abbildungen, darunter hervorragende Grafiken, machen komplizierte Sachverhalte anschaulich. Das Buch beruht auf aktualisierten Vorträgen und Aufsätzen, was zu Wiederholungen führt. Derart können die einzelnen Kapitel aber auch einzeln gelesen werden, was es Lesern mit geringer naturwissenschaftlicher Vorbildung ermöglicht, die von Küppers didaktisch geschickt für Laien aufbereiteten, naturgemäß komplexen Sachverhalte besser zu verstehen.

Küppers leistete am Max-Planck-Institut für Biophysikalische Chemie 22 Jahre Spitzenforschung zur Entstehung des Lebens und der biologischen Information und lehrte als Professor für Naturphilosophie an der Universität Jena. In seinem Buch gibt er zunächst eine kurze Einführung in die Naturphilosophie von den Vorsokratikern über die kritisch betrachtete „romantische" Strömung bis zur modernen Naturwissenschaft; die Entwicklung vom „Absoluten zugunsten des Relativen" erkennt er hierbei als einen der größten Fortschritte. Angelehnt an den berühmten „Ignorabimus"-Streit („Wir werden es nie wissen"), den Emil Du Bois-Reymond im 19. Jahrhundert ausgelöst hatte, diskutiert Küppers dann diverse „Welträtsel" einst und heute – Grenzüberschreitungen, wissenschaftliche Voraussetzungen und ideologischer Missbrauch inklusive. Anschließend geht es um Küppers Spezialgebiete, die sich alle um ein naturwissenschaftliches Verständnis komplexer Phänomene ranken: Leben, Information, Sprache, Bedeutung, Musterbildung in Raum und Zeit, Natur- und Kulturgeschichte sowie die Entstehung einer Wissensgesellschaft.

Leben – für Küppers Materie plus (physikalisch verstandene) Information – lässt sich zwar mit den Merkmalen Stoffwechsel, Selbstreproduktion und Veränderlichkeit gut allgemein charakterisieren. Der Übergang ins Unbelebte ist aber fließend und eine strenge Definition daher nicht zielführend: Leben ist weder reiner Zufall noch unausweichliche Notwendigkeit, sondern eine Mischung von beidem.

Weil komplexe Systeme in einem präzisen Sinn chaotisch (ähnliche Ursachen haben keineswegs ähnliche Wirkungen!) und daher bloß sehr begrenzt berechenbar sind, hilft die Kenntnis von Naturgesetzen nur sehr eingeschränkt. Wesentlich zum Verständnis – und oft kaum rekonstruierbar – sind die Randbedingungen. Das gilt auch für die Entwicklung der Sprachen und der Kulturgeschichte. Dennoch lassen sich Tendenzen und Mechanismen herausdestillieren, etwa das Prinzip der Selektion, Phasenübergänge, Nichtgleichgewichts-Thermodynamik, Kooperation und „Massenwirkungsgesetze". Dabei hilft die Entwicklung der Strukturwissenschaften zwischen den herkömmlichen Natur- und den Geisteswissenschaften. Wie weit inter- und transdisziplinäres Forschen verbunden mit philosophischer Reflexion führt, verdeutlicht das Buch in vieler Hinsicht. Unbedingt lesen!

Rüdiger Vaas

Peter Bieri

Eine Art zu leben. Über die Vielfalt menschlicher Würde

Carl Hanser Verlag, München 2013.
382 Seiten, € 24,90

„Eine unwiderruflich verlorene Würde ist ein verlorenes Gleichgewicht, das nie wieder herzustellen ist." Mit dieser Annäherung aus der Perspektive der Lebenskunst sticht Peter Bieris Buch aus der unüberschaubaren Literatur über die Menschenwürde heraus. Indem er nach den personalen Bedingungen gelingenden menschlichen Lebens fragt, widersetzt er sich allen juristischen Vereinnahmungen des Würdebegriffs.

Würde als Lebensform besitzt für Bieri drei ineinander greifende Erfahrungsdimensionen, die er philosophisch analysiert und poetisch beschreibt. Die erste Dimension betrifft die Art, wie man von den anderen Menschen behandelt wird, die zweite, wie man andere Menschen behandelt, mit welchen Mustern des Tuns und Erlebens man seine Würde den anderen gegenüber bewahrt oder verspielt, die dritte die Einstellung zu sich selbst. Bieri liefert ein aus Geschichte, eigener Lebenserfahrung und Literatur gespeistes Kaleidoskop „gewahrter, beschädigter und verspielter Würde". In acht existenziellen Beispielen fragilen menschlichen Daseins thematisiert er Würde als Selbstständigkeit, als Begegnung, als Achtung vor Intimität, als Wahrhaftigkeit, Selbstachtung, moralische Integrität, als Sinn für das Wichtige und schließlich als Anerkennung der Endlichkeit.

Nicht erst das Stichwort „Selbstzweck sein" erinnert an Immanuel Kant, demzufolge es nicht darauf ankommt, was die Natur aus dem Menschen macht, sondern darauf, was dieser aus sich selber gemacht hat, machen kann und machen sollte – allein die Begründung dieses Sollens will Bieri nicht liefern. Er will keine Theorie der Menschenwürde bieten, sondern diese lediglich im Sinne der personalen Wahrung des inneren Gleichgewichts begrifflich vergegenwärtigen.

Doch schon der Auftakt mit einem mächtigen Kapitel über Würde als Selbstständigkeit kann seine westlich arrivierte Positionierung nicht verleugnen – wie sollte das auch möglich sein. Anhand der viel zitierten Rechtsbeispiele von Zwergenweitwurf und Peepshow wird klar, dass Bieri diese Tatbestände durchaus als Fremd- beziehungsweise Selbstentwürdigung beurteilt, auch wenn er den Zwerg mit der zornigen Selbstverteidigung zu Wort kommen lässt: „Sie haben gut reden, Sie können aus tausend Tätigkeiten auswählen, ich nicht. Wer stellt schon einen Zwerg an?“ Aber Selbstbestimmung ist für Bieri nur eine notwendige, nicht aber schon eine hinreichende Bedingung menschlicher Würde. Anders als Avishai Margalit fragt er nicht nach den gesellschaftlichen Bedingungen zur Vermeidung von Demütigung, sondern fokussiert auf die individuellen Bedingungen zur Meisterung des Drahtseilakts menschlicher Existenz.

Andererseits führt Bieri die Überstrapazierung des Menschenwürdebegriffs am Beispiel der Arzt-Patienten-Beziehung vor Augen. Soll ein Arzt im Falle einer überlebensnotwendigen Bluttransfusion für ein Kind seinen eigenen Vorstellungen von Würde gemäß handeln oder denen der Eltern folgen, die diese Behandlung zum Beispiel aus religiösen Gründen ablehnen?

Zu Recht rückt Bieri einen in der Menschenwürde-Diskussion vernachlässigten Aspekt der Wahrung der eigenen Würde in das Zentrum. Das allein macht sein gut verständliches Buch zu einer unverzichtbaren Ergänzung in der Menschenwürdeliteratur. Denn Menschenwürde ist nie nur die Würde des anderen Menschen, sondern stets auch die eigene. Jedoch lässt Bieris Fokussierung auf die Würde als Selbstverhältnis manchmal auch erschaudern. Mitunter liest sich seine gnadenlos akribische Analyse, warum es den Protagonisten in Arthur Millers *Tod eines Handlungsreisenden* oder George Orwells *Nineteen Eighty-Four* nicht gelingt, ihr inneres Gleichgewicht zu bewahren und sich den Demütigungen ihrer Peiniger zu entziehen, wie eine Handlungsanweisung für Sadisten. Bieri operiert an der Grenze des Tabubruchs, wenn er aus der Perspektive der Lebenskunst das mögliche Zerbrechen oder Bewahren von Selbstachtung vornehmlich auf die Opfer in den nationalsozialistischen Konzentrationslagern bezieht. Die unverzichtbare menschenrechtliche Kontextualisierung lässt Bieri dagegen vor allem bei Fragen des Strafvollzugs und des selbstbestimmten Sterbens anklingen. Die Bedingung, dem anderen Menschen in jeder Lebenssituation „eine offene Zukunft“ und damit die Chance zur Würde als einer eigenen Leistung der Wahrhaftigkeit zu lassen, ist nach Bieri für die menschliche Würde unverzichtbar. Diese will der philosophische Handwerker der Freiheit weder durch metaphysische noch durch normative (wertsetzende) Begründungen verstellen.

Heike Baranzke

Wilhelm Schmidt-Biggemann

Geschichte der christlichen Kabbala

Band 1 (von 4): 15. und 16. Jahrhundert
frommann-holzboog, Stuttgart 2012.
699 Seiten, € 128,00

Schon seit geraumer Zeit harrt das komplexe Thema der christlichen Kabbala einer anspruchsvollen, fachkundigen Analyse und Darstellung. Schmidt-Biggemanns auf vier Bände angelegtes Werk zur „Geschichte der christlichen Kabbala“ kann schon nach den ersten drei Bänden als unverzichtbares Standardwerk bezeichnet werden.

Die Kabbala ist ursprünglich eine jüdische mystische Tradition mit vielfältigen Strömungen. Gemeinsame Grundlage ist das Streben nach einer unmittelbaren Beziehung zu Gott sowie einer Bestimmung des Verhältnisses von Ewigem und Geschaffenem. Die christliche Kabbala als Phänomen der Renaissance nutzte die jüdischen Überlieferungen, um darin einen christlichen Sinn zu identifizieren, und um Juden zu einer Konversion zum Christentum zu veranlassen.

Der Autor, Professor für Philosophie an der Freien Universität Berlin mit einem Arbeitsschwerpunkt in der Geschichte der Philosophie und Philologie der Frühen Neuzeit, liefert in den bislang erschienenen drei Bänden einen umfassenden und tiefgehenden Überblick über die Entwicklung der christlichen Kabbala.

Der erste Band wird eingeleitet von einer Darstellung der generellen Umrisse der christlichen Kabbala. Dazu gehört, dass die christliche Kabbala trotz ihres Bezugs auf jüdische Lehren kein Zweig der jüdischen Tradition ist, genausowenig wie sie mit Hermetik, Mystik oder Alchemie in eins gesetzt werden kann. Schmidt-Biggemann gibt einen Überblick über die historischen Umrisse, die Haupttopoi (wie zum Beispiel Erster Grund und Pythagoreische Christologie) sowie die kabbalistische Gedankenwelt um die Themen Schöpfung und Erlösung (zum Beispiel: Der Göttliche Mensch, Lingua Adamica und Eschatologie). Der Autor schließt die Einleitung mit grundsätzlichen Informationen zu den kosmologischen Grundlagen der Kabbala mit ihren diversen arabischen und neuplatonischen Einflüssen unter gesonderter Würdigung der Kosmologie Alberts des Großen.

Das erste Kapitel des Bands handelt von der Vorgeschichte der christlichen Kabbala. Hier spannt Schmidt-Biggemann den Bogen von Maimonides' Deutung der göttlichen Namen über Bernhardin von Siena bis hin zu Nikolaus von Kues, bei dem das Wort *Cabala* zum ersten Mal in einem lateinischen Text vorkommt. Das Kapitel endet mit einer ausführlichen Darstellung der neuen Grundlegung der pythagoreischen (spekulativen) Mathematik.

Die folgenden Kapitel befassen sich mit den zentralen Vertretern der christlichen Kabbala, allen voran Pico della Mirandola und Johannes Reuchlin, die die Disziplin entscheidend prägten, über Paulus Ricius, Aegidius von Viterbo, Guillaume bis zu Luis de Léon und schließlich Pistorius, um nur einige zu nennen. Dabei gelingt es dem Autor, nicht nur die zentralen (kabbalistischen) Werke der jeweiligen Autoren zu erschließen, sondern diese auch in einem kurzen biografischen Teil in ihrer Zeit und ihren Zusammenhängen darzustellen. Manchen der Kapitel sind die Interessen des behandelten Denkers gleich in den Titel gegeben (*Kabbala als politische Eschatologie* zu Aegidius von Viterbo), in einigen wenigen werden mehrere Autoren unter bestimmten Strömungen zusammengefasst, wie zum Beispiel das fünfte Kapitel *Christliche Kabbala und antijüdische Polemik*. Der Band wird abgerundet durch ein Verzeichnis der Namen und der Bibelstellen.

Durchweg gelingt es dem Autor, auf fachlich und sprachlich anspruchsvolle Art und Weise die sprichwörtlich dunkle Denktradition der christlichen Kabbala zu erschließen und in ihren Zusammenhängen transparent zu machen. Band 2 behandelt den Zeitraum von 1600 bis 1660, Band 3 die Jahre von 1660 bis 1850.

Man kann jetzt schon sagen, dass die *Geschichte der christlichen Kabbala* von Wilhelm Schmidt-Biggemann für die wissenschaftliche Auseinandersetzung ein unverzichtbares Standardwerk auf ihrem Gebiet ist. Interessierte Leser mit guten Grundkenntnissen zum Thema werden viele interessante neue Aspekte und Zusammenhänge in dem Werk finden. Für Leser, die nicht mit der Materie vertraut sind und sich nur einen einführenden Überblick verschaffen möchten, ist der Band weniger geeignet.

Stefan Gammel

Albert Camus

Leben heißt Handeln. Begegnungen mit Albert Camus

Ausgewählt von Ruthard Stäblein.
Der Hörverlag, München 2013.
2 CDs, 141 Minuten, € 14,95

In Rundfunkeinspielungen der Jahre 1947 bis 2013 spannt das Hörbuch den Bogen von Camus' frühen Schriften bis zum späten Fragment *Der erste Mensch*, das erst Jahrzehnte nach seinem Tod erschienen ist. Albert Camus und seine Tochter Catherine sind dabei auch im Originalton zu hören.

Schon die Originalaufnahmen lohnen die Beschäftigung mit den CDs, weil sie einen unprätentiösen, „erdverbundenen" Denker hören lassen, der in den deutschen Übersetzungen von Camus' Schriften – gerade dort, wo Camus philosophische Betrachtungen anstellt – leicht verloren geht. Vor allem aber konzentriert sich die Textauswahl einmal nicht auf die Erzählungen der Kriegs- und Nachkriegszeit (*Der Fremde, Die Pest, Der Fall*), die das Bild des Franko-Algeriers heute weitgehend bestimmen. Die Sammlung des Hörverlags setzt stattdessen auf den *Mythos des Sisyphos* und den *Menschen in der Revolte*. Schriften also, in denen Camus unter dem Eindruck des Kriegs die Ausweglosigkeit der menschlichen Existenz unmittelbar thematisiert. Die Absurdität wird zwar nicht überwunden, indem man sich „auflehnt" und sich ihr „handelnd" stellt, aber sie wird lebbar, mit andern teilbar. Das ist die Perspektive, die zugleich den Titel des Hörbuchs erklärt: *Leben heißt Handeln*. Man mag sich fragen, inwiefern die späteren Erzählungen – und mehr noch die gesellschaftliche Entwicklung seit den 60er-Jahren – diese trotzig-tröstliche Perspektive wieder kassieren, ja ob die Wahl des Titels nicht einen all zu pragmatischen Anschluss an das „operationale" Denken herstellen will, das in der Wissenschaft der Gegenwart – man möchte sagen: in absurder Weise – um sich greift. Das Hörbuch bietet freilich noch andere „Spuren", denen man folgen kann. Mit Bedacht hat Stäblein ein Gutteil der knapp zweieinhalb Stunden Spielzeit für die frühe Schrift *Licht und Schatten* (1937) einerseits und *Den ersten Menschen* (1959) andererseits reserviert, für einen Text also, dessen Veröffentlichung – wie Catherine Camus erläutert – unter dem Régime des sartreschen Existenzialismus lange nicht denkbar schien, die in den Neunzigerjahren aber hohe Wellen geschlagen hat. In diesen Schriften geht es nicht eigentlich um das Handeln, ja nicht einmal um die drückenden Fragen der Existenz, für deren literarische Darstellung Camus berühmt und 1957 mit dem Nobelpreis für Literatur ausgezeichnet worden ist. Thema ist ein „solares", „südliches", „mittägliches", „mediterranes" oder auch „mittelmeerisches" Denken; im Original nennt es sich *pensée de Midi*. Es steht für die Ahnung, dass die Verwerfungen im menschlichen Alltag durchaus einen menschlichen Grund haben, der allerdings nicht einfach aus der Welt zu schaffen ist; dass sie sich der hartnäckigen Art und Weise verdanken, in der wir – als Christen, als bürgerliche Aufklärer und Aufgeklärte – das Leben reflektieren; es steht dafür, dass der besondere („nordische") Sinn, den wir dem Leben abgewinnen, erst die Sinnlosigkeit erzeugt, in der wir uns finden. Thema ist deshalb hier die „Rückkehr" zu einem Denken, das sich als Teil der Natur erlebt – unter der Sonne, am Wasser, im Wind, „auf der Erde". Camus setzt dieses mittelmeerische Denken freilich nicht mit dem klassischen griechischen Denken gleich. Auch die Überlegungen zur Revolte werfen nur aufs Neue die Frage nach der „Renaissance" – der Wiedergeburt – eines Menschen auf, der „anständig" denkt und seine „Form" findet. Die Antwort, die der Autor Camus nach dem tödlichen Verkehrsunfall mit dem Verleger Gallimard als Fragment hinterlässt, hat dabei allerdings nichts von einer systematischen Erörterung. Camus' *Rückkehr* handelt vom Wiederbesuch der algerischen Heimat, in einer autobiografischen Erzählung, mit der sich Camus zum Ziel setzt, wieder so zu empfinden und zu schreiben, wie es ihm in den frühen Arbeiten gelungen war. Dabei wäre es im Grunde längst an der Zeit, Camus' Gedanken für die philosophische Diskussion zu heben, und sie etwa im Umkreis der Nietzsche-, der Heidegger-, der Jaspers- oder Bollnow-Diskussion neu ins Spiel zu bringen, von einer nachholenden Auseinandersetzung mit Jean-Paul Sartre ganz zu schweigen. In dieser Hinsicht hält sich der Autor des Booklets zum Hörbuch zurück und spricht – in einer „gern genommenen" Wendung aus dem *Sisyphos* – lediglich davon, dass wir uns „Albert Camus mit dieser Hinterlassenschaft als glücklichen Menschen vorstellen" müssen. Ja, oder auch nicht… Allemal aber lassen die CDs einen vorzüglichen Schriftsteller hören, der seinen Leser ergreifen und ihm zu denken geben kann – aus Schriften, die zu Unrecht in Vergessenheit geraten sind.

Udo Grün

Ray Robertson

Warum nicht? 15 Gründe, doch am Leben zu bleiben

Diederichs Verlag, München 2012.
224 Seiten, € 17,99

Jenseits der Fachphilosophie und sehr persönlich geht der kanadische Schriftsteller Ray Robertson in seinem unterhaltsamen und humorvollen Buch der philosophischen Grundfrage nach, ob das menschliche Leben lebenswert ist oder nicht.

Wer Robertsons Buch mit der Erwartungshaltung liest, eine in sich geschlossene, rein fachphilosophisch argumentierende Lebenskunsttheorie vorgestellt zu bekommen, muss von *Warum nicht?* enttäuscht sein. Vielmehr geht es Robertson um ein Philosophieren „in einem sehr grundlegenden Sinne", um ein – wie Karl Jaspers es nannte – ursprüngliches Philosophieren, bei dem er eigene Lebenserfahrungen und Lebensweisheiten von Dichtern, Denkern und Künstlern heranzieht. Gerade die Unverstelltheit, mit welcher der „Westentaschenintellektuelle" – so Robertson über sich selbst – das philosophische Problem des physischen und des geistigen Suizids erörtert, das Albert Camus für das einzig ernsthafte hielt, macht das Buch lesenswert. In Robertsons Kollektion von 15 Gründen, die das Leben für ihn sinnvoll erscheinen lassen, finden sich nämlich auch ungewöhnliche Motive und Betrachtungsweisen: So zählt für den Schriftsteller auch der Rausch dazu. Während Bertrand Russell gerade den Rausch als einen vorübergehenden Selbstmord ansieht, steht Robertson ihm ambivalent gegenüber: „Rauschmittel halten beides bereit, völlige Verwirrung und die Chance auf Erkenntnis." Mit Blick auf Einheits- und Schönheitserfahrungen stellt er zum Beispiel einen sinnvollen Alkoholkonsum im Sinne von Winston Churchills Spruch „Ich habe mehr vom Alkohol gehabt als er von mir" heraus, ohne dabei die Gefahr zu ignorieren, dass aus Konsum immer auch Abhängigkeit werden kann.

Ungewöhnlich ist auch, dass Robertson die Einsamkeit als einen Grund akzentuiert, das Leben bejahen zu können. Die tägliche Zeit für sich selbst gehöre seines Erachtens essenziell zum menschlichen Leben, weshalb er auch Rainer Maria Rilke zustimmt, der es für eine der ehrenvollsten Aufgaben unter Freunden hält, die Einsamkeit des anderen zu respektieren und zu schützen.

Freundschaften sind für Robertson im Übrigen ein ganz wesentlicher Grund, das Leben aushalten und genießen zu können. In deren Zentrum steht das Zuhören-Können, was Robertson an seinem Freund Brad deutlich macht: „... möglicherweise war Brads Bereitschaft, mir hemmungslos und unbeschränkt auch weiterhin zuzuhören, wenn ich ihm die Ohren volljaulte, viel wichtiger als die Tatsache, dass ich das die ganze Zeit tat." Hier zeigt sich nach Robertson auch die Quintessenz anderer Gründe, am Leben zu bleiben: Liebe realisiere sich nämlich immer dann, wenn wir den Mitmenschen nicht als Mittel zu unserem eigenen Zweck begreifen, sondern als ein Du, dem man helfen will, ein glücklicheres Leben zu führen. Und die Erfahrungen von Freundschaft und Liebe sind dann auch die Grundlage für unsere Selbstverpflichtung zur Pflicht: „Brads Loyalität führte dazu, dass ich ebenfalls loyal handelte. Seine Freundschaft machte aus mir einen besseren Freund."

Nicht nur Humor als Mittel zur Entzauberung jeder Art von Fundamentalismus und „Fähigkeit ..., über uns selbst zu lachen" (Amos Oz), nicht nur der kritische Geist sind für Robertson Motive, das Leben zu schätzen und zu erhalten, sondern auch das Lob, die Wertschätzung des Anderen. Robertson folgt in dieser Hinsicht Friedrich Nietzsches These: „Schon die Wertschätzung schafft den Wert: und ohne Wertschätzung wäre das Jammertal des Lebens schal."

Auch wenn einerseits manche Ausführungen Robertsons wenig innovativ anmuten (zum Beispiel der bereits aus Epikurs Werk vertraute Gedanke, dass erst der Tod dem Leben Sinn und Bedeutung verleiht und deshalb nicht zu fürchten ist), verfolgt er andererseits Gedankengänge, die in der philosophischen Forschung erst seit Kurzem auf der Tagesordnung stehen. So stellt Robertson wie Rudolf zur Lippe in seiner Arbeit *Das Denken zum Tanzen bringen* in Anknüpfung an Nietzsche die Bedeutung des Tanzes heraus, der „Fähigkeit, auf das Leben zuzugehen und es zu umarmen (das Gute wie das Schlechte) und es gar zu feiern".

Martin Krieger

Michael Bruce, Steven Barbone (Hrsg.)

Die 100 wichtigsten philosophischen Argumente

Wissenschaftliche Buchgesellschaft, Darmstadt 2013.
422 Seiten, gebunden, € 79,90;
Studienausgabe: € 24,90

Der Titel formuliert einen hohen Anspruch, nämlich nicht nur die den Autoren wichtig erscheinenden philosophischen Argumente zu liefern, sondern die 100 wichtigsten Argumente überhaupt. Diesem Anspruch sind wohl genügend Leser gefolgt, sodass das Buch bereits in zweiter gebundener Auflage nur zwei Jahre nach dem amerikanischen Original erscheinen konnte. Werden die Erwartungen erfüllt?

Die 100 Argumente sind in sechs Teile von Religionsphilosophie bis zu Wissenschaftstheorie gegliedert, sodass man sich sehr schön sein Lieblingsgebiet aussuchen kann. Die Titel der Argumente sind selten selbsterklärend (*David Chalmers Zombie-Argument* oder *Die widrige Schlussfolgerung*). Da ist es meist hilfreich, sich an den knappen Leitfragen in der Einleitung zu orientieren („Inwiefern ist die Möglichkeit einer ‚Zombie-Welt' als eine Kritik am Physikalismus zu verstehen?" respektive „Wäre es besser, wenn in Zukunft eine kleinere statt eine größere Anzahl von Menschen auf der Erde leben würde?") – oder man geht auf Schatzsuche.

Jedes der 100 Argumente findet sich im gleichen vierteiligen Aufbau. Zuerst erfolgt die Angabe der Originalquelle in deutscher Übersetzung (wobei leider nie das Erscheinungsdatum der Ersterscheinung genannt wird), teilweise ergänzt um leider meist englischsprachige Sekundärliteratur. Hier hat sich der sorgfältige und fleißige Übersetzer Michael A. Conrad große Mühe gegeben, möglichst viele deutsche Übersetzungen aufzuspüren. Außerdem hat er zahlreiche Anmerkungen (nämlich 208) hinzugefügt, welche die Übersetzung einzelner Fachbegriffe (zum Beispiel *mind* als „Geist", „Seele" oder „Verstand", je nach Kontext) kommentieren sowie begriffliche Besonderheiten der amerikanischen Diskussion erläutern.

Als Zweites erfolgt die Erläuterung des Arguments durch den jeweiligen Autor im Fließtext. Die Texte sind knapp gehalten, präzise und gut formuliert und meist auch gut verständlich, wodurch man die Argumentation recht gut kennenlernt. Ob dies zum wirklichen Verstehen ausreicht, hängt jedoch vom philosophischen Vorwissen sowie von der jeweiligen Textgüte ab. Der großen Anzahl von 70 Autoren geschuldet sind die Texte uneinheitlich. Mancher bringt eine gelungene historische Verortung des Arguments unter, mancher fügt eine kritische Würdigung des Arguments hinzu, während andere primär ihre persönliche Meinung zum Argument referieren.

Den dritten Teil bildet dann der Originaltext mit dem jeweiligen Argument. Das sind kurze bis sehr kurze Textstellen, die erstaunlich häufig das Argument auch verständlich wiedergeben. Die überwiegend sehr gut gewählten Textstellen erlauben es dem Leser, den Originalstil nachzuempfinden und so das Argument auch selbst besser bewerten zu können. Spätestens hier bemerkt man auch die Schwäche mancher Argumentationsketten. Was soll zum Beispiel aus der möglichen Existenz von Zombies in einem Universum mit ganz anderen Naturgesetzen für uns folgen?

Der vierte Teil besteht jeweils in der Rekonstruktion des Arguments nach Regeln der formalen Logik mit satzweise durchnummerierten Prämissen und (Zwischen-)Konklusionen. Dieses

Vorgehen ist der Methodik der analytischen Philosophie geschuldet, von der das Buch auch in der Auswahl der Themen geprägt ist. Für den Nicht-Logiker ist das Ganze bisweilen sehr mühsam nachzuverfolgen, zumal sich der Erkenntnisgewinn dabei in Grenzen hält. Ein Teil der Erläuterungstexte verweist explizit auf einzelne Prämissen, was entweder redundant ist oder zum Hin- und Herblättern zwingt.

Bleibt die Frage nach der Auswahl der Argumente. Philosophen, die mehr als ein Argument liefern und demnach die wichtigsten sein müssten, sind Sokrates, Platon, Aristoteles, René Descartes, Immanuel Kant und Willard Van Orman Quine (leider aber ohne das schöne Kaninchen-Beispiel). G. W. F. Hegel und Martin Heidegger tauchen gar nicht auf. Karl Marx findet sich nur als Adjektiv in „marxistische Geschichtstheorie“ unter Popper. Auch muss die Wissenschaftstheorie ohne das *„Anything Goes“* eines Paul Feyerabend auskommen. Ganze Philosophie-Traditionen wie Deutscher Idealismus, Kritische Theorie oder Phänomenologie fehlen. Auch auf die Postmoderne, namentlich Derrida muss frau verzichten, dafür findet sie George Clooney im Stichwortverzeichnis. Ob man bei solchen Lücken von „wichtigsten“ Argumenten sprechen darf, erscheint doch grob fahrlässig – es sei denn, man versteht die anglo-amerikanisch geprägte Philosophie als die einzig relevante.

Klaus Erlach

Florian Grosser

Theorien der Revolution zur Einführung

Junius Verlag, Hamburg 2013.
212 Seiten, € 14,90

Revolution ist ein ebenso umstrittener wie widersprüchlicher Begriff. Was die einen als Werk von Staatsfeinden geißeln, ist diesen gebotene revolutionäre Tat. Auch fand sich schon mancher mit der Todesstrafe bedrohte Terrorist nach einer sogenannten Revolution als gefeierter Held in einer Regierung wieder. Angesichts zahlloser vergangener wie aktueller kommunistischer, konservativer, demokratischer, friedlicher, blutiger, völkischer oder gar totaler Revolutionen ist Florian Grossers Buch eine ebenso notwendige wie gelungene Einführung in die Geschichte und Problematik des Begriffs.

Als „Revolution“ wird ein Wahlergebnis ebenso schnell bezeichnet, wie neuartige Handys und Zahnbürsten als „revolutionär“ angepriesen werden. Spätestens bei der Bewertung von Veränderungen jenseits von Werbeversprechen beginnt jedoch der Streit: War beispielsweise der Machtwechsel von Ceausescu zu Iliescu in Rumänien eine demokratische Revolution, eine antikommunistische Konterrevolution, der „normale“ Gang der Geschichte oder nicht doch eher ein „Königsmord“?

Erstaunlich ist vor allem, dass der mörderische „Krieg der Freiheit gegen ihre Feinde“, wie der 1794 guillotinierte französische Revolutionär Saint-Just Revolution definiert, derart positiv besetzt scheint, dass ihn sogar die Industrie als Werbeversprechen für Güter des täglichen Bedarfs verwendet. Man kann dem Autor nur zustimmen, wenn er mit Bezug auf das komplexe Zusammenspiel verschiedenster Faktoren von einer „Zauberformel“ spricht, mit deren Hilfe sich „breite Bevölkerungsgruppen mobilisieren und politisieren lassen“.

Eine große Schwierigkeit des Themas besteht darin, dass innerhalb der Philosophie kaum konsistente Theorien der Revolution zu finden sind. Diese müssen vielmehr aus den Schriften der Autoren zusammengesetzt werden, was Grosser ebenso kenntnisreich wie souverän und verständlich in der Darstellung gelingt. Dass er bei seinen Ausführungen vor allem philosophiehistorisch vorgeht, ist dem Einführungscharakter angemessen. Grosser skizziert den „Denkraum Revolution“ anhand so wichtiger wie unterschiedlicher Philosophen wie Immanuel Kant, Georg Wilhelm Friedrich Hegel, Jean-Jacques Rousseau, Hannah Arendt, Karl Marx, Michail Bakunin, Rosa Luxemburg, Michel Foucault und Slavoj Žižek sowie Revolutionspraktikern wie Maximilien de Robespierre und Thomas Jefferson. Dabei wird klar, dass nach wie vor Uneinigkeit darüber herrscht, inwieweit sich radikale Umwälzungen menschlicher Verfügungsgewalt entziehen, ob diese ereignishaft, Resultat notwendiger Eigentätigkeit der Geschichte oder gar bewusst „machbar“ sind und ob sich ihre Triebkräfte aus materieller Not oder Ideologien speisen.

Die Ambivalenz des Begriffs zeigt sich auch in der Verwendung der durch die Computerhacker-Gruppe „Anonymus“ und die Occupy-Wall-Street-Bewegung bekannt gewordenen Guy-Fawkes-Maske auf dem Titelbild. Entworfen vom Comiczeichner David Lloyd ist sie angeblich Symbol für die unsterbliche Idee der Revolution gegen Unterdrückung. Allerdings wollte der 1606 hingerichtete fanatische Katholik Guy Fawkes mit seinem gescheiterten „Gunpowder Attentat“ auf das englische Parlament gegen die Abspaltung der anglikanischen Kirche von der römischen „Papst-Kirche“ protestieren. 2007 erstmals von den Anhängern des erzkonservativen US-amerikanischen Präsidentschaftskandidaten Ron Paul getragen, erfuhr die Maske offensichtlich eine ähnliche Umdeutung, wie sie der Bewertung diverser Revolutionen auch seitens der amerikanischen Regierung des Öfteren widerfährt. Würden sich mehr selbsternannte Revolutionäre jeglicher Denkrichtung, bevor sie zur Tat schreiten, mit Büchern wie dem Grossers auseinandersetzen, bliebe allen Beteiligten vieles erspart – mitunter hilft philosophische Bildung sogar in der Praxis!

Die Reihe *Zur Einführung* des Junius Verlags startete zunächst als sozialistische Initiative, „die philosophisches Wissen allgemein zugänglich machen und so den Marsch durch die Institutionen theoretisch ausrüsten sollte“, wie es im Vorwort des vorliegenden Bands heißt. Nach nunmehr fast 40 Jahren und 155 lieferbaren Bänden kann der Anspruch der theoretischen Zurüstung nicht nur sozialistischer Kader – denn ideologisch gefärbt ist keiner der Bände – als eingelöst betrachtet werden. Ob das philosophische Wissen der solchermaßen Zugerüsteten bei ihrem Marsch durch die Institutionen praktisch etwas verändert hat, muss letztlich jeder selbst beurteilen. Lesenswerte Wissensvermittler in einführender Form mit durchaus persönlicher Handschrift der jeweiligen Autoren sind die Bände, unabhängig von der politischen Einstellung des Lesers, allemal!

Siegfried Reusch

ABO · FÖRDER-ABO · ABO · FÖRDER-ABO · ABO

Das Jahresabonnement des *blauen reiters* (zwei Ausgaben) kostet € 27,90. Sie sparen € 5,90 gegenüber der Einzelbestellung.

Dank vieler Freunde des Denkens ist das vorliegende Journal für Philosophie *der blaue reiter* eine der meistverkauften Philosophiezeitschriften deutscher Sprache. Gleichwohl ist der *blaue reiter* nach wie vor auf die ehrenamtliche Arbeit vieler philosophiebegeisterter Mitarbeiter angewiesen (alle Autoren, Künstler, Redakteure und Herausgeber arbeiten ohne Honorar).

Darüber hinaus erhält *der blaue reiter* Unterstützung durch Förderabonnenten, die einen erhöhten Abonnementspreis bezahlen. Mit einem Förderabonnement können Sie dazu beitragen, dass *der blaue reiter* weiterhin erscheinen kann. Ein Förderabonnement kostet € 49,50 pro Jahr (alle angegebenen Preise verstehen sich zuzüglich Versandkostenpauschale).

Und so bekommen Sie Ihren *blauen reiter* direkt zu Ihnen nach Hause geschickt: Einfach den Bestellschein kopieren oder ausschneiden, ausfüllen und per Post oder Fax senden an:

der blaue reiter

der blaue reiter
Verlag für Philosophie
Siegfried Reusch e. K.
(vormals: omega verlag, Stuttgart)
Göttinger Chaussee 115
D-30459 Hannover
Tel.: 05 11 / 98 59 32 93 • Fax: 05 11 / 98 59 32 99

Bestellen können Sie alle lieferbaren Ausgaben des *blauen reiters* sowie die Bücher des Verlags auch über unsere Homepages:

www.derblauereiter.de
www.verlag-derblauereiter.de

Die Auslieferung in die Schweiz und nach Liechtenstein erfolgt seit dem 1. Januar 2014 direkt vom Verlag aus.

der blaue reiter Patenschaften

Unterstützen können Sie unsere Zeitschrift *der blaue reiter – Journal für Philosophie* durch eine Patenschaft. Ab einem Druckkostenzuschuss von € 500,– wird Ihr Name (respektive der Name Ihrer Firma) als „Förderer dieser Ausgabe" in der entsprechenden Nummer des *blauen reiters* aufgeführt. Nähere Auskünfte erhalten Sie beim Verlag.

Förderer dieser Ausgabe: Richard Seidel

Bibliografische Information der Deutschen Nationalbibliothek

Die Deutsche Nationalbibliothek verzeichnet diese Publikation in der Deutschen Nationalbibliografie; detaillierte bibliografische Daten sind im Internet über http://dnb.d-nb.de abrufbar.

Impressum

der blaue reiter – Journal für Philosophie
Ausgabe 35 (1/2014)

der blaue reiter Verlag für Philosophie
Siegfried Reusch e. K.
Göttinger Chaussee 115
30459 Hannover
Tel.: 05 11 / 98 59 32 93
Fax: 05 11 / 98 59 32 99
E-Mail: info@verlag-derblauereiter.de
Homepages: www.derblauereiter.de, www.verlag-derblauereiter.de
Facebook: www.facebook.com/derblauereiter.VerlagfuerPhilosophie

Bankverbindung:
Baden-Württembergische Bank
BLZ 600 501 01 · Kto.-Nr.: 1 268 944

Herausgeber
Dr. phil. Dipl.-Chem. Siegfried Reusch, Prof. Dr. Dr. Otto-Peter Obermeier, Prof. Dr. Dr. h. c. Klaus Giel

Chefredakteur
Siegfried Reusch

Redaktion
Klaus Erlach, Manfred Matheis, Stefan Gammel, Rüdiger Vaas, Elke Uhl, Anna Pegam, Udo Grün, Thomas Bach, Jan Urbich, Jutta Heinz, Robert Zimmer

Freie Mitarbeiter
Sabine Toussaint, Thomas Gutknecht, Richard Seidel, Per Guth, Markus Rapp, Wolfgang Foldenauer, Anne Guth, Otto Pannewitz, Uta Kaune, Jan Guth, Luzia Schuhmacher, Eva Gerhards, Thomas Jung, Friederike Meyer

Korrektorat
Marianne Kreuels

Künstlerin dieser Ausgabe
Rune Mields lebt und arbeitet in Köln.

Gestaltung
s+p mediendesign GmbH, Stuttgart
www.schenkundpartner.de

Anzeigenleitung
Hartmut Olpp

Druck
Offizin Scheufele, Stuttgart

V. i. S. d. P.
Siegfried Reusch

ISSN: 0947-6563
ISBN: 978-3-933722-41-6

Bestellschein

der blaue reiter – Journal für Philosophie

der blaue reiter

der blaue reiter • Verlag für Philosophie
Siegfried Reusch e. K.
Göttinger Chaussee 115 • D-30459 Hannover
Tel.: 0511/98593293 • Fax: 0511/98593299
info@verlag-derblauereiter.de • www.derblauereiter.de

	Nr.	Titel
❑	4	Grenzpunkt Mensch
❑	6	Eros des Denkens
❑	7	Mythos Staat
❑	8	Sinn – Unsinn
❑	9	Naturlos
❑	10	Götter
❑	11	Geld
❑	12	Schön sein
❑	13	Welt-Bilder
❑	14	Glück
❑	15	„Ich"
❑	16	Sex
❑	17	Das Böse
❑	18	Erinnern
❑	19	Was ist gerecht?
❑	20	Gefühle
❑	21	Wissen
❑	22	Freiheit
❑	23	Heimat
❑	24	Echt sein
❑	25	Wozu Philosophie?
❑	26	Unser Körper
❑	27	Metaphysik
❑	28	Das gute Leben. Philosophie der Lebenskunst
❑	29	In Bewegung. Philosophie der Veränderung
❑	30	Philosophie & Wirtschaft
❑	31	No Future! Philosophie des Augenblicks
❑	32	Freundschaft
❑	33	Denken Frauen anders?
❑	34	Was ist der Mensch?
❑	35	Verborgene Wirklichkeiten
❑		Sonderausgabe – Philosophie im Gespräch
❑		Sonderausgabe – Philosophie im Gespräch II

Einzelpreis bis Ausgabe 23: € 15,10 / ab Ausgabe 24: € 15,90 / ab Ausgabe 35: € 16,90

❑ Abonnement ab Ausgabe Nr. ________ zum Preis von € 27,90/Jahr
❑ Förderabonnement ab Ausgabe Nr. ________ zum Preis von € 49,50/Jahr
❑ Geschenkabonnement ab Ausgabe Nr. ________ zum Preis von € 27,90/Jahr

Buchprogramm (alle Bücher sind gebunden)

❑ Reschika, Richard: Nietzsches Bestiarium	€ 42,50
❑ Hörisch, Jochen: Vorletzte Fragen	€ 39,90
❑ Hörisch, Jochen: Der Takt der Neuzeit	€ 14,95
❑ Große, Jürgen: Die Philosophen	€ 22,90
❑ Große, Jürgen: Durch Tag und Nacht	€ 23,90
❑ Große, Jürgen: Die Arbeit des Geistes	€ 39,90
❑ Gusetti, Alexandra: Kopfüber in die Natur	€ 34,90
❑ Diebitz, Stefan: Glanz und Elend der Philosophie	€ 27,90
❑ Diebitz, Stefan: Spiel und Widerspiel	€ 28,90
❑ Schneider, Peter: Theorie an der Bar	€ 14,90
❑ Staberoh, Angela; Drewermann, Eugen: Freitod. Frauen, die Hand an sich legten	€ 19,95
❑ Fiebig, Klaus: Man ist immer beliebig. Gedichte	€ 34,90

Hörbuchprogramm

❑ „Sie hätte singen sollen, diese Seele…". Mit Aufnahmen von Nietzsches Kompositionen € 24,90

Sekt für Freunde des Geistes

❑ Geschenkkarton mit 1 Flasche Sekt „Symposion" € 15,90
❑ Geschenkkarton mit 3 Flaschen Sekt „Symposion" € 43,90

Alle Preise zuzüglich Versandkostenpauschale. Diese Bestellung kann innerhalb von 14 Tagen schriftlich widerrufen werden bei: der blaue reiter Verlag für Philosophie Siegfried Reusch e. K., Göttinger Chaussee 115, 30459 Hannover. Gerichtsstand und Erfüllungsort ist der Sitz des Verlags. Stand: 7/2014. Der Abonnementspreis gilt nur für den aktuellen Jahrgang (jeweils zwei Ausgaben) bis zum Erscheinen der zweiten Ausgabe des Jahrgangs. Das Abonnement beginnt immer mit der ersten Ausgabe eines Jahrgangs (ungerade Nummer der fortlaufenden Zählung) und verlängert sich automatisch. Es ist kündbar bis sechs Wochen vor Jahresende für den folgenden Abonnementszeitraum.

Rechnungsadresse

Name, Vorname ________________

Straße, Hausnr. ________________

PLZ, Ort, Land ________________

Telefon ________________

E-Mail ________________

Lieferadresse (bei Geschenkabonnement und Geschenkkarton)

Name, Vorname ________________

Straße, Hausnr. ________________

PLZ, Ort, Land ________________

Telefon ________________

E-Mail ________________

Ich bitte um folgende Zahlungsweise ❑ gegen Rechnung ❑ per Lastschrift

Bank ________________ IBAN (oder Kontonr./BLZ) ________________

Unterschrift ________________ Datum ________________